“十三五”高职高专规划教材

DAXUESHENG TIYU JIAOCHENG

大学生体育教程

主　审　陶书中

主　编　李文生

副主编　朱懿奇　卢　吉　刘　媛　高飞燕

编　委　吴　娟　夏立仁　鲍　昉　陈　刘　施国山　何　艳　丁　聪　袁孟贤

苏州大学出版社
Soochow University Press

图书在版编目(CIP)数据

大学生体育教程/李文生主编. —苏州：苏州大学出版社,2020.7
ISBN 978-7-5672-3232-7

Ⅰ. ①大… Ⅱ. ①李… Ⅲ. ①体育－高等学校－教材
Ⅳ. ①G807.4

中国版本图书馆 CIP 数据核字(2020)第 112075 号

大学生体育教程
李文生 主编
责任编辑 施小占

苏州大学出版社出版发行
(地址：苏州市十梓街 1 号 邮编：215006)
常州市武进第三印刷有限公司印装
(地址：常州市武进区湟里镇村前街 邮编：213154)

开本 787 mm×1 092 mm 1/16 印张 14.25 字数 338 千
2020 年 7 月第 1 版 2020 年 7 月第 1 次印刷
ISBN 978-7-5672-3232-7 定价：40.00 元

若有印装错误,本社负责调换
苏州大学出版社营销部 电话:0512-67481020
苏州大学出版社网址 http://www.sudapress.com
苏州大学出版社邮箱 sdcbs@suda.edu.cn

前　言

高职高专院校的育人宗旨是培养国家需要的实用型、高技能人才。因此，高职高专院校所开设的体育课程要紧紧围绕育人宗旨，结合高职高专教育特征与各专业人才培养目标，针对职业岗位标准，依据“必需、够用”的原则，利用体育的手段，来提升学生的身体素质与体能水平，提升职业素养，达到发展学生职业能力与职业素养的目的。基于上述考虑，为更全面贯彻落实中央精神和《学校体育工作条例》要求，适应公共体育改革发展的新形势，满足教学新要求，进一步加强体育课程建设，依据《全国普通高等学校体育课程教学指导纲要》的基本要求，在总结高等学校体育课程建设和教学改革经验的基础上，结合学校体育工作实际和地方特色，我们广泛参考、吸收众多前人的研究成果与经验，组织编写了这本《大学生体育教程》教材。

本教材具有以下几个特色：

1. 注重对学生体育运动观念的培养。通过对体育与健康的基本知识和理论的介绍，旨在激发学生自觉锻炼的兴趣，引导学生个性化体育发展，培养学生终身体育锻炼的习惯和观念。

2. 强调教材的实用性，紧密结合学生体育运动的实际和最新特点。本教材在编写过程中从教学实际出发，力图做到内容新颖、通俗易懂、简单易学、图文并茂。

3. 突出教材的文化品位，力求展现时代特色。我们在编写本教材时，考虑内容的时代特色，在教材内容的设置上，不仅引入了最新的体育科学研究成果，而且编入了其他相关领域的最新内容，如剑道运动、轮滑运动等时尚体育运动项目。

本教材在编写过程中，参阅了大量的相关教材、专著以及最新的一些研究成果，引用了诸多新的观点，在此特作说明并向相关作者致谢！

尽管我们在编写过程中做了很大努力，但由于水平有限，书中内容难免会有不妥之处，恳请广大师生与同行批评指正，我们将悉心修改、补充与完善。

编者

目 录
contents

第一章 体育与健康认知

第二章 体育锻炼与体育竞赛

第三章 田径运动

第四章 球类运动

第一章
体育与健康认知

第一节　体育概述

一、体育的含义

体育是指在人类社会发展过程中，根据生产和生活的需要，遵循人体身心的发展规律，以身体练习为基本手段，为增强体质、提高运动技术水平、进行思想品德教育、丰富社会文化生活而进行的一种有目的、有意识、有组织的社会活动。它是伴随人类社会的发展而逐步建立和发展起来的一个专门的学科领域。

（一）体育的广义概念（亦称体育运动）

体育运动是指以身体练习为基本手段，以增强人的体质、促进人的全面发展、丰富社会文化生活和促进精神文明为目的的一种有意识、有组织的社会活动。它是社会总文化的一部分，其发展受一定社会的政治和经济的制约，并为一定社会的政治和经济服务。

（二）体育的狭义概念（亦称体育教育）

体育教育是一个发展身体、增强体质、传授锻炼身体知识和技能、培养道德和意志品质的教育过程，是对人体进行培育和塑造的过程，是教育的重要组成部分，是培养全面发展的人的一个重要方面。

二、体育的功能

体育的功能就是体育活动对社会进步和人类发展所产生的特殊作用和影响。研究体育的功能，可以使人类更好地认识体育，较好地发挥其作用和效能，并进一步开发运用体育的内容、基本手段与方法，为社会和人类服务。

（一）健身功能

1. 增强体质，提高身体机能

体育锻炼是增进健康、延年益寿的有效方法之一。体育锻炼可使血液循环加快、心脏功能提高；可以改善大脑的供血状况，消除脑力劳动后的疲劳，使头脑清醒，思维敏捷；可使呼吸肌增强，肺活量增大，肺功能提高；能使肌肉粗壮结实，肌红蛋白增多，丰满有力；能使骨骼坚韧，骨密质增厚，骨的抗弯、抗折能力增强；还可以提高人体基本活动能力、适应能力和抵抗疾病的能力。如果长期进行体育锻炼，人的体质就会得到增强，健康水平就会得到提高。

2. 促进心理健康

体育活动可以陶冶情操，塑造人的心灵，对心理素质的发展也有着明显的作用。实践证明，通过各种体育手段和方法，可以锻炼人的意志品质，催人奋发进取，培养集体观念，加强组织纪律，协调人际关系，提高人的心理调节能力，及时排除个人性格和心理状态中不健康的因素，使个体与环境和谐统一，促进心理健康，达到精神愉悦。

（二）教育功能

1. 身体教育

身体教育是指对身体的锻炼和训练，又称为“育体”。科学证明，人出生后在本能方面比不上动物，适应环境的能力差，连最基本的坐、立、站都不会，这些基本的生活技能都要靠后天学习获得。这种学习生活技能和从事身体锻炼的过程，就是发展身体、增强体质，即“育体”的过程。

2. 思想品德教育

体育本身是一个有章可循的社会活动，它是在一定的“执法人”即教师、教练或裁判员的直接监督下有组织地进行的。这对培养青年一代遵守社会生活的各种准则、树立良好的道德观念、增强团结合作精神和责任感具有很好的强化作用。例如在体育比赛中，对方侵人犯规时，是毫不计较，还是“以牙还牙”；集体配合不够默契出现失误而最终导致比赛失利时，是相互鼓励，还是相互抱怨；对裁判员的误判是宽容大度，还是斤斤计较；比赛胜利时，是骄傲自大，还是认真总结经验、戒骄戒躁……处理这些问题的过程就是培养集体主义精神和正确处理人际关系的教育过程。

3. 意志品质教育

体育活动能使人进入一个超凡脱俗的境界，陶冶情操，培养坚韧不拔的意志品质。紧张而激烈的竞赛是对人的心理品质的严峻考验，有利于培养良好的心理素质。

4. 智能教育

体育本身就是一种文化，蕴含着丰富的科学知识。通过体育教学和身体锻炼，学生能学习和掌握一定的体育知识、技能和技术，并使思维能力、记忆力、观察力、想象力等得到发展。因此，体育在传授知识，培养技能、技巧，增强体质的过程中，还包含着培养、开发和提高多种智能的教育因素。

（三）娱乐功能

体育活动不仅可以强健身体，而且可以消除学习、工作和生活所带来的精神紧张、大脑疲劳和情绪紊乱，让人的身心得到有益的调节，获得积极性休息。这不仅有利于体力的恢复，而且是一种精神上的享受。例如：当我们学习几小时后，去运动场跑跑步、做做操，活动活动身体，就会感到精神振奋、愉悦；当你轻松地越过跳高横杆，或漂亮地躲闪过对手的封盖而上篮得分，或一脚抽射使足球应声入网，或一记漂亮的扣杀得到同学的欢呼和赞扬，你就会从心底迸发出喜悦。现代体育，特别是能最大限度地发挥人的体力、智力潜能的竞技运动，其技术日新月异地向高、难、新、尖的方向发展。运动员能够在比赛中展现出优美的造型、高超的技艺、巧妙的配合，使力与美高度地统一，再加上和谐的韵律、鲜明的节奏，表现出芭蕾的轻柔、歌剧的抒情、雕塑的沉稳、书法的潇洒，以及有别于这些的猛烈、迅速、刚健、惊险……这一切使观赏体育竞技和表演的人们产生炽热、激动和忘我的情绪，一切活跃的、富有生命力的创造都在这里起步、表现和终止。由此可见，体育又是一种积极而健康的娱乐方式，有助于人们愉快地度过余暇时光，满足人们的内在需求。

（四）政治功能

体育可以促进各国人民相互了解，尤其是现代体育运动的国际化，使体育成为国家间重要的交往手段。通过比赛、互相学习和交流，加强国家间的相互理解和联系，缓和、协调国际关系与冲突，对维护世界和平起着十分重要的作用。所以运动员被称为“穿着运动衣的外交家”“和平的使者”“外交先行官”。例如在第 31 届乒乓球世界锦标赛中，我国通过“乒乓外交”与美国建立了友好关系，进行了互访，为中美建交创造了条件，被人们称为“用小球转动了地球”。

（五）经济功能

体育本身不直接生产物质财富，但体育能使生产力诸因素中起主导作用的劳动者，通过体育锻炼来增强体质，降低伤病率，提高出勤率和工作效率，从而加速创造社会物质财富。

第二节　健康概述

一、健康的含义

（一）现代健康观的内涵

健康是人类最大的财富，它的重要性几乎人人皆知。马克思提出把健康作为人的第一权利，作为一切人类生存和人类历史的第一前提。英国教育家洛克认为，没有健康，便没有什么幸福可言。德国哲学家叔本华说得更是深刻而幽默：一个健康的乞丐比有病的国王更幸福。1988 年，世界卫生组织总干事马勒博士强调了这样的思想：健康不代表一切，但失去了健康，便失去了一切。

长期以来，人们通常认为，身体不生病、不打针吃药、身体不虚弱就是健康。随着社会的进步、科学技术的飞速发展和边缘学科的兴起，人们对健康的要求日益提高，对健康的认识也更加深刻和全面。联合国世界卫生组织（WHO）在其宪章中提出：健康不仅仅是没有疾病或不虚弱，还是身体的、精神的健康和社会适应良好的总称。因此，健康的概念大大地超过了无病的范围，这是人们对健康认识的一个极大的进步和突破。1989 年，WHO 又将道德健康与生殖健康注入健康的概念中。

现代健康的概念中，心理健康和社会性健康是对“健康”的创新和发展。它突破了千百年来人们对健康认识的局限性，使人的自然属性和社会属性得到了统一。它既重视健康对人的价值，又强调人对健康的作用，并且将两者有机地统一起来。自 16 世纪以来，自然科学有了很大的进步，由于各种学科的形成，人们得以用生物学的观点来解释生命现象。人们在判断健康或疾病时，主要运用医疗诊断，通过测量人体的生物变量，以阳性体征和实验室数据为诊断依据，形成了生物-医学模式。20 世纪以来，越来越多的研究证明，人的健康和疾病不但受到生物因素的影响，而且越来越多地受到社会心理和社会适应因素的制约。不难看到昨天还体检正常的同学，今天却可能因心理障碍而跳楼自杀。生物-心理-社会医学模式的提出，概括了影响人类健康的各种因素，突出了社会心理因素在导致疾病中的作用，使人们对健康和疾病的认识更加全面和深入。随着科学技术的发展和人类认识能力的提高，健康的概念还将不断变化、更新和发展。

现代的健康观包括身体健康、心理健康、社会适应良好和道德健康。只有这四个方面都健康，才能算是一个健康的人。

世界卫生组织又把健康的概念细化为“五快”和“三良”的通俗解释。

“五快”分别是：

1. 吃得快

吃饭食欲好，能很快地把一餐饭吃完，而不挑剔食物，这证明内脏功能正常。

2. 便得快

能快速排完大小便，且感觉轻松自如，这说明消化功能良好。

3. 睡得快

上床后能很快熟睡，而且睡得很深，起床后头脑清醒，精神饱满，这说明中枢神经系统兴奋与抑制协调功能良好。

4. 说得快

说话流利，语言表达清晰，头脑清楚，思维敏捷，这表明肺功能正常。

5. 走得快

行动快速，动作灵活敏捷，充满活力，这表明下肢健康有力。

“三良”分别是：

1. 良好的人格

性格温和，意志坚定，感情丰富，心胸坦荡。

2. 良好的处世能力

自我控制能力强，能够客观地看待问题，能够适应复杂多变的社会环境，能够对事物的变迁保持良好的情绪，能够保持对社会环境和人体内环境的平衡。

3. 良好的人际关系

能够与人为善，乐于助人，与周围的人关系融洽，不斤斤计较。

（二）心理健康

心理健康是指个体心理在本身及环境条件许可的范围内所能达到的良好功能状态。也就是说，个体心理具有平稳的、良好的状态，对自然环境、社会环境及自身环境有良好的适应性，并具有最好的功能状态。根据大学生这一特殊群体的年龄特征、心理特征和社会角色特征，一般认为大学生心理健康的基本标准有以下六个方面。

1. 与他人相似

年龄相仿的人的心理应该是相似的，差异有一定限度，反映在想法、语言、举止、爱好、服饰上，不要过分“与众不同”，使人“难以理解”。悬殊越大，心理不健康的程度可能越重。

2. 善于与群体交往

每个人都应把自己当作社会、集体中的一员，不能脱离群体而单独存在。大学生要善于与人友好相处，培养互助合作、取长补短的精神和适应社会的能力。长期性情孤僻，独来独往，置自身于群体之外，这种行为表现是不健康的。

3. 勇于面对现实

心理健康的人能面对现实，正确认识环境，把握时机，造福社会。屈服于环境，或超越实际而盲目乐观，这两种极端的心理状态愈明显，心理上的危害就愈严重，甚至可能导致心理变态。

4. 行为反应适度

人对事物的反应速度和程度各不相同，但敏捷者不可过度，缓慢者不可迟钝，如遇重要事件无动于衷，或为此整日愁容满面，吃不下睡不好，如坐针毡，都可以认为是心理上的不健康。

5. 思维合乎逻辑

心理健康的人说话办事专心致志、有条不紊。若一个人说话东扯西拉，做事条理不清，想问题总钻牛角尖，甚至时常前后相悖、凌乱无序，分不出轻重缓急，这也可被认为是心理不够健康。

6. 谈吐有修养

语言最易显露一个人的心理状态。文雅、礼貌、得体的谈吐是心理健康的重要特征。若一个人常与人顶撞、争吵，高谈阔论或神经质，沉默寡言，词不达意，其心理往往都不健康。

以上几点是相互联系的整体，不能仅从一点不足就认为是心理不健康。对于某些方面的不足，只要积极进行调整，就可以保持和增进心理健康。

（三）社会适应健康

社会适应是指个体独立处理日常生活与承担社会责任达到其年龄和所处社会文化条件所期望的程度，是个体对所处的自然环境和社会环境的一种平衡状态。达尔文指出：大自然的法则就是优胜劣汰，适者生存。我国古人也说过，识时务者为俊杰。环境是人类赖以生存的场所，人们必须尽最大的努力去适应环境，才能生存和发展。

人的一生中，会不断面临新的情况和环境，每一个发展阶段都会对我们提出新的要求。社会适应是一个毕生的过程。

（四）道德健康

道德健康是指处在一定社会环境的人在行为处事、与人交往时，要遵循一定的社会规范和行为准则。它着重于健康的维护和促进。个人道德健康包括不仅要对自身的健康负责，而且要自觉地维护和促进社会整个人群的健康。例如，不在公共场所吸烟、吐痰，在听音乐会、看电影、听演讲时，不大声喧哗，自觉地关掉手机等；为灾区人民募捐，为抢救他人的生命义务献血等；保障社会的存在和发展，在不损害社会和他人利益的前提下，满足个人的需要。

与之相反，如果一个人缺乏良好的思想品德、人格低下，经常处在紧张、恐惧、内疚之中，这些不良心态和行为就会给个人造成沉重的心理压力，并影响健康心态的形成和发展。

如果我们都具有助人为乐和与人为善的高尚品格，将产生良性的生理和心理效应，这将大大地促进我们的健康。

（五）生殖健康

世界卫生组织将生殖健康定义为：人类在整个生命过程中，与生殖有关的一切活动，应该在生理、心理和社会适应诸方面都处于良好的健康状态。生殖健康包括建立正确的性观念，避免婚前性行为，避免未婚先孕、人工流产，接受性病和艾滋病的预防和避孕节育等性保健知识方面的教育。

二、健康的生活方式

生活方式与人们的身体健康息息相关。良好的生活方式给健康带来积极的影响，反之则带来消极的影响。

（一）生活起居

生活起居有规律有利于健康与长寿，在日常生活中应该做到以下几点。

1. 劳逸适度

适当地参加体力劳动或体育锻炼活动，合理休息，可以增进身体健康。但是，还要注意劳逸结合，不能过度疲劳，否则将不利于健康。

2. 适应环境

人要以自然之道，养自然之身。人过多地回避自然，不利于健康。因此，人要长寿，就要适应时节，适应春暖、夏热、秋凉、冬寒之变迁及早晚变化的规律。否则，会有病邪侵入。

3. 生活规律

生活规律是指一天内的休息、饮食、工作和学习、体育锻炼等各项活动的时间安排。科学的生活规律有利于机体各种生理机能的发挥，有利于身体健康，也有利于提高学习和工作效率。养生必须重视饮食、睡眠、言谈、学习、工作等生活的规律化。睡眠若适可而止，则神宁气足，大为有益，而久卧则伤气。“形往量力，勿为行劳”“坐卧顺时，勿为身怠”“动止有常，言谈有节”等，都是规范生活的健康格言。

（二）睡眠和休息

睡眠是一种保护性抑制，能保护大脑细胞免于衰竭。睡眠使大脑皮层得到有效的休息，在睡眠过程中，大脑皮层细胞由于工作所消耗的能量物质可以得到充分的补充。同时，由于抑制过程的扩散，机体各器官的活动相应减弱，从而也得到休息。

休息不仅指全身肌肉放松，而且包含人体“司令部”——神经系统的休息。神经系统的休息一般称为抑制过程。人体在觉醒时，肌肉保持一定的紧张度，内脏系统都处在兴奋状态，人体器官长久地兴奋就会产生疲劳现象，这就需要休息，也就是使兴奋适当得到抑制，兴奋和抑制有节奏地交替，才能保证神经系统功能正常。睡眠是重要的，但睡眠并不是唯一的休息方式。休息有两种基本形式：一为静止性休息，如睡眠、静坐等；二为活动性休息，就是利用改换学习（或活动）的内容、方式来达到防止和消除疲劳的目的，如不同课程的安排、课间操、工间操等。静止性休息是一天劳动后消除疲劳、恢复体力的重要方式；活动性休息则是在一定时间内防止疲劳产生、消除某种疲劳和提高工作效率的方式。两种休息方式都是生活中不可缺少的，在制定休息制度和教学训练中要充分考虑，合理安排。

（三）皮肤卫生

皮肤分泌的皮脂、汗液和脱落的表皮细胞以及外界的尘埃黏合在一起，附着在皮肤上，会阻塞汗腺口和皮脂腺口，阻碍它们的分泌，影响皮肤的正常功能，助长细菌的繁殖，极易产生皮肤病。

保持皮肤清洁的方法是根据皮肤的不同情况分别采取不同的清洁方法：一般皮肤（不干燥，分泌皮脂也不多），手和面部每天至少清洁三次，要经常洗澡，清洗时应使用肥皂；干燥皮肤（皮脂分泌少，干燥时经常脱屑），应使用碱性小、含脂肪多的肥皂，要经常涂无刺激性的润肤油，此外还要注意营养，多吃含维生素 A 的食物；油性皮肤（分泌皮脂较多，不易清洗），应该经常用肥皂和热水清洗，日常在饮食中多吃些蔬菜、水果。

（四）恋爱与性行为

随着社会生活方式和经济、文化的发展，我国大学生的性观念和性行为也发生了很大变化，与此同时，大学生感染性病、艾滋病的潜在危险随着性观念的开放而增加。因此，正确对待恋爱和性行为，对大学生身心健康具有重要的意义。

（五）拒绝烟草

世界卫生组织告诫人们：吸烟是严重威胁人类生命的“瘟疫”。吸烟不仅危及周围的不吸烟者，而且严重污染环境，大学生为了身体健康，务必要拒绝烟草。

（六）节制饮酒

酒内含有酒精（乙醇）。酒精对中枢神经系统有麻痹作用，会降低大脑皮层的机能，使人的思维活动和动作协调能力受到损害。饮酒后的兴奋实际上是由大脑皮层的抑制能力降低导致的，严重时可使中枢神经系统发生深度抑制而致昏迷，甚至因酒精中毒而死亡。

长期饮酒，酒精对咽部和胃的刺激，可引起慢性咽炎和胃炎，降低消化器官的机能，影响营养物质的吸收，还会引起血管硬化，降低血管的收缩能力，影响心脏的正常功能。

此外，酒精不仅危害身体健康，还直接降低人的工作效率。实验证明，喝 1 升啤酒后登山，运动成绩下降 20%，而能量消耗增加 14%。因此，饮酒必须要有节制。

（七）远离毒品

近年来我国吸毒人数急剧上升。据国家禁毒委员会统计，目前我国的吸毒者中35岁以下人群占全部吸毒者的85.1%，青少年已成为最易受到毒品侵害的“高危人群”。特别是冰毒、摇头丸等苯丙胺类兴奋剂问题突出，一些青年人不了解冰毒、摇头丸对人体的危害，不计后果，盲目吸食。青少年盗窃、抢劫等刑事治安案件，由吸毒引起的已经占到30%左右，在毒品侵害严重的地区，已高达60%以上。

“爱生命，不吸毒”，这是1987年由联合国在维也纳召开的部长级会议上提出的口号，现已规定每年6月26日为“国际禁毒日”。

（八）心理平衡

一个心理健康的人，应该是一个既能迅速适应所处环境，又能充分发挥自身潜能及主观能动性的人。这样的人必然是一个个性获得全面、充分、和谐发展的人，也是一个具有良好心理素质的人。对大学生来说，具备自知、自尊、自立、自强以及乐观、豁达、进取、坚强、果断等品质就是拥有良好心理素质的具体表现。随着社会的发展和信息化时代的到来，未来社会的竞争必然更加激烈，良好的心理素质就成了适应未来社会生活的一个极其重要的条件。当代大学生是21世纪的建设者，他们正处于心理形成和发展的重要时期，仅有发达的体力与智力是远远不够的，还必须具有良好的心理素质和健康的心理状态。

三、大学生常见的不良饮食行为及其危害

饮食是人类最重要、最平常的一种行为，但是能科学合理地对待饮食的大学生为数不多。一部分大学生对饮食的科学性不甚关注，抱着无所谓的态度；另一部分大学生则过分讲究，片面理解一些格言，听信广告，结果顾此失彼，事与愿违；还有一部分大学生过度进食或节食，造成消化系统功能紊乱，影响了身体的正常生长和发育。因此，大学生必须培养良好的饮食习惯，摒弃不良饮食行为。

（一）纵欲式进食

纵欲式进食，即不加节制地饮食，过度饮食。纵欲式进食常会使消化器官的功能发生紊乱，从而使机体代谢功能失去平衡，导致许多疾病滋生，影响身体的正常发育和健康。

（二）盲目节食

盲目节食现象多见于女大学生，她们所采用的减肥手段主要是限制饮食。限制饮食虽然可以使人消瘦，但体内营养物质也将随之越来越匮乏，势必出现种种功能障碍或疾病。轻则头昏眼花、四肢乏力，重则出现贫血、低血糖、月经失调等情况。有的女大学生明知过分节制饮食对身体有害，但仍乐此不疲，甘愿付出巨大代价。

（三）追求高蛋白、高脂肪饮食方式

一些大学生盲目追求高能、高脂肪食品，认为西餐比中餐优越，大量食用牛奶、鸡蛋、面包、黄油，向欧美饮食方式靠拢。其实，东西方饮食习惯的差异历史悠久，东方饮食中所含的脂肪和蛋白质虽然明显低于西方饮食，但东方人体内的淀粉酶、蛋白酶和消化

脂肪的酶以及消化液的分泌量已与饮食结构相适应，盲目模仿西方的饮食方式，很容易造成消化不良和营养素的失衡。现在西方国家已认识到，营养过剩会引起心血管病、结肠癌、糖尿病、胆石症等许多所谓的“富裕病”。东西方饮食方式各有利弊，彼此可以取长补短，但需要根据自身的体质状况逐渐适应，这样才能使饮食科学化、合理化。

（四）偏食

部分大学生片面认定某些食物是高营养而长期偏食，结果造成另一些营养素的缺乏。长期只吃一种或几种食物会造成营养上的不平衡。例如，有的大学生不肯吃肉，结果身体不能及时补充优良蛋白质，造成了身体发育迟缓或发育不良；有的大学生偏吃荤腥，不吃素菜，造成了身体多种维生素和矿物质的缺乏，而且为成年后患高血压、高血脂、动脉硬化埋下了一颗颗定时炸弹。

（五）偏信“营养补品”

有些大学生盲目听信广告对营养补品的宣传，甚至以药代食，以为补品可以补救一切营养缺乏症，如仅依赖减肥、增高、增智等药物。其实，营养补品仅仅能提供一小部分营养素，而且只能对缺乏某种营养素的人起作用。至于补药，主要是调整某些生理功能，需不需要补，补什么，要因人而异。中医理论中的“虚则补之”有其特定的含义，不能简单理解为仅是对某种物质的补充。

第三节　体育锻炼与身体健康

一、体育锻炼对心肺功能的影响

经常参加体育锻炼，能大大增强肺功能。锻炼时，由于肌肉需要氧气，因而呼吸次数增加，深度加深，肺通气量增加。健康成年男性肺活量为 3 500 ~ 4 000 毫升，女性为 2 500 ~ 3 500 毫升。安静时一般人每分钟呼吸 12 ~ 16 次，每次吸入新鲜空气约 500 毫升，每分钟肺通气量为 6 ~ 8 升；而剧烈运动时，呼吸次数可增至每分钟 30 ~ 50 次，每次吸入空气达 2 500 毫升，为安静时的 5 倍，每分钟肺通气量可高达 70 ~ 110 升，从而使呼吸器官的功能得到很大的增强，也利于预防肺气肿等疾病的发生。经常参加体育锻炼的人，由于心肌收缩强而有力，每搏输出量多，因而安静时心跳次数比一般人慢。一般人每分钟心跳 75 次左右，而经常运动的人可减至每分钟 50 ~ 60 次，参加训练的运动员更慢。心跳减慢，使心肌获得更多的休息时间，从而使心脏有更大的贮备力。心脏射出的血液在血管内流动时对血管壁有一定的侧压力，这就是血压。健康成年人收缩压正常值的变动范围为 90 ~ 140 毫米汞柱，舒张压为 60 ~ 90 毫米汞柱。通常脉压在 20 ~ 40 毫米汞柱之间为正常。通常一般人每分钟心血输出量约 5 升，经常锻炼的人可增至 30 ~ 35 升，甚至达 40 ~ 45 升，说明心脏有很大的贮备能力。

体育锻炼还对预防心血管系统疾病有良好的作用，不仅能使心脏功能增强，同时还能改善体内物质代谢等过程，减少脂质在血管壁的沉积，保持与增进血管壁良好的弹性；经常锻炼还可以促进脂肪的消耗，并能使具有保护性的高密度脂蛋白增加，这些都对血管疾病起到了积极的预防作用。可见，科学的体育锻炼的确是“心脏健康之路”。

二、体育锻炼对神经系统的影响

神经系统是人体机能的调节系统。人体各器官、系统的一切活动都是在神经系统的控制、调节下进行的。通过神经系统的调节作用，人体对内外环境的变化产生相适应性的反应，从而使人体的生命活动正常进行。

经常参加体育锻炼，可对神经系统的结构与功能产生良好的影响，从而提高神经过程的灵活性、协调性和准确性，提高其分析综合能力。体育锻炼可以提高神经传导速度，增加神经传递介质，提高条件反射的速度和灵活性，缩短反应时间，从而提高动作的敏捷性；锻炼能提高神经过程的强度，使大脑皮层兴奋性提高，注意力集中，使人体表现为肌肉力量大，运动能力强；锻炼可使神经过程的兴奋和抑制更为平衡，中枢神经系统的协调能力增强，从而可以承受较大的刺激和精神压力，有效地预防各种神经性疾病；锻炼可以有效地消除因用脑过度而引起的各种疲劳，缓解人体紧张情绪，提高生命活力；锻炼可改善大脑和中枢神经系统的能量和氧气供应，促进思维和智力的发展。

三、体育锻炼对消化系统的影响

消化系统包括消化管和消化腺。消化管由口腔、咽、食管、胃、十二指肠、小肠、大肠、直肠、肛门组成。肝脏和胰腺也属于消化器官，其导管通向十二指肠。消化管的作用是接受食物，将食物磨碎、搅拌，使食物与消化液充分混合，并不断地向肛门推进，这一过程被称为物理消化。在消化液中主要有各种消化酶，将食物中糖类、脂肪、蛋白质水解成可以吸收的简单物质，这一过程被称为化学消化。

参加体育锻炼，使得体内的代谢活动增强，能量消耗增加。有研究表明，如以每分钟130步的速度慢跑，其能量消耗是平时的5至6倍。能量消耗的增加，就需要消化器官加强活动，以便更好地吸取食物的养料，保证满足机体的需要。由于体育锻炼可以使大脑皮层神经系统功能得到改善，消化系统在神经和体液的调解下，消化器官的物理性消化和化学性消化加强。如消化腺分泌的消化液增多、消化管道蠕动加强等，这促进了对食物更好地消化和吸收。此外，由于体育锻炼使呼吸活动加强，横膈肌和腹肌的互动范围也相应增大，这种横膈肌腹肌活动的增大对肝脏和胃肠起着按摩的作用，因而有利于消化、吸收和排泄等功能的增强。所以体育锻炼对消化器官系统功能的增强是有良好作用的。

四、体育锻炼对运动系统的影响

人体的运动是由运动系统实现的。运动系统由206块骨骼和400多块肌肉以及关节等组成。人们的坐立行走、谈话、写字、喜怒哀乐的表情，乃至进行各种各样的工作、劳动、运动等，无一不是肌肉活动的结果。肌肉的发达健壮，绝不是靠饮食和休息就能达到的，必须坚持体育锻炼。锻炼使骨骼的血液供应得到改善，新陈代谢加强，使骨骼变得更加粗大和坚固，使肌腱弹性、韧性加强，使肌肉显得发达、结实、健壮、匀称而有力，从而提高了骨骼的抗折、抗弯、抗压缩和抗拧转等方面的性能。锻炼还可加大关节囊、韧带和关节周围肌肉的伸展性，提高关节的灵活性，有利于增大动作幅度，减少伤害事故的发生。青少年经常参加体育锻炼，可使骨骼增长，使人长高。经常锻炼的人比不锻炼的人身高平均可高出 4 ~ 7 厘米。

综上所述，体育锻炼能提高人体的运动能力和适应能力，增强体质、促进健康、调节身心、防病治病以及延年益寿。

第四节 体育锻炼与心理健康

锻炼身体是个体积极主动的活动过程，它可以有效地塑造人的行为方式，因而也能促进个体的心理健康。由于大学生心理发展正处于迅速走向成熟而尚未成熟的阶段，他们常出现一些心理矛盾，如孤独感与强烈的交往需要的矛盾、独立性与依赖性的矛盾、理想与当前现实的矛盾等。如果大学生处理不好这些心理矛盾，就会引发各种心理不健康的问题，如最常见的强迫症、人际关系敏感抑郁、焦虑和敌对情绪等。体育活动是社会活动的模拟化，在感受丰富多变的刺激的同时，参与者可以体验几乎和社会活动相同的精神磨砺与心理冲突，因此，体育锻炼是一种促进心理健康的积极手段。

一、体育锻炼有助于发展智力

（一）改善大脑的营养和供能，开发右脑，提高神经系统的机能

体育锻炼对发展大学生的智力具有积极的影响。经常参加体育锻炼，能增加氧的供应，促进血液循环，改善神经细胞的营养和供能，提高大脑皮层的兴奋和抑制的协调作用，使神经系统兴奋和抑制的交替转换过程得到加强，从而改善大脑皮层神经系统的均衡性和准确性，促进人体感知能力的发展，使大脑思维想象的灵活性、协调性、反应速度等得以改善和提高。现代医学研究表明，人的右脑的信息容量、记忆容量和形象思维能力都大大超过左脑，体育锻炼可以使右脑得到充分的锻炼，提高人的记忆力和抽象思维能力。

（二）促使大脑疲劳恢复，提高大脑的工作效率

体育锻炼可以使神经系统的兴奋与抑制过程更加集中，对外界刺激的反应更加迅速、准确，还可以提高人的视觉、听觉、感觉神经的传导速度和神经过程的均衡性与灵活性，促进神经系统功能的增强。研究表明，一般情况下大脑耗氧量是人体耗氧量的25%，运动时可达到32%。经常参加体育锻炼有利于头脑清醒、精力充沛，有益于血液循环和神经细胞兴奋与抑制的交替，更有助于学生的注意力集中、知觉敏锐、记忆良好、想象力丰富、思维灵活等智力因素的健康发展。因此，体育锻炼可以使思维、记忆中枢得到更完全的休息而很快消除疲劳感，恢复工作能力。这正是集中学习一段时间后去从事一些体育锻炼，会使人感到头脑清醒、精神焕发、记忆力增强的生理机制。

二、体育锻炼有助于确立良好的自我概念

自我概念是指一个人对自己各种身心状况以及自己和周围关系的一种认识，也是人认识自己和对待自己的统一。由于坚持体育锻炼可以强身壮体、精力充沛，使人得到均衡发展，因而体育锻炼对于改善人的身体表象和身体自尊至关重要。

身体表象是指头脑中形成的身体图像。身体表象障碍在正常人群中是普遍存在的，据报告，54%的大学生对他们的体重不甚满意。与男性相比，女性倾向于高估她们的身高并低估她们的体重，而且，身体肥胖的个人更有可能有身体表象和身体自尊方面的障碍。身体自尊主要包括一个人对自己运动能力、身体外貌、健康状况和免疫力的评价。整体自我概念与身体表象和身体自尊有关，无论男性还是女性，对身体表象的不满意会导致个体自尊下降，并产生不安全感和抑郁症状。有研究表明，肌肉力量与身体自尊、情绪稳定性、外向性格和自信心呈正相关，加强力量训练会大大增强个体的自我概念。

三、体育锻炼有助于形成坚韧的意志品质

意志品质是指一个人的果断性、坚韧性、自制力以及勇敢顽强等品质，是在克服困难的过程中培养起来的。体育锻炼提高了大学生的身体素质，活跃了大学生的生活，同时也磨炼了大学生的优良意志品质。在各种体育活动中，如长跑、游泳、健美、健身操及各种球类活动等，要不断地克服客观困难（如气候条件、动作的难度或外部障碍等）和主观困难（如胆怯和疲劳），大学生通过克服这些困难，可以锻炼和培养自己的勇敢、坚毅、机智、果断、自制、吃苦耐劳、顽强进取的良好意志品质。

四、体育锻炼有助于调节情感与情绪

情感与情绪是人对客观现实态度的体验，也是心理健康的一个重要方面。人的情绪是对客观事物是否符合自己的需要而产生的体验。符合自己的需要就会产生愉快的情绪，反之就会产生烦恼或忧郁等情绪。体育锻炼可以转移不愉快的意识、情绪和行为，使人从烦恼和痛苦中摆脱出来，并且可以及时宣泄不良情绪，减轻心理压力。

五、体育锻炼有助于消除疲劳状态

疲劳是一种综合性症状，与人的生理和心理因素有关。当一个人情绪消极时，或当任务超出个人的能力时，生理、心理上都会很快地产生疲劳。大学生持续紧张的学习压力极易造成身心疲劳和神经衰弱。为了防止或减少身心疲劳，大学生应保持良好的情绪状态，积极参加中等强度的体育锻炼，从而使身心得到放松。有研究表明，体育锻炼能提高诸如最大吸氧量和最大肌肉力量等生理功能，这就能减少疲劳的产生。

六、体育锻炼有助于消除心理障碍

大学生的学习压力、人际交往障碍及对将来毕业后的就业压力等，使大学生可能会产生消极心理，从而导致忧郁、孤独等心理障碍的产生。体育锻炼能使大学生的心理机能、身体素质得到改善。体育锻炼还能使有心理障碍的人获得心理满足，产生成就感，从而增

强自信心，摆脱压抑、悲观等消极情绪，并消除心理障碍。临床研究表明，慢跑、散步等中低强度的有氧活动，对治疗抑郁症和抗抑郁效果十分明显，能减轻症状，增强自尊心、自信心。因为抑郁是以压抑为主导的消极情绪状态，而运动是以兴奋和充满活力为特点的积极情绪状态，因此抑郁者参与运动显然能产生积极的效应。在国外，体育锻炼已被公认为是一种心理治疗方法。研究表明，充满活力的体育锻炼，可以促进脑内有益化学物质的分泌，比如“内啡肽”，这种物质可以使人心情振奋、精神愉悦。

第二章 体育锻炼与体育竞赛

第一节 体育锻炼的定义、基本原则

一、体育锻炼的定义

体育锻炼是人类特有的一种社会行为方式，是人们运用各种身体练习方法，并结合自然力和卫生因素，以身体发展、增进健康、增强体质、调节精神、丰富文化生活为目的的身体活动。它以健身为目的，通过身体活动来实现，但在内容选择和方法应用方面要遵循科学规律。

二、体育锻炼的基本原则

（一）自觉积极性原则

自觉积极性原则又称主动性原则，是指体育锻炼者有明确的健身目标，充分认识体育锻炼的价值，并能自觉、积极地从事体育锻炼活动。体育锻炼是一个自我锻炼、自我完善，并需要克服自身惰性、战胜各种困难的过程，它要有一定的作息制度作保证。毛泽东同志在《体育之研究》中指出：欲图体育之有效，非动其主观促其对于体育的自觉不可。锻炼者要把体育锻炼当作生活中不可缺少的一部分，因为如果不是自觉自愿的，就没有办法坚持下来。

如何提高体育锻炼的自觉积极性?

（1）明确“生命在于运动”的科学道理。了解体育锻炼是现代人类生活不可缺少的一个组成部分，从而确立正确的锻炼目的，并且把体育锻炼当作是日常学习和生活的自觉需要，来激发锻炼的主动性，最终调动锻炼的积极性。

（2）培养兴趣。兴趣是指人们认识事物和从事活动的倾向。当一个人对一项体育活动产生兴趣时，就会对这项体育活动表现出极大的主动性和自觉性，做到身心融为一体。

（二）循序渐进原则

循序渐进原则是指体育锻炼必须遵循人体自然发展、机体适应的基本规律，从不同的主客观实际出发，合理安排运动负荷，在渐进的基础上提高锻炼水平。在体育锻炼过程中，运动负荷的大小直接影响人体机能的变化，负荷是否适宜，直接影响锻炼效果。运动负荷的大小因人、因时而异。即便是同一个人，在不同的机能状态、不同的时间，人体对负荷的承受能力也不尽相同。因此，进行体育锻炼应贯彻循序渐进原则，随时调整运动负荷，逐步提高锻炼水平。

如何贯彻循序渐进的原则？

（1）体育锻炼力戒急于求成，必须根据锻炼者自身的实际情况确定运动负荷的大小，做到量力而行，尤其要注意锻炼后疲劳感的适度。

（2）运动负荷应由小到大，逐步提高。开始从事体育锻炼或中断体育锻炼后恢复锻炼时，强度宜小，时间宜短，密度适宜。

（3）注意提高人体已经适应的运动负荷，使体能保持不断增强的趋势。一般应在逐步提高“量”的基础上，再逐渐增大运动强度，使之适应，感到胜任的愉快，然后做相应的调整。随时加强自我监督，密切注意身体机能的不良反应。

（4）锻炼开始时，重视准备活动；锻炼结束后，做好放松整理活动。

（5）缺乏一定体育锻炼基础的人，或中断体育锻炼过久的人，不宜参加紧张激烈的比赛活动。

（三）持之以恒原则

持之以恒原则是指体育锻炼必须经常性进行，使之成为日常生活中的重要内容。体育锻炼对机体给予刺激，每次刺激都产生一定的作用痕迹，连续不断的刺激则产生痕迹的积累。这种积累使机体结构和机能产生新的适应，体质就会不断增强，动作技能形成的条件反射也会不断得到强化。因此，体育锻炼贵在坚持，不能期望在短时间内取得显著效果，需要长久的积累。

如何才能使体育锻炼持之以恒？

（1）根据个人能力所及，确立一个能够实现的体育锻炼目标（不宜太高），制订一个切实可行的锻炼计划（能长期坚持）。

（2）强化锻炼意识，把体育锻炼列为日常生活内容，保证有一定的体育锻炼时间，逐步养成习惯，使体育锻炼成为生活的重要组成部分。

（3）体育锻炼的效果并非一劳永逸，如果锻炼间隔时间过长，效果就不明显。因此，每次锻炼要坚持安排合理的锻炼间隔。

（四）全面性原则

全面性原则是指体育锻炼必须追求身心全面和谐发展，使身体形态、机能、身体素质及心理素质等方面得到全面协调的发展。人体是由各局部构成的一个整体，各局部均按“用进废退”的规律发展，体育锻炼能促进人体新陈代谢，使身体各系统、组织、器官和谐发展。

怎样才能做到全面锻炼？

（1）身心的全面发展，要从提高适应环境和抵御疾病的能力、改善机体形态和提高机体功能、陶冶性情、丰富文化生活等方面着眼。

（2）体育锻炼的内容、方法要尽可能考虑身体的全面发展，一般以一些功效大、兴趣较浓的运动项目为主，以其他项目为辅进行全面锻炼。

（3）注意全身的活动，不要限于局部。

（4）在全面锻炼的基础上，有目的、有意识地加强专业实用性的体育锻炼。

（五）安全实用性原则

安全实用性原则是指在从事任何形式的体育锻炼过程中都要注意安全性和实用性。如果体育锻炼安排得不合理或者在一些高危险的体育活动过程中缺少保护和辅助，违背科学规律去进行一些不符合自身素质的体育项目，就可能出现伤害事故。

如何选择安全又实用的体育锻炼项目？

（1）根据个人的实际情况，制订一套适用可行的锻炼计划或运动处方，执行时应当严格按照计划或处方中的要求来做，并注意阶段性的调整。

（2）选择锻炼内容时，要注意它的锻炼价值，不要追求动作的形式，以及在力所不及的情况下去从事高难度技术动作的训练，而应选择简便易行、锻炼价值大、效果好的身体练习，作为身体锻炼的主要内容。

（3）安排运动负荷时要根据锻炼者所能承受和克服的难度，一般以自我感觉舒适和不影响正常学习、工作和生活为准。

第二节　体育锻炼的方法与计划制订

一、体育锻炼的方法

体育锻炼的方法有很多种，下面我们来谈谈几种常用的方法。

（一）循环锻炼法

循环锻炼法是指把不同的动作或训练内容按照一定的顺序组成一组锻炼项目，然后按照组成的动作循环反复地进行锻炼，这种方法具有综合锻炼的效果。

循环锻炼法所安排的各个练习点，其内容要选用大家已经掌握的那些简易的动作，同时要规定好练习的次数、规格和要求。由于各个练习点的动作要求及运动器械不相同，在练习过程中不断地翻新花样、交替进行，可以激发练习者的兴趣、减轻疲劳、提高练习密度，具有很显著的健身效果。采用循环锻炼法要强调练习的质量，不要片面强调运动的密度和数量。

（二）重复练习法

重复练习法是指按照一定的负荷标准，多次重复进行某项练习。重复的次数和时间能够决定每场练习的效果。决定和调节重复的次数和时间要考虑这项练习的特点。运用重复练习法时要注意克服厌倦情绪，特别要防止机械呆板。

（三）间歇练习法

间歇练习法是指进行重复锻炼时的两次练习之间要有合理的休整。它是提高锻炼效果的一种常用的锻炼方法。间歇锻炼的间歇时间长短，主要以运动负荷的值域为标准。一般情况下运动负荷超过上限时，要将间隙时间加长些，以防止运动负荷过大导致体力下降过快甚至造成运动伤害；运动负荷在下限时，间歇时间应小些，否则间隙时间过长会导致前次的锻炼效果已经消失，就失去了间歇的意义。

（四）变换练习法

变换练习法是指在锻炼过程中，采取变换环境、变换条件、变换要求等各种手段来提高锻炼效果的一种锻炼方法。采用变换练习法，可以有效地调节生理负荷，强化锻炼意志，克服疲劳和厌倦情绪。

（五）自然因素锻炼法

自然因素锻炼法是指人体为了适应外界环境的变化，利用自然条件进行身体锻炼，以提高适应能力和增进健康、增强体质的锻炼方法。常用的几种自然因素锻炼方法有阳光浴、空气浴、冷水浴等。每个人可以根据自身的不同特点和自身的适应能力选择适合自己的锻炼方法。

二、体育锻炼计划的制订

体育锻炼能够增强体质。但是，不是随便怎样活动都可以达到最佳锻炼效果，只有结合自身的实际，有计划、有步骤、有针对性地锻炼，才能有效地增强体质。

为了选择最适宜的锻炼内容，采取最佳的途径与方法，取得最佳的锻炼效果，必须学会制订适合自身特点的体育锻炼计划。

（一）根据体育锻炼的四条基本原则安排锻炼计划

（1）从实际出发。要根据个人的兴趣爱好、身体状况、学习负担，以及学校、家庭、社区体育场地设备的实际，选择锻炼内容。

（2）循序渐进。锻炼过程要循序渐进，逐步提高运动负荷和技术难度。

（3）持之以恒。要坚持锻炼，不可间断。

（4）全面发展。要选择多种方法进行身体全面锻炼。

（二）根据自身的体态、机能、素质现状确定锻炼内容

有的人脂肪较多、耐力较差，可确定长距离跑、越野跑、定时跑、变速跑、跑走交替等练习；有的人身材瘦弱，可有目的地选择发展肌肉力量的系统练习；有的人速度较差，可选择快速跑、冲刺跑、听信号变向跑等练习；有的人协调性较差，可多练习一些球类项目。总之，练习的内容要根据性别、健康状况和锻炼水平差异，因人而异，有的放矢。

（三）根据运动技术掌握的水平和体育课成绩确定锻炼的内容

体育与健康课的任务之一是掌握基础知识、基本技术和基本技能。“三基”掌握的情况，是体育与健康课成绩考核的重要组成部分。在制订锻炼计划和运动处方时，要考虑自

己在体育学习中的弱项是什么，薄弱环节在哪里，有针对性地加强这方面的练习，使体育技术、技能和成绩尽快提高。

（四）根据学习、生活的规律确定锻炼时间

学校每天学习很紧张，如果不安排体育锻炼，身体会渐渐变弱。生命在于运动，每天都要有一小时左右的体育锻炼（包括体育与健康课），贵在坚持。锻炼的时间可以在早晨起床后，也可以在下午课后。这样才能使学习、生活更有规律和节奏，使身体健康，精力充沛地投入学习。

（五）根据个人兴趣、爱好确定锻炼内容

对于大学生而言，兴趣不再是参加体育锻炼的唯一驱动力。但是，兴趣作为一种心理需求，仍然是大学生在体育锻炼中所追求的。根据个人的兴趣爱好，选择适宜的运动项目进行锻炼，才能取得较好的效果。

（六）根据人体生理机能活动规律合理安排运动负荷

要想获得身体锻炼的理想效果，必须掌握好适宜的运动负荷。运动负荷过小或过大，都不能对身体产生积极的影响。如果运动负荷过小，则对身体的刺激程度不够，达不到锻炼目的；而如果运动负荷过大，超过了身体承受能力，又会影响健康甚至损伤身体。

运动负荷（通常称运动量），是由负荷强度和负荷量组成的。影响负荷强度的因素有练习的速度、高度、远度、重量和练习的密度（单位时间重复练习的次数）等。影响负荷量的因素有练习的持续时间、重复次数与组数、负重的总重量等。通常衡量运动负荷的方法，是测量运动时心率的变化情况。它是根据人体最大摄氧量的原理，即摄氧量越大，能源物质的消耗也越大的原理划分强度的。对大学生来说，运动时每分钟心率达到 170～180 次时，耗氧量接近于最大摄氧量的 90%～100%，为大运动强度；每分钟心率达到 140～160 次时，耗氧量为 70%～80%，是中等运动强度；心率在 120 次以下，是轻微的运动强度，锻炼身体的作用不大。但适应运动负荷的能力，还与年龄、性别、体质和健康水平、项目特点等各种因素有关。衡量运动负荷大小，也可根据自我感觉和恢复情况来判定。

第三节　体育锻炼的作用与评定

一、体育锻炼的作用

体育锻炼的作用很多，最主要的包括生理作用和心理作用两种。生理作用是指通过体育锻炼可以增强体力，提高免疫力，减少疾病的发生。心理作用是指通过体育锻炼可以调节锻炼者的心理素质，并且对锻炼者的心理健康有着积极的作用。

二、体育锻炼的评定

体育锻炼的目的是增强体质，提高各器官系统的机能能力，而要验证体育锻炼对身体机能的良好影响，就要对体育锻炼进行客观的评定。体育锻炼效果是指经常参加体育锻炼者在体育锻炼的影响下各器官、系统在形态、结构和机能等方面所产生的适应性变化和良好反应。评定体育锻炼效果的指标有许多，这里我们主要介绍一些比较容易测定而又客观的生理指标。

（一）心率（或脉搏）的评定

心率是指心脏每分钟跳动的次数，正常成年人心率为 60 ~ 100 次/分，心率可用听诊器在心脏表面直接测定，也可用其他仪器测定。在体育活动中心率次数也可用脉搏次数表示，脉搏可用手在桡动脉、颈动脉和足背动脉直接测定。

用心率监测运动强度是一项比较灵敏的指标，而评定体育锻炼的效果却不太敏感，短时间体育锻炼的效果不可能通过心率表现出来。只有长期从事体育锻炼取得较明显的效果时，心率的良好变化才能显示出来。

（二）血压的测定

血压是指流动的血液对血管壁的侧压力，一般常指动脉血压，血压值随心动周期的变化而有不同。动脉血压的最高值为收缩压，正常值为 90 ~ 140 毫米汞柱；最低值为舒张压，正常值为 60 ~ 90 毫米汞柱。血压可用血压计和听诊器测定。

体育锻炼时血压的变化较大。体育锻炼对血压变化的良好影响要经过长时间的锻炼才能表现出来，应用血压这一指标评定锻炼效果时，要考虑到血压变化的这一特点。对于高血压患者和老年人，要经常注意观察血压的变化。对于一般体育锻炼者，则多在定量负荷后测定血压，以便对心血管机能进行综合评定。

（三）肌肉力量的评定

肌肉力量是指肌肉收缩产生的张力，不同肌肉群、不同关节角度和不同收缩速度产生的肌肉力量不同。但从对人体的某一块肌肉来说，一般情况下肌肉力量是相对恒定的。以肌肉力量作为评定体育锻炼效果的指标时，多用简单的肌肉力量测定计测定其肌肉群的最大肌力，也可测定身体承受一定负荷的重复次数。

肌肉力量是一项比较敏感的指标，短时间体育锻炼后，特别是有针对性的力量练习后，肌肉力量就会明显增加。因此，肌肉力量可用于短时间体育锻炼的运动效果评定指标。应用肌力指标评定锻炼效果，最好在力量练习后的几天或一周后进行，因为在力量练习后的第二天，可能会由于身体疲劳或肌肉疼痛而影响评定效果。

（四）呼吸频率的测定

体育锻炼后呼吸频率的变化可以在很大程度上反映肺通气功能的变化，人体安静时呼吸频率为 12 ~ 16 次/分，体育锻炼时呼吸频率明显增加。呼吸频率可以通过胸廓的起伏次数测定。

呼吸频率受心理因素的影响较大，如果直接告诉受试者测定呼吸频率，往往会由于受试者注意力过于集中而有意识地控制呼吸频率。所以，在测定呼吸频率时最好通过转移注意力的方法测定。如在测量心率的同时，测定呼吸频率，或在受试者不知道的情况下测定，以免由于心理因素的干扰而影响测定结果。

（五）体育锻炼时间的评定

评定体育锻炼的运动时间一般是指在一次性体育锻炼过程中从活动开始到感到疲劳而停止运动的时间，主要是通过锻炼者的主观感觉去判断疲劳、终止运动。由于这一指标是通过锻炼者自己去感受，所以，锻炼者在应用时，应做到前后一致，以保证客观性。

用运动时间评定体育锻炼效果也是比较敏感的，一般通过短时间（两周左右）的体育锻炼，运动时间就可延长。另外，在应用这一指标时，也可用同样的锻炼时间而身体的不同感觉评定锻炼效果，如果同样的运动时间，而身体的疲劳反应程度小，说明身体机能有所提高。

第四节　小型体育竞赛的组织与编排

一、小型体育竞赛的组织

组织一次令人满意的体育竞赛，需要经过竞赛前的准备、竞赛中的组织管理和赛后总结等具体而细致的运作过程。

（一）竞赛前的准备

充分而细致的准备工作，是竞赛活动顺利、圆满进行的重要保证。竞赛前的准备工作一般包括：争取团委、学生会、体育老师和班主任等多方面的支持和配合，利用多种形式进行宣传，聘请裁判员，联系场地，准备器材，制定竞赛表格，等等。

竞赛前关键要做好下面两项准备工作。

1. 制定竞赛规程

体育竞赛规程是具体实施一项竞赛的政策和规定，是竞赛的参加者和管理者都必须遵循的法规。在体育竞赛中，竞赛规则和规程共同协调和制约竞赛的过程。竞赛规程的内容一般包括以下几项：

（1）竞赛的名称；

（2）竞赛的目的、任务；

（3）竞赛的时间、地点、承办单位；

（4）参赛办法（组队单位、分组办法、限报人数）；

（5）竞赛办法（竞赛项目、使用规则、录取名额、计分、处罚、奖励办法）；

（6）报名日期和地点；

（7）裁判员和仲裁委员会；

（8）特殊规定和注意事项。

竞赛规则是对技术规范和场地器材的规定，竞赛规程则着重于竞赛的组织管理。

2. 进行竞赛编排

在收到参赛队（人）的报名后，根据竞赛项目的特点和规定的竞赛办法进行竞赛编排。

（二）竞赛中的组织管理

竞赛中的组织管理工作，包括组织啦啦队、维持场地次序、场地器材的管理、现场的宣传鼓动以及提供必要的医务防护等工作。另外，及时核计每场比赛的结果和累进各队的得分是竞赛中的重要工作之一。下面介绍几种常用的球类比赛的计分和评定名次的方法。

1. 足球计分和评定名次的方法

（1）胜一场得3分，平一场得1分，负一场或弃权得0分，按积分决定名次。

（2）如果两队或两队以上积分相等，按净胜球决定名次；如净胜球也相等，按进球总数决定名次；如进球总数还相等，可抽签决定名次。如在第二阶段踢成平局，可进行加时赛，可规定加时赛实行“突然死亡法”决定胜负；如还是平局，罚点球决定胜负。

例如，江苏省高职高专院校足球比赛成绩记录表如表2.4.1所示。

表2.4.1　江苏省高职高专院校足球比赛成绩记录表

比分	队名					积分	进球总数	失球总数	净胜球	名次
	铁道学院	海事学院	交通学院	工程学院	电大					
铁道学院										
海事学院										
交通学院										
工程学院										
电大										

2. 篮球计分和评定名次的方法

（1）胜一场得2分，负一场得1分，弃权得0分，按积分决定名次。

（2）如果两队积分相等，两队之间比赛胜者在先。

（3）如果三队或三队以上积分相等，按它们之间比赛胜负场数多少决定名次；两队之间比赛胜者在先。如比赛胜负场数也相等，则按它们相互比赛净胜分数决定名次；如净胜分数也相等，再按它们比赛的得失分率（得分之和/失分之和）决定名次。

例如，江苏省职业院校篮球比赛成绩记录如表2.4.2所示。

表 2.4.2 江苏省职业院校篮球比赛成绩记录表

比分	队名					积分	得失分率	总得失分率	名次
	信息学院	卫生学校	女子中专	化工学院	建筑学校				
信息学院									
卫生学校									
女子中专									
化工学院									
建筑学校									

3. 排球计分和评定名次的方法

（1）胜一场得 2 分，负一场得 1 分，弃权得 0 分，按积分决定名次。

（2）如果两队或两队以上积分相等，按全部比赛的胜负局率（胜局总数/负局总数）决定名次，分值高者列前；如胜负率也相等，则按全部比赛总的得失分率（得分总数/失分总数）决定名次，分值高者列前。

例如，江苏省五市排球比赛成绩记录表如表 2.4.3 所示。

表 2.4.3 江苏省五市排球比赛成绩记录表

比分	队名					积分	胜负局率	得失分率	名次
	南京	徐州	淮阴	盐城	无锡				
南京									
徐州									
淮阴									
盐城									
无锡									

（三）赛后总结

比赛虽然结束，但不可轻视赛后的总结，这是难得的吸取经验教训、增长才干的机会。

赛后应做的工作有：

（1）及时公布比赛结果；

（2）奖励优胜和宣传高尚的体育道德作风；

（3）整理总结比赛成绩和经验。

二、小型体育竞赛的编排方法

小型体育竞赛的编排方法与一般体育竞赛相同，都是按照体育竞赛的规则和竞赛规程的要求进行的。这里，介绍几种最常用的方法。

（一）淘汰法

淘汰法是指在比赛的过程中逐步淘汰失败者，最后得出优胜者的一种比赛方法。

淘汰法的优点是可以在较短的时间内，用较少的比赛场地，安排较多的运动员参加比赛。其缺点是如果安排不当，强手会过早相遇而遭淘汰。为弥补这一缺点，可采用设立“种子”的办法来克服淘汰赛的不合理性。

淘汰赛又分为单淘汰赛和双淘汰赛两种，本书仅介绍单淘汰赛。

单淘汰赛是失败一次即失掉比赛资格的方法，最后只取一名冠军，所以又称冠军比赛法，多用于乒乓球、羽毛球、网球的单打比赛。其编排方法一般有如下几个步骤：

1. 确定参赛队（人）号码位置数

采用单淘汰法时，应根据参赛队（人）数，选择与2最接近、较大的乘方数（即2的次幂）作为号码位置数。常用的号码位置数有4（2^2）、8（2^3）、16（2^4）、32（2^5）等。

2. 计算出比赛轮次和场数

（1）轮次数：所确定的号码位置数2的乘方数。

例如，32队（人）参加比赛，需要比赛5轮。

（2）场数：参赛队（人）数减1。

例如，32人参加比赛，需要比赛31场。

3. 编排比赛次序（以4队参赛为例）

编排比赛次序的方法，以16队参赛为例，如图2.4.1所示。

比赛次序排好后，由参赛队（人）抽签填入号码位置，然后将比赛时间、场地等写在表中，即成为正式竞赛次序表。例如，4个队的比赛次序表如图2.4.2所示。

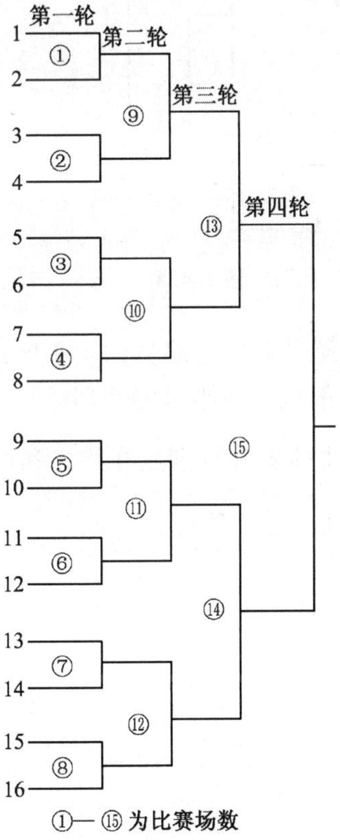

图2.4.1 16队参赛场数

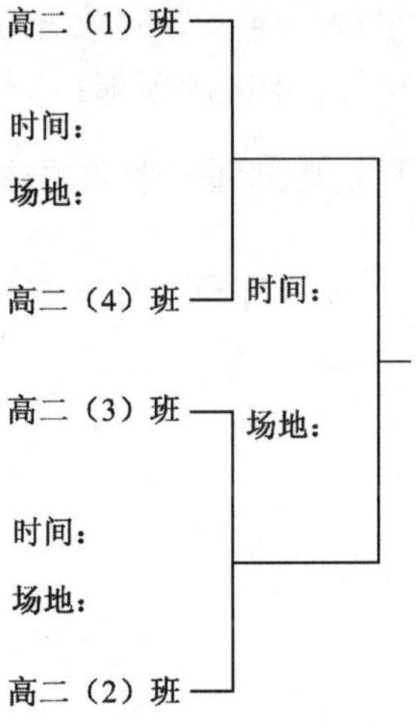

图2.4.2 4队比赛次序表

4. 算轮空数

淘汰赛第一轮合适的位置数目应是2的乘方数。如果参赛队（人）没有达到2的乘方数（如5、6、7、9、10、11、12等），则在第一轮比赛设置必要数量的轮空，轮空数等于或大于参赛队（人）数的乘方数减去参赛队（人）数的差数。

例如，12队（人）参赛，轮空的数量应是：16（2^4）－12＝4队（人）。

编排次序表时，如果有一个轮空队，通常排在最后的位置上（图2.4.3）；如果有几个轮空队，一般均匀分布在各半区内，使机会尽可能相等（图2.4.4）。

有的项目（如乒乓球、羽毛球）参赛的人数较多，为了避免强者过早相遇而遭淘汰，一般先将强者确定为种子，将其均匀地放在相对等的区内，使他们在最后几轮相遇。

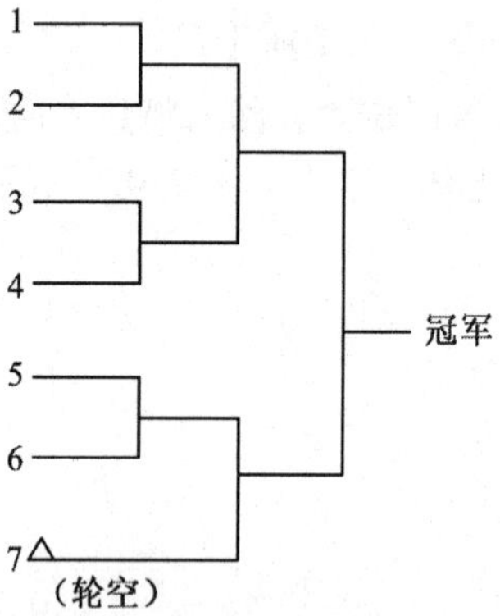

图2.4.3

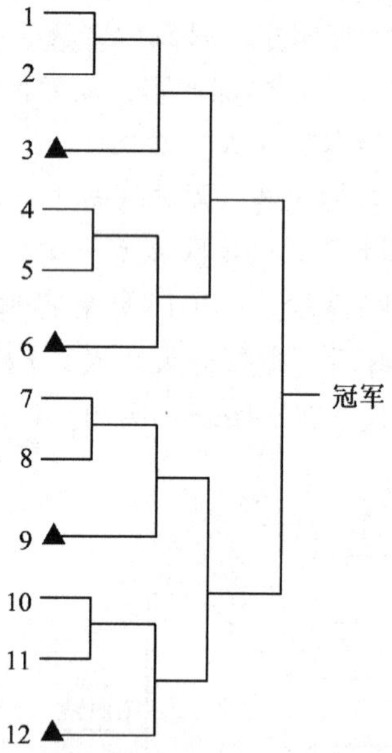

图2.4.4

淘汰赛中的种子应为2的乘方数。种子的位置通常按运动员的水平顺序安排：1号“种子”一般放在上半区的顶部；2号“种子”一般放在下半区的底部；3、4号“种子”分别放在上半区的底部和下半区的顶部；5、6号“种子”分别放在第二和第三$\frac{1}{4}$区的底部和顶部；7、8号“种子”分别放在第四和第一$\frac{1}{4}$区的顶部，以使同一区的种子相隔最远（图2.4.5）。

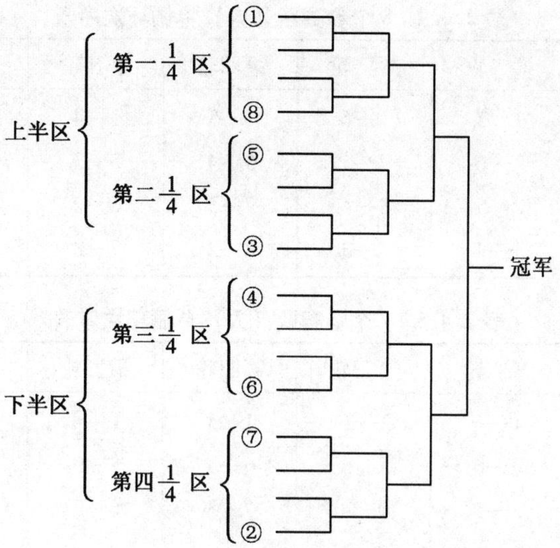

图 2.4.5

注：①—⑧为“种子”实力位置顺序。

也可以用抽签的方法将种子安排在相应的位置上，尽可能使前几轮参赛队（人）的实力相当，使比赛更加精彩。

（二）循环法

循环法又称循环赛，指参赛者在比赛过程中，按一定的顺序互相轮流进行比赛，最后综合全部比赛的成绩来决定排名的一种比赛方法。我国足球的超级联赛和篮球的职业联赛都是采取这种比赛方法。

循环法是一种较为合理的比赛方法。它的优点是比赛机会均等，强手不会过早相遇而遭淘汰，但赛程较长，比赛场次较多，有一定的局限性。

循环法可分为单循环、双循环和小组循环等几种形式。下面介绍常用的两种循环方法。

1. 单循环法

单循环法指所有的参赛队（人）都要轮流相遇一次，最后根据各队（人）全部比赛的积分决定名次的比赛方法。

单循环法比赛轮数和场数计算办法：

（1）轮数计算办法。

参赛队（人）各赛一场（包括轮空）为一轮。如果参赛队（人）为奇数时，则轮数 = 参赛队（人）数；如果参赛队（人）为偶数时，则轮数 = 参赛队（人）数 −1。

（2）场数计算办法。

$$场数 = \frac{队数 \times （队数-1）}{2}$$

例如，10 个队参赛，则：轮数为 10 − 1 = 9（轮），场数 $= \frac{10 \times (10-1)}{2} = 45$（场）。

单循环比赛轮次的编排举例见表 2.4.4、表 2.4.5。

表 2.4.4　8 个参赛队（人）单循环次序表

轮　次	第一轮	第二轮	第三轮	第四轮	第五轮	第六轮	第七轮
比赛顺序	1—8 2—7 3—6 4—5	1—7 8—6 2—5 3—4	1—6 7—5 8—4 2—3	1—5 6—4 7—3 8—2	1—4 5—3 6—2 7—8	1—3 4—2 5—8 6—7	1—2 3—8 4—7 5—6

表 2.4.5　7 个参赛队（人）单循环次序表

轮　次	第一轮	第二轮	第三轮	第四轮	第五轮	第六轮	第七轮
比赛顺序	1—0 2—7 3—6 4—5	1—7 0—6 2—5 3—4	1—6 7—5 0—4 2—3	1—5 6—4 7—3 0—2	1—4 5—3 6—2 7—0	1—3 4—2 5—0 6—7	1—2 3—0 4—7 5—6

注：0 表示轮空。

轮次排完后进行抽签，按照抽签号填入队（人）名。最后将比赛次序编成竞赛日程表。表 2.4.6 是 8 个参赛队第一轮的竞赛日程表。

表 2.4.6　竞赛日程表

轮次	比赛队	比赛时间	比赛场地	裁判员
第一轮	运输—信号 路桥—汽运 轮机—物流 工民建—建材	4 月 15 日 16：00	1 号场地 2 号场地 3 号场地 体育馆	吴老师、刘老师 王老师、丁老师 蒋老师、郛老师 倪老师、方老师

2. 分组循环法

分组循环赛是把参赛的队（人）分成若干小组分别进行单循环赛，各组分出高低来，再根据竞赛规程进行下一阶段的比赛。如足球世界杯决赛的小组赛，一般将比赛分成两个阶段，第一阶段即为单循环赛，第二阶段把第一阶段各小组名次相同的（或几至几名）重新编组，进行决定名次的比赛。

例如，12 个队（人）参赛，第一阶段分成两组进行单循环赛，各小组第一至第三名进入第二阶段的 A 组进行单循环赛，决出第一至第六名；各小组第四至第六名进入第二阶段的 B 组进行单循环赛，决出第七至第十二名。

第五节　体育竞赛欣赏

现代社会把观赏体育竞赛作为社会文化生活的重要内容，体育竞赛的魅力吸引着亿万人去关心它、观赏它。体育竞赛，有着激烈的竞争性和规则的公平性，其运动技术不断向高、难、新、险、奇的方向发展，使运动技艺更为精湛，竞争更为激烈，再加上和谐的韵律，鲜明的节奏，微妙的配合，将人体美展现得淋漓尽致，能给人们带来精神的、心理的愉悦和美的享受。因此观赏体育竞赛已成为人们日常生活中不可缺少的一部分，特别是随着人们生活方式的改变、生活质量的提高，体育竞赛欣赏作为一种文明高尚的精神生活，已经为越来越多的人所喜爱。体育既是人体文化，又是人本文化。体育竞赛不仅体现了健与美的结合，竞争与协调的融会，同时也展示着体育的精神价值，即为国争光、振奋民族精神的激励价值，发扬竞争精神的竞争价值和宣扬公平、公开、公正精神的道德规范价值。因此，体育竞赛既有观赏价值，又有现实的教育意义。

一、体育欣赏能力的内涵及构成

（一）体育欣赏能力的内涵

所谓体育欣赏能力，是指欣赏主体在观看体育比赛时，对体育美的认识和评价能力。它是在欣赏主体充分调动感知、想象、情感、理解等各种心理能力的基础上形成的，包括感知力、想象力、理解力等。其主要目的是让欣赏主体在体育欣赏活动中，通过感知美、鉴赏美、评价美来获得美好的情感体验，提高个体的体育文化素质。体育欣赏能力的特点主要体现在以下几个方面：

（1）后天性。体育欣赏需要视、听感官的积极参与，不强调体能的遗传影响，具有很强的后天塑造性。如果一个人的审美体验多次或是较频繁的发生，那么他感知、分析和评价美的能力就会大大提高。

（2）心理性。体育欣赏的目的就是要使欣赏主体获得美的感受。这种感受是人们接触到美的事物时，心里所引起的感动，往往表现为一种心旷神怡的心理状态。与此同时，欣赏内容的动态性、不可预知性、期待性和寄托性决定欣赏者必须充分调动自身的认知和情感。可见，体育欣赏强调心理行为的投入。

（3）差异性。主要体现在两个方面：一方面，具有不同性格爱好和审美修养的审美者，他们的欣赏能力有所差异；另一方面，同一审美者，处于不同的审美环境和审美心境之中，其欣赏能力也有一定的差别。

（二）体育欣赏能力的构成

体育欣赏能力主要包括感知能力、想象能力、理解能力三方面。

1. 感知能力

感知能力是体育欣赏能力的第一要素，是审美活动产生的前提条件，包括感觉能力和知觉能力。感知能力是外在世界和内部心理结构契合的通道，具有主动探索性和高度选择性，它的高低直接决定了人们对体育审美事物的感知程度。观赏者的感觉器官、审美经验、知识结构、审美需要、知觉定势等因素将对感知能力产生重要影响。

2. 想象能力

想象能力是指欣赏主体对过去感知过的事物的表象重新结合而构成事物新形象的能力。它能够借助情感的推动，把审美感知和审美理解连接起来，并将它们改造成为新的审美对象，创造出新的事物形象。想象能力的高低是在人已有的知识和生活经验的基础上形成的，从来没有练过体育或看过体育比赛的人，在想象中也不会有体育动作的表象，所以说，想象能力是以现实生活为基础的。

3. 理解能力

理解能力是通过揭示事物之间的联系而认识新事物的能力，是主体在直觉过程中对审美对象理性内涵的直接领悟。它的高低受欣赏主体的体育知识、经验储备的影响较大。

二、欣赏体育竞赛的意义

（一）陶冶情操，美化生活

当代人把观赏体育比赛作为社会文化生活中一项重要的内容。体育比赛的魅力，已达到了迷人的程度，吸引着人们去关心它、欣赏它。因为在现实生活中，人们追求的是完美的、有节奏的生活，而体育比赛则恰恰适应和迎合了现代人生活的要求。

任何一项比赛都是通过个人或集体，发挥其体格、体能、运动能力、心理、智慧等方面的潜力进行的角逐。通过体育比赛，观众不仅能欣赏到运动员健康、强壮、匀称、优美的身体，而且可以欣赏到运动员所展现出来的准确、干净、利落、新颖、洒脱的动作造型，给人以愉悦的享受，同时还激发了观赏者热爱体育、追求美好生活的愿望。

（二）振奋民族精神

通过观赏体育比赛，可以强化集体观念，激发爱国主义热情，振奋民族精神。各式各样的比赛，其参赛者都有一定的社会群体的代表性，他们在比赛场上，一要实现自己的价值，二要为所代表的群体争取荣誉。而观赏者往往与运动员有着千丝万缕的社会关系，不是同一学校或者同一单位，就是同一地区、民族或国家，因此，运动竞技的成败、胜负、荣辱都与观赏者息息相关。

在一些重大的国际比赛上，我们常常可以看到，比赛队与本民族或国家的关系越是密切，观赏者的心理越受胜负的牵制，情感就越发激昂。特别是当本民族或本国运动员获胜后升国旗、奏国歌时，观赏者会与运动员一样情不自禁地热泪盈眶，激动万分，把本国运动员的胜负视为自己民族和国家的莫大荣耀，从而产生了强烈的民族自豪感。例如，在美国洛杉矶举行的第23届奥运会上，中国健儿实现了金牌“零”的突破，全国人民无不为之欢欣鼓舞，激发了全国人民“团结起来，振兴中华”的热情，同时也感染了海外侨胞，他们把祖国体育健儿夺得金牌看成是中华民族的光荣、炎黄子孙的骄傲。

（三）激发体育意识

体育意识是人们对体育这一社会现象及其功能、作用的认识和反映。体育比赛能启迪和激发人们的体育意识。

1. 健康意识

举办各种体育竞赛的目的是启迪群众对体育意义的认识，激发群众的健康意识，促使其积极参加体育活动，以提高全民族的体质和健康水平。

2. 拼搏意识

运动员在场上表现出的高超技艺、灵活多变的战术和充沛的体力，都是运动员经过多年超负荷的训练，战胜了身体上和精神上的疲劳，努力拼搏的结果。没有拼搏意识和拼搏精神，就不可能取得金牌。这种拼搏意识，是激发人们在各项事业中取得优异成绩的保证。

3. 创新意识

一个运动员或一个运动队要在场上战胜对手，除了要靠自己真实的硬功夫之外，还要根据自己的特点，不断改进和创新技术、战术。具有创新意识才能保持和争夺世界冠军的称号，这种创新意识可以促进各项事业不断向前发展。

4. 道德规范意识

道德规范一般是指在社会生活中处理人与人、个人与集体，以及社会中各类关系的规范和准则。运动员在赛场上胜不骄，败不馁，互相尊重，团结友爱，文明礼貌，守纪律，光明正大，这些良好的道德规范，将成为观赏者学习的榜样，从而影响整个社会的风气。

5. 法制意识

在任何运动项目的比赛中，要求运动员都要严格遵守比赛规则、法规，服从裁判裁决，否则就要受到惩罚。如运动员服用了兴奋剂，还要受到严厉的制裁。这种法制意识，会使比赛有序，同时也会对社会施加积极影响。

6. 竞争意识

体育比赛具有强烈的竞争性。双方对垒，针锋相对，胜负立见分晓。这种竞争意识对于当今社会中每一个人来说，都是一种不可缺少的素质。

三、体育竞赛欣赏的内容

（一）竞赛过程中技术、战术的欣赏

无论什么比赛项目，技术和战术是构成的核心，也是体育欣赏的主体，否则，只看热闹就没有意义。所以，在欣赏某项比赛时，首先应该了解该运动项目的基本技术与战术，了解其最精彩、难度最大、最优美的技术是什么；欣赏比赛时，要着重关注运动员是否能在激烈的对抗中更合理地运用技术和战术。另外，在欣赏过程中，还应该善于分析运动员的技战术水平与该项目发展的最高水平的差距，善于评价运动员的技术与战术特点。

（二）运动员身体素质和心理素质的欣赏

身体素质包括速度、力量、耐力、柔韧、灵敏等。身体素质是运动员表现技术、战术的基础。欣赏一个运动项目，要看运动员是否具有良好的身体素质，由此可以推测到运动员的平时训练水平和艰苦磨炼的经历。运动员身体素质和运动技术的良好体现，可以使欣赏者赏心悦目、令人神往。在体育比赛中，运动员心理素质的好坏，在决定比赛胜负过程中越来越显得重要，并且比赛的水平层次越高，对抗越激烈，对运动员心理素质的要求越高。运动员在比赛中心理素质的表现，往往给观赏者以启示和教育。

(三) 运动美的欣赏

1. 身体美的欣赏

身体美是指人类健康的身体所呈现的美。它是一种由机体良好的生理和心理状态综合显示出的健康之美，是生命灌注之美。身体美一般包括形态美、体型美、健康美、姿势美、肤色美、力量美、素质美和风度美等。

观赏体育比赛，首先映入眼帘的是运动员健康的躯体美：机体比例匀称，线条和谐的形态美；四肢修长、骨骼强壮、肌肉发达的体型美；连贯流畅、协调柔和的姿势美；力量、速度、耐力、灵敏、柔韧等潜藏在人体内的素质美；体态端庄，风度翩翩，典雅的风度美；等等。透过运动员的身体，可使人产生一种特殊的美感，同时也带来一种生机勃勃的心灵感受。

2. 动作美的欣赏

动作美就是指在运动过程中，人的形体或部位的造型所展现的美。其特点在于准确、干净利落、协调、连贯、敏捷、舒展而有节奏，给人以完美无瑕的感觉。

体育竞赛通过各种人体动作展示多姿多彩的生动形象。球类运动以其动作技巧的形式多样、结构复杂、变化莫测的特点和巧妙流畅的战术配合创造美；体操类运动以它动作难度大、舒展大方、协调连贯、节奏感强、姿态优美的韵律和动作，塑造美、表现美。

3. 技术美的欣赏

技术美是人们对体育活力真实的审美要求，是身体美和动作美的综合体现，具有准确、协调、连贯、节奏感强以及平衡性、实效性等特点，它以特有的魅力使人们欣喜、愉悦、惊奇和赞叹。例如：篮球的投篮、补篮、扣篮技术，足球的带球过人、突破射门技术，排球的拦网、扣球技术，跳水比赛的走板起跳、入水时的“压水花”技术等，无不组成一幅绚丽多彩的画卷。

(四) 体育道德风尚美的欣赏

体育竞赛所创造的文化环境是以其特有的价值观念、道德意识和审美情趣，在健康、进取、意志、信念等方面，对人的行为施加影响，并为增进团结和友谊，丰富人民群众的文化生活创造有利条件。因此，通过观赏体育竞赛，不仅可以体验体育精神和原则，而且还能从运动员遵守道德、服从裁判、公平竞争的行为表现中，接受道德情操的教育，体会良好的体育风尚美。

五、体育欣赏者应具备的条件

(一) 提高体育文化意识水平

现代体育所涉及的领域越来越广，它的功能已明显超出自身的范围。因此，作为欣赏者，首先要认识到体育是一种文化现象，而不仅仅是一种竞技比赛。体育运动具有文化的特征，包括价值观念、运动知识、运动规范和体育设施。只有充分地认识到体育的固有特征，才能够理解体育对社会的进步、政治的稳定、民族的团结、世界的和平起着十分重要的作用。只有这样，欣赏者对体育比赛才有更深入的认识，对体育的欣赏也才会更加投入。

（二）熟知项目的特点和比赛规则

任何一项体育运动都有自己完整的技术和战术体系、特定的场地和比赛规则，而且其技术、战术和比赛规则也在不断地演变和发展。如果对相关的知识了解甚少，那么对体育的欣赏将起到负面效应。例如，我们在欣赏世界排球锦标赛时，首先就应知道，现在的排球比赛规则的记分方法已更改为每球得分制，每局 25 分，每场五局三胜，最后一局先到 15 分者为胜。如果对这些知识都掌握了，那么欣赏者的心情会跟着比赛的节奏起伏不定而投入比赛之中，取得体育欣赏的最佳效果。

（三）加强个人修养，进行文明欣赏

现代体育比赛，场面激烈而紧张，战术机智而灵活，让欣赏者时而情绪亢奋，时而消沉。此时欣赏者的情绪完全被比赛的节奏所控制，如果此时不能控制自己的情绪，也许会发生连自己都意想不到的事情。在足球比赛中，如果欣赏者所拥护的球队失利或被裁判误判，往往会发生球迷冲向球场殴打对方球员和裁判的情况。这在英国足球超级联赛中经常出现，那些球迷被称为“足球流氓”。所以，如果提高了欣赏者的自身修养，那么这种情况就会很少发生。

六、竞赛项目欣赏要点

（一）计分类项目欣赏要点

计分类项目主要以比赛的得分多少来评定成绩和名次。这类项目主要包括球类，还有拳击、击剑、摔跤等。如各种球类，观赏时主要看：全队运动员之间的组织配合是否默契；全队战术的运用及场上组织；运动员精湛技艺及比赛作风与风格；运动员的比赛精神、斗志，以及顽强拼搏、胜不骄、败不馁的场上表现。拳击、击剑等项目的观赏，主要欣赏运动员是如何运用技术击中或击倒对方的，同时也要看他们是怎样阻击或躲过对方的攻击，还要看优良的技术、战术、良好的风格等。

（二）评分类项目欣赏要点

评分类运动项目主要包括跳水、体操类、花样滑冰、花样游泳、武术等项目。观赏时主要看运动员的动作是否具有勇敢性、独特性、熟练性、优美性和审美性。具体来说：运动员的动作难度、幅度是否大方、协调、连贯；运动员的形体、造型、姿势、节奏、编排、难度、韵律等是否具有难、新、力、健、快、险、美的表现力、准确性和优美性。跳水比赛的得分，主要是根据组别、动作难度、姿势、高度和起跳方式等项目评定的，在观赏的过程中，我们主要欣赏：运动员在空中垂落时的动作是否有高难、惊险、奇异的姿势；运动员空中的动作是否优美；运动员入水是否像竖直的针一样插入水中。体操类项目的评判，第一看运动员的动作难度和幅度是否舒展大方、协调、连贯和落地稳定；第二看运动员在做空翻、跳跃、平衡和静止动作时，体态和造型是否优美，动作是否独特、新颖等。

（三）测速与测距类项目欣赏要点

体育竞赛中很大一部分项目是通过测速与测距来评定比赛成绩和名次的。如田径、游泳、赛车等项目，观赏时主要看：运动员的速度、力量和耐力等身体素质水平；运动员的动作是否有节奏，技术是否合理；运动员动作是否具有美学的韵味和风格；运动员的技术、精神、意志品质的表现情况。

（四）计量类项目欣赏要点

计量类项目以举重项目为典型。观赏举重比赛主要看运动员是如何根据自身的体重和特点举起最大的重量，再者看运动员动作是否连贯、协调和优美，最后看运动员的用力是否经济、省力、合理。计量项目还包括射击和射箭等比赛；主要看运动员能否在复杂的条件下沉着、镇静地发挥最佳水平，是否具有承受和抵抗各种压力的心理素质。

第三章

田径运动

田径运动由走、跑、跳、投等组成，分为田赛与径赛两个部分。其中，“径赛”是在跑道或公路上举行的比赛项目，“田赛”是在专门场地上举行的比赛项目。另外，由部分跑、跳、投掷项目组合，用评分办法计算成绩的综合项目叫作“全能”。

田径运动包括竞走、跑、跳跃、投掷以及全能运动五个部分，共计四十多个单项。

正式国际田径比赛项目如表 3.1 所示。

表 3.1　正式国际田径比赛项目

		男子	女子
1. 竞走		公路赛 10 千米、20 千米、50 千米；场地赛 5 千米、10 千米	
2. 跑	短距离跑	100 米、200 米、400 米	100 米、200 米、400 米
	中距离跑	800 米、1 500 米、3 000 米	800 米、1 500 米
	长距离跑	5 000 米、10 000 米	5 000 米、10 000 米
	跨栏跑	110 米栏（1.067 米）、400 米栏（0.94 米）	100 米栏（0.84 米）、400 米栏（0.762 米）
	障碍跑	3 000 米	
	马拉松	42.195 千米	42.195 千米
	接力跑	4×100 米、4×400 米	4×100 米、4×400 米
3. 跳跃		跳高、撑竿跳高、跳远、三级跳远	
4. 投掷	铅球	7.26 千克	4 千克
	标枪	800 克	600 克
	铁饼	2 千克	1.5 千克
	链球	7.26 千克	4 千克
5. 全能		男子十项全能： 第一天：100 米、跳远、铅球、跳高、400 米 第二天：110 米栏、铁饼、撑竿跳高、标枪、1 500 米	女子七项全能： 第一天：100 米栏、铅球、跳高、200 米 第二天：跳远、标枪、800 米

第一节　跑

跑是人体水平位移的一种基本运动形式，是单脚支撑与腾空相互交替、蹬与摆相配合的周期性运动。跑步中的一个周期是由一个复步（即跑两步）构成的，它经过两个支撑时期和两个腾空时期。

支撑时期：从脚着地时起到脚离地时止。

腾空时期：从脚离地时起到另一只脚着地时止。

在跑的一个周期中，每条腿的动作是连贯不能截然分开的。但是，为了便于分析动作，通常以身体重心处于支撑点的垂直上方（即垂直支撑）为参照，以下肢所处的位置来划分跑时一条腿的动作阶段。将支撑时期分为前支撑和后蹬两个阶段，将腿的摆动时期分为后摆和前摆两个阶段。

前支撑阶段：从脚着地起到身体重心移到支撑点的垂直上方为止。

后蹬阶段：从身体重心移过支撑点的垂直上方起到脚即将蹬离地面为止。

后摆阶段：从脚蹬离地面起到大腿与地面垂直为止。

前摆阶段：从后摆结束到脚着地为止。

一、短距离跑

短跑是用最快的速度跑完规定的较短距离。经常练习短跑，能有效地发展学生快速奔跑的能力，增强学生的体质，培养学生坚毅、顽强和勇往直前的意志品质。

（一）基本技术

短跑技术是一个不可分割的整体，为便于分析，可分为起跑、起跑后的加速跑、途中跑和终点跑4个部分。

1. 起跑

起跑的任务是对枪声（或“跑”的口令）做出迅速、准确的反应，使身体迅速摆脱静止状态，获得向前的最大冲力，为起跑后的加速跑创造有利条件。

短跑起跑采用蹲踞式起跑，短跑比赛时必须使用起跑器。常见的起跑器安装方式有“普通式”和“拉长式”两种（图3.1.1）。无论采用哪种方式，都应从运动员的实际情况出发，以能发挥最大肌肉力量、获得最大的向前冲力和在“预备”姿势时感到舒适而放松。目前，我国多数优秀运动员都采用适合于自身特点的普通式。

在学校的体育教学和课外体育锻炼中，如是煤渣跑道未配有起跑器，可采用挖起跑穴代替，起跑穴的位置与安装起跑器的位置基本相同；如是塑胶跑道，必须按规定配齐起跑器。起跑过程包括“各就位”“预备”“鸣枪”或“跑”3个环节。当听到“各就位”口令后，做1—2次深呼吸，轻快地走到起跑器前，两手撑在起跑线前的地面上，两脚依次踏在起跑器的前、后抵足板上，后膝跪地。然后两手收回置于起跑线的后沿，两臂伸直，两手距离比肩稍宽，四指并拢与拇指成“八”字形支撑于地面。此时，身体重心应稍前倾，颈部自然放松，两眼视前下方50厘米处，注意听“预备”口令（图3.1.2）。

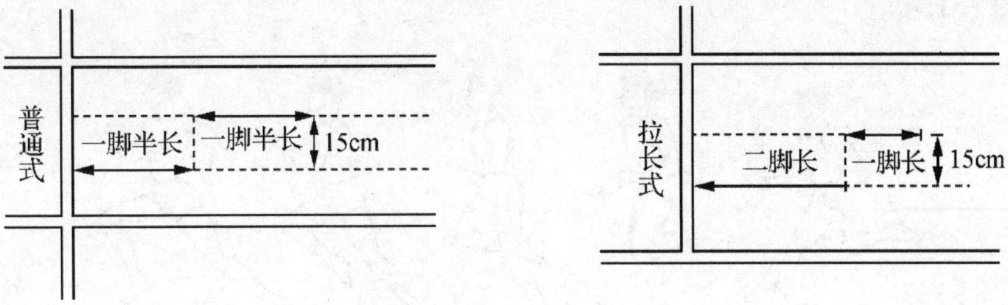

图3.1.1

图3.1.2

当听到“预备”口令后，随之吸一口气，从容地抬起臀部，使之稍高于肩，同时身体重心适当前移，肩稍超出起跑线（10厘米左右），体重主要落在两臂和前脚上。前腿大、小腿夹角90°左右，后腿大、小腿夹角120°左右。注意力高度集中，静听枪响。

当听到枪响（或“跑”）后，两手迅速推离地面，两臂及时做有力的前后摆动，同时两腿迅速蹬离起跑器，后腿以膝领先向前摆出，前腿要快速有力地蹬伸髋、膝、踝3个关节，把身体向前送出。

2. 起跑后的加速跑

起跑后立即转入加速跑，其任务是在较短的距离内（通常为20—25米）尽快获得最大的速度。起跑第一步不宜过大，一般为3.5—4脚长，以后每步约增加半个脚长，逐渐增加到途中跑。加速跑时，上体前倾较大，随着步长和速度的增加，逐渐抬起到途中跑的姿势（图3.1.3）。

图3.1.3

3. 途中跑

途中跑的任务是保持高速度跑。在跑的一个周期中，单腿经历着地缓冲、后蹬前摆阶段。当摆动腿摆到最高点时大腿积极下压，膝关节放松，使小腿自然向前伸出，脚掌微翘起做由前向下向后的“扒地”动作，前脚掌离重心投影点约一脚或一脚半处着地。着地后迅速转入合理的缓冲动作，支撑腿的膝、踝适度弯曲，脚跟稍离地，为快速有力的后蹬做好准备（图 3. 1. 4）。

图 3. 1. 4

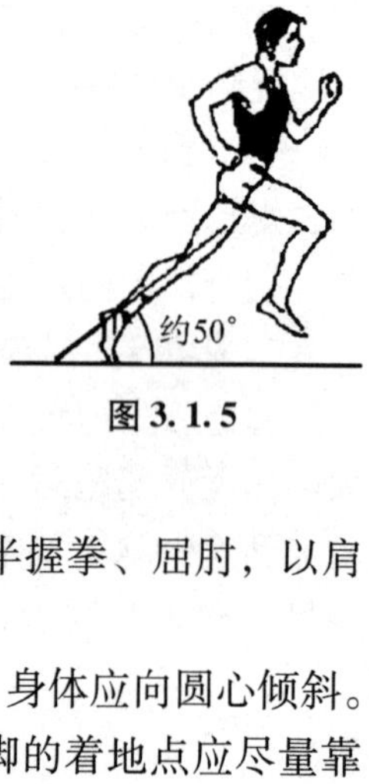

图 3. 1. 5

当身体重心移离支撑点，即开始后蹬：在摆动腿的大小腿折叠积极前摆配合下，支撑腿迅速伸展髋、膝、踝 3 个关节，最后用脚趾蹬离地面。后蹬角度约为 50°（图 3. 1. 5）。

当支撑腿蹬离地面，即转入前摆。随着大腿前摆，小腿随惯性向大腿靠拢，当摆动腿膝关节摆过支撑腿膝关节稍前部位时，大小腿折叠达到最大程度，脚跟几乎触及臀部。接着摆动腿继续前摆，当摆到最高时与支撑腿之间的夹角为 100°—110°。

途中跑时，上体应稍有前倾，头部正直并与上体保持一致。

摆臂的主要作用是维持身体平衡和调节跑的节奏。摆臂时，两手半握拳、屈肘，以肩为轴做前后摆动。前摆时稍向内，后摆时稍向外。

200 米和 400 米跑有一半以上的距离在弯道上进行。在弯道跑时，身体应向圆心倾斜。弯道半径越小，跑的速度越快，倾斜程度就越大。为了跑最短距离，脚的着地点应尽量靠近左侧分道线。

4. 终点跑

终点跑的任务是尽量保持高速度跑过终点。此时上体稍前倾，并加强摆臂。在距终点线约一步时，上体急速前倾，以胸部或肩部撞终点线，并跑过终点，然后逐渐减慢跑速。

（二）主要练习方法（图 3.1.6）

图 3.1.6

★ **短跑比赛规则简介**

1. 运动员挤撞或阻挡别的运动员而妨碍其跑进时，取消此运动员该项比赛资格。

2. 在分道径赛中，运动员应自始至终在各自分道内跑进。

3. 运动员由于受他人推、挤或被迫跑出自己的分道，且未从中获得实际利益，则不应取消其比赛资格；如运动员在直道上跑出自己分道或在弯道上跑出自己的分道外侧分道线，未从中获得实际利益，也未阻挡其他运动员，则不应取消其比赛资格。

4. 400 米及 400 米以下各项径赛运动员必须使用起跑器和蹲踞式起跑。在“各就位”口令之后，运动员必须完全在自己分道内和起跑线后做好准备姿势。双手和一膝必须与地面接触，双脚必须接触起跑器。在“预备”口令之后，运动员应立即抬高重心做好起跑姿势，此时双手仍与地面接触，双脚不得离开起跑器。

5. “各就位”或“预备”口令发出，所有运动员应立即做好最后“预备”姿势，不得拖延。经适当时间仍不服从命令者，以起跑犯规论。

6. “各就位”口令下达后，如运动员用声音或其他方式干扰比赛中的其他运动员，以起跑犯规论。

7. 运动员在做好最后预备姿势之后和鸣枪之前开始起跑动作，判为起跑犯规。

8. 起跑犯规的运动员必须予以警告。对于任何第 2 次起跑犯规的运动员都要取消其比赛资格。

二、中长跑

中长跑是中距离跑和长距离跑的合称，经常参加中长跑锻炼，能改善呼吸系统和心血管系统的机能，发展耐力素质，培养坚毅、顽强的意志品质。因中长跑不受场地、器材、年龄、性别等条件限制，近年来以健身为目的的长距离跑步已被人们广泛作为锻炼身体的重要手段。

中长跑比赛项目有800米、1 000米、3 000米、5 000米、10 000米等项目。

(一) 基本技术

中长跑是耐力性运动项目，要求运动员在保持高频率跑的情况下，合理地分配体力，尽可能少消耗能量。

1. 起跑和起跑后的加速跑

中长跑一般采用站立式起跑（图3.1.7）。当运动员听到“各就位”的口令后，迅速走到起跑线后将有力脚放在起跑线后沿，另一脚在后，前后脚间距约一脚长，左右脚间距约半脚长，两腿弯曲，上体前倾，体重落在前脚，后脚用前脚掌着地，前脚异侧臂自然下垂，同侧臂置于体侧，眼看前方5—10米处，身体保持稳定，集中注意力听枪响。

图3.1.7

当听到枪响后，两腿迅速用力蹬地，两臂配合两腿做快速有力的摆动，使身体迅速向前冲出，加速跑时上体前倾较大，蹬摆积极，当跑到能发挥个人跑速的战术位置时，就进入匀速而有节奏的途中跑。

2. 途中跑

中长跑途中跑的技术原理与短跑基本相同，但由于距离和跑速不同，在技术上存在着不同程度的差异。

(1) 后蹬用力的程度较短跑小些，后蹬的角度较短跑稍大些，一般为55°。

(2) 大腿前摆的高度比短跑低些；前摆时大小腿折叠动作比短跑小些（图3.1.8）。

图3.1.8

（3）身体前倾的角度比短跑小些（上体正直或稍前倾5°左右）。

（4）弯道跑时，技术动作变化的程度较短跑小些。

3. 终点跑

终点跑是运动员在十分疲劳的情况下，竭尽全力进行最后一段距离的冲刺跑。终点跑要求运动员具有顽强的意志，动员全身力量，加强摆臂和蹬摆，向终点冲去。终点冲刺的时机，应根据比赛项目、训练水平、战术要求和临场的情况而定。一般情况下，800 米可在后 200—250 米开始加速，若跑的距离更长，开始加速的距离可相应增加。

4. 中长跑的呼吸

中长跑由于能量消耗大，机体要产生一定的氧债，为了保证机体对氧气的需求，呼吸必须有一定的深度和频率，还必须与跑的节奏相配合，一般是跑 2—3 步呼气，跑 2—3 步吸气。

（二）主要练习方法

（1）匀速跑。80—100 米主要是培养速度感觉和发展一般耐力。

（2）加速跑。见短跑练习。

（3）变速跑（或走跑交替）。快跑与慢跑（或走）交替进行。例如：100 米中（快）速跑 +100 米慢跑（或走）；200 米中（快）速跑 +100—200 米慢跑（或走）。

（4）重复跑。多次重复固定距离的跑法。重复跑的距离比个人专项距离要短，如 800 米、1 500 米等项，可进行 200—400 米的重复跑。

（5）定时跑。在规定的时间内跑完一定的距离。可以发展专项耐力和培养跑的速度感觉能力。

（6）越野跑（或自然地形跑）。即在野外进行的跑。跑的距离、时间可长可短，跑的速度可快可慢。

（7）登山。根据山不同的高度和练习者要达到的要求，重复次数可以进行选择。登山是发展耐力的好方法。

★ **中长跑比赛规则简介**

（1）运动员擅自离开跑道，不得继续比赛。

（2）中长跑起跑口令是“各就位”，运动员准备就绪等待“鸣枪”。

（3）800 米跑比赛，运动员应在第一个弯道沿分道跑，未过跑道标志线提前切入里道或过标志线后强行切入阻挡他人为犯规。

（4）起跑出发时强行切入里道阻挡他人或在跑道上采用不合理的方法超越他人则取消其比赛资格。

三、超长距离跑

超长距离跑是指马拉松，距离是 42. 195 千米。

四、跨栏跑

跨栏跑是在快速跑中跨越一定数量、一定距离和一定高度栏架的径赛项目，也是田径运动中技术比较复杂、节奏性比较强、锻炼价值比较高的项目之一。经常练习跨栏跑，可以培养勇敢、顽强、果断和克服困难的意志品质，并能有效地发展速度、弹跳力、柔韧和灵敏等身体素质。在室外举行的成年组跨栏跑比赛项目有男子 110 米栏和 400 米栏，女子 100 米栏和 400 米栏。

（一）基本技术

跨栏跑完整技术可分为起跑至第一栏、跨栏步、栏间步和终点跑 4 个部分。下面以男子 110 米栏和女子 100 米栏为例分别加以介绍。

1. 男子 110 米栏（图 3. 1. 9）

（1）起跑至第 1 个栏。起跑后快速准确地跨过第 1 个栏是跑好全程的重要环节。跨栏跑都要采用蹲踞式起跑，起跑技术与短跑基本相同。由于起跑线到第 1 个栏的距离和加速跑的步数是固定的，所以起跑和起跑后的加速跑与短跑又不完全一样。例如，起跑时身体与地面的夹角比短跑大；起跑后抬腿幅度大，步长增快，起跑后上第 1 个栏架时步长已接近途中跑步长。

（2）跨栏步。指起跨腿踏上起跨点开始到摆动腿的脚过栏后着地为止，包括起跨攻栏与腾空过栏两个阶段。

① 起跨攻栏。起跨点一般距栏架 2. 00—2. 20 米，起跨腿的脚着地点应在身体重心投影点的稍前方，当身体重心移过支点时，迅速蹬伸，同时充分高抬摆动腿，起跨腿同侧臂有力前伸，上体随后蹬用力重心前移而逐渐加大前伸。当结束起跨攻栏动作时，起跨腿髋、膝、踝 3 个关节充分伸直，躯干和起跨腿基本成一直线。

② 腾空过栏。起跨腿蹬离地面后，摆动腿大腿随惯性继续高抬，摆动腿异侧臂积极

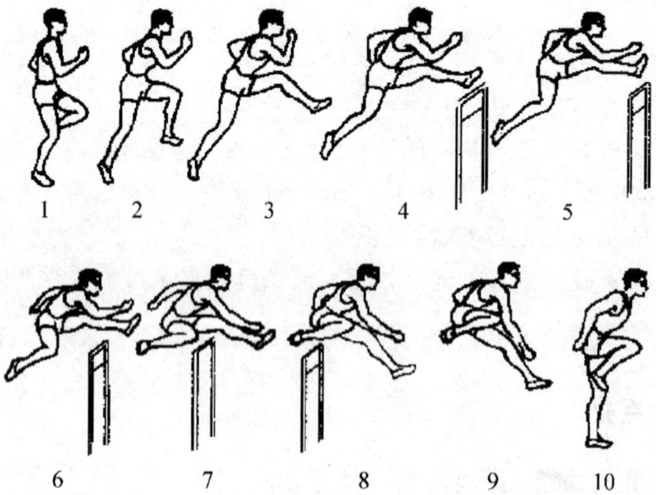

图 3. 1. 9

前伸。当摆动腿脚掌越过栏板后，即开始做积极的下压动作，同时起跨腿膝外展经体侧迅速向前提拉，起跨腿同侧臂屈肘后摆，以维持身体平衡。摆动腿着地时以前脚掌扒地，上体适当前倾，着地点尽量靠近身体重心投影点；着地点距栏 1. 40—1. 50 米。

（3）栏间跑。9. 14 米的栏间距离一般用 3 步跑完，跑的动作和短跑基本相同，但 3 步的步长不等：第 1 步最短，约 1. 50—1. 60 米；第 2 步最长，约 2. 10—2. 20 米；第 3 步因准备起跨，步长较第 2 步缩短 20 厘米左右，形成一个快速短步。栏间跑要求身体重心高、跑的直线性强和加速节奏明显。

（4）终点跑。当跨越最后一个栏架时摆动腿应更积极地下压，着地点较近。起跨腿一过栏架即向前摆出。终点跑要加大身体前倾，加快频率，加强蹬摆，以最快的速度冲向终点。撞线动作与短跑相同。

2. 女子 100 米栏（图 3. 1. 10）

女子 100 米栏与男子 110 米栏技术相比，由于栏架较低，栏间距离较短，所以起跨的后蹬角度和上体前倾角度都较小，摆动腿前摆较低，起跨腿前拉幅度和两臂的摆幅也较小。过栏时身体重心腾起的高度低，过栏速度接近短跑。起跑至第 1 栏一般跑 8 步，起跨点距栏约为 2 米，下栏着地点距栏架约 1. 05—1. 10 米。

图 3. 1. 10

（二）主要练习方法

（1）原地或行进间做摆动腿的抬（屈膝高抬）、伸（小腿自然前抬）、压（积极下压）动作。

（2）原地或行进间做摆动腿“鞭打”练习。

（3）行进间（跑 3—5 步）由栏侧做攻摆练习。

（4）手扶肋木站立，体侧纵或横向放一栏架，做起跨腿提拉练习。

（5）行进间（跑 3—5 步）由栏侧做摆动腿过边栏和起跨腿提拉练习。

（6）行进间（跑 3 步）做“跨栏步”动作，过 2—3 个栏。栏间距离 7—8 米。

（7）站立式起跑过栏练习，栏间跑 3 步。

（8）设置较短栏距，栏间跑 1—3 步过栏练习。

★ **比赛规则简介**

（1）跨栏比赛均为分道跑，运动员应自始至终跑在各自的分道内。

（2）运动员在过栏瞬间其脚或腿低于栏顶水平面，或者跨越他人的栏架，或者裁判长认为有意用手或脚推倒栏架，应取消其比赛资格。

五、接力跑

田径运动中唯一的集体项目。以队为单位，每队 4 人，每人跑相同距离。其起源有多种说法，有的认为起源于古代奥运会祭祀仪式中的火炬传递，有的认为与非洲盛行的“搬运木料”或“搬运水坛”游戏有关，也有的认为是从传递信件文书的邮驿演变而来。练习接力跑可以发展速度和灵巧等身体素质，培养团结协作的集体主义精神。

接力跑比赛项目有男、女 4 × 100 米、4 × 400 米接力跑，以及男女混合 4 × 100 接力跑。

（一）基本技术

接力跑的技术包括短跑技术和传接棒技术。接力跑的成绩取决于队员的速度和传接棒动作的配合。

1. 持棒起跑（图 3. 1. 11）

第一棒运动员右手持棒，采用与短跑相同的蹲踞式起跑。持棒人用右手中指、无名指和小拇指握住棒的末端，拇指和食指分开撑地。接力棒不得触地及起跑线或起跑线前面的地面。

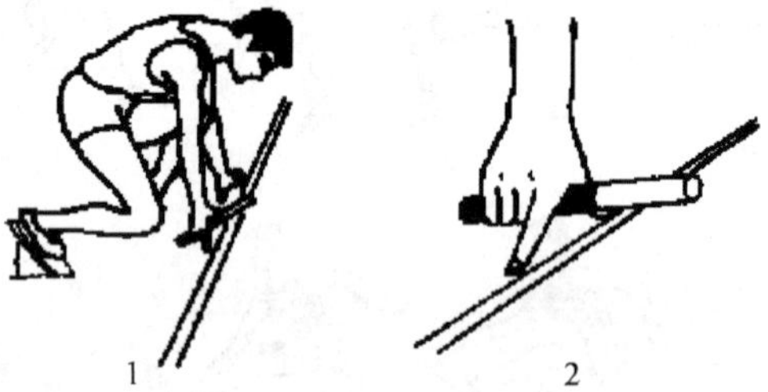

图 3. 1. 11

2. 接棒人起跑

常采用半蹲式。起跑时第 2、4 棒运动员站在本分道预跑区内的外侧（第 3 棒在内侧），用一手撑地，头转向侧后方，目视跑来的队员和自己起动的标志。当传棒人跑至标志线时，接棒人即迅速起跑。

（二）传接棒的方法

常用的有上挑式和下压式两种。

1. 上挑式（图 3. 1. 12）

接棒人手臂自然后伸，掌心向后，虎口张开朝下。传棒人将棒由下向前上方送到接棒人手中。这种方法的优点是动作比较自然、容易掌握，缺点是接棒人握棒的位置随着多次传接过程会越来越下移，容易出现因传接棒而减慢跑速和掉棒的现象。

2. 下压式（图 3. 1. 13）

接棒人手臂自然后伸，掌心向上，虎口张开朝后。传棒人将棒的前端由上向前下方送到接棒人手中。这种方法的优点是每次接棒，都能接到棒的前端，便于下次的接棒。缺点是接棒人手腕动作较紧张，不容易掌握。

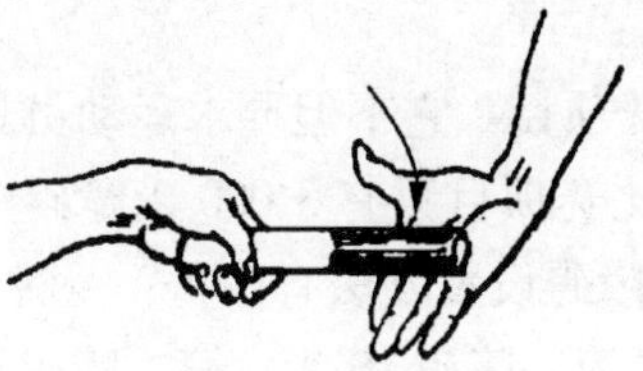

图 3.1.12

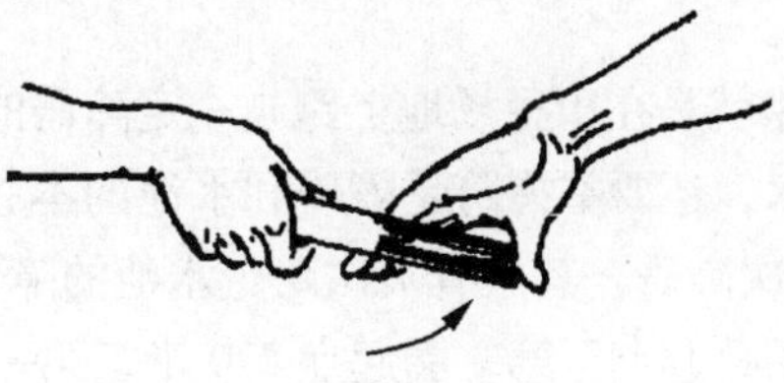

图 3.1.13

3．混合式

在比赛中经常采用“混合式”。即综合“上挑式”和“下压式”的优点，第 1、3 棒队员右手持棒，用“上挑式”把棒传给第 2、4 棒队员的左手中，第 2 棒队员左手持棒用“下压式”传给第 3 棒队员的右手中。4 × 100 米接力跑全程由 4 名队员共同完成，因此在分配棒次时，必须考虑发挥每个队员的特长。一般第 1 棒应安排起跑和弯道跑技术好的队员；第 2 棒应是速度耐力好和传接棒技术好的队员；第 3 棒队员除具备第 2 棒队员的条件外，还要善于跑弯道；第 4 棒应安排速度最快，意志品质和冲刺能力最强的队员。

（三）主要练习方法

（1）原地做传接棒练习。

（2）跑动中做传接棒练习。

（3）双人在接力区内快速跑中完成传接棒。

（4）各种距离的双人、3 人、4 人异程接力。

（5）4 × 100 米接力跑比赛。

★ **接力比赛规则简介**

1. 4 × 400 米接力跑各队必须在各自的分道上跑完 3 个弯道，跑过抢道标志线后方可进入里道。

2. 运动员须手持接力棒跑完全程，如棒掉落须由掉棒运动员拾起，拾棒时不得阻碍其他运动员，否则应取消比赛资格。

3. 在所有接力跑中，必须在接力区内完成传接棒。是否在接力区内，应以接力棒的位置为准，不以运动员的身体或四肢位置为准。

4. 4 × 400 米接力跑的第 3、4 棒接棒运动员应在裁判员的指定下，按照同队传棒运动员跑完 200 米时的先后顺序，由内到外地排列各自的接棒位置。

5. 运动员传棒后，应留在各自分道或接力区内，直到跑道通畅，以免阻挡其他运动员。凡因跑错位置或跑出分道而阻碍他队队员者，将取消本队比赛资格。

6. 凡被推动跑或通过其他方法受到帮助者，应取消其比赛资格。

7. 接力队一旦开始比赛后，在下一赛次比赛中，只准许有两名队员作为候补队员；在每赛次比赛前，必须声明各棒运动员的顺序；已参加过比赛的运动员，一旦被人替换，则不能再参加后继赛次的接力比赛。

六、障碍跑

障碍跑就是在田径场地上跑越一定障碍的男子竞赛项目。它不但要求运动员具有长跑的耐力和技术，还要掌握跨越障碍和水池的本领。正式比赛项目只有 3 000 米障碍一项，全程共跨越 35 次障碍，其中有 7 次跨带水池的障碍。途中障碍设置方法有两种：一种每圈长 390 米，跑 7 圈，起点至第一圈起点 270 米，第一圈起点至第一障碍 10 米，第二障碍至第五障碍 78 米，第五障碍至终点 68 米。另一种每圈长 410 米，跑 7 圈，起点至第一圈起点 130 米，第一圈起点至第一障碍 10 米，第二障碍至第五障碍 82 米，第五障碍至终点 72 米。

越过障碍栏架的方法有两种：一种是直接跨栏法，近似 400 米栏的动作，起跨点约距栏架 1. 5—1. 8 米，起跨角略大，身体重心腾起稍高。另一种方法是踏上跳下法，用有力腿蹬地起跳后，前伸的摆动腿屈膝以脚跟踏上横木后沿，随之身体前移，待重心移过障碍架后，支撑腿也转为脚尖蹬横木使身体向前落下，用起跨腿落地。跨过水池障碍的方法也采用踏上跳下法。

女子障碍跑开展很晚，国际田联 1997 年才开始推广。在 2008 年第 29 届奥运会上女子 3 000 米障碍已设为正式比赛项目。

第二节　跳　跃

田径运动中的跳跃项目，是运用人体自身的能力（或同时借助一定的器材——撑竿），通过一定的运动形式，使人体腾越尽可能高的高度或跳越尽可能远的远度。

跳跃项目属非周期性项目，各个跳跃项目，虽然运动形式和要求不同，但有其共同点，即人体的运动都是从静止状态开始向前跑进，而后转变为腾空，最后是落地。因此，各项跳跃运动都可以分成四个紧密相连的动作阶段，即人体向前水平移动阶段——技术上称作助跑；人体向前水平移动转变为向前上运动阶段——技术上称作起跳；人体离地后的空中腾越阶段——技术上称作腾空；人体腾空后着地阶段——技术上称作落地。

一、跳高

跳高是人体通过快速的助跑和起跳，采用合理的过杆姿势和动作，使身体腾越垂直距离的运动项目。它是广大青少年喜爱的锻炼手段。练习跳高能有效地增强腿部的肌肉力量，发展灵敏、协调等身体素质，还可培养勇敢、果断等优良品质；熟练的跳高技术给人以美的感受。跳高可以在比较简易的条件下进行，是符合我国当前国情的一项运动。目前我国各级各类学校的体育课中均有跳高内容。

在跳高技术的发展过程中，曾出现过跨越式、剪式、滚式、俯卧式、背越式等 5 种姿势。目前，剪式、滚式由于技术落后已被淘汰。从竞技和表现运动成绩的角度来看，俯卧式也很少见，唯有背越式跳高被世界优秀运动员普遍采用。另外，在学校体育教学和课外体育锻炼中，简单的跨越式跳高也是重要而常用的锻炼手段。

（一）基本技术

完整的跳高技术是由助跑、起跳、过杆和落地4个紧密相连的动作环节所组成。从力学上讲，跳高成绩受下列几个因素的影响：腾起初速度、腾起角度及过杆补偿动作。腾起初速度是助跑水平速度与起跳的垂直速度之合速度。腾起角则是人体重心轨迹与地面的夹角。通过运动增加人体内力（肌肉用力）和外力（支撑反作用力），以合理的技术有意识地提高初速度和形成适宜的腾起角是提高跳高成绩的关键。

1. 助跑

助跑的任务是使人体获得一定的水平速度，为有力地起跳和顺利地过杆创造有利条件。

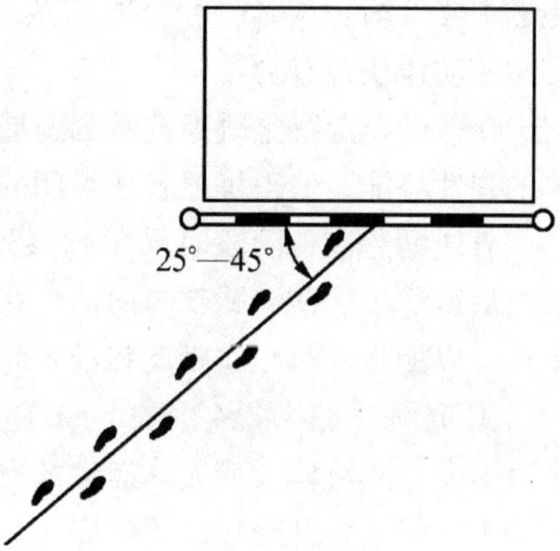

图 3.2.1

（1）助跑的种类。

跳高助跑可分为直线助跑和弧线助跑两种形式。

① 直线助跑（图3.2.1）：人体脚尖正对助跑方向沿直线跑进。直线助跑适用于跨越式跳高和俯卧式跳高。跨越式是摆动腿靠近横杆一侧起跳，俯卧式则是起跳腿靠近横杆一侧起跳。

② 弧线助跑（图3.2.2）：实际上这是一种呈“丁”字形的助跑路线，即助跑的前段为直线，后3—4步成弧线。弧线助跑适用于背越式跳高。靠近横杆一侧是摆动腿。

（2）助跑丈量步点的方法。

助跑丈量步点的方法有走步丈量法、等半径丈量法和直角坐标丈量法。通常采用走步丈量法（图3.2.3）。

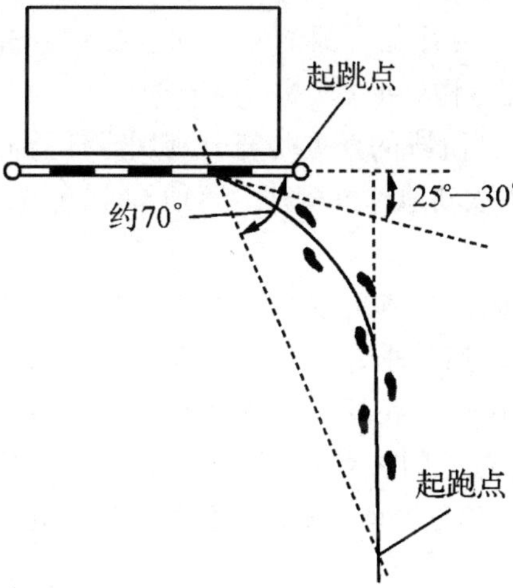

图 3.2.2

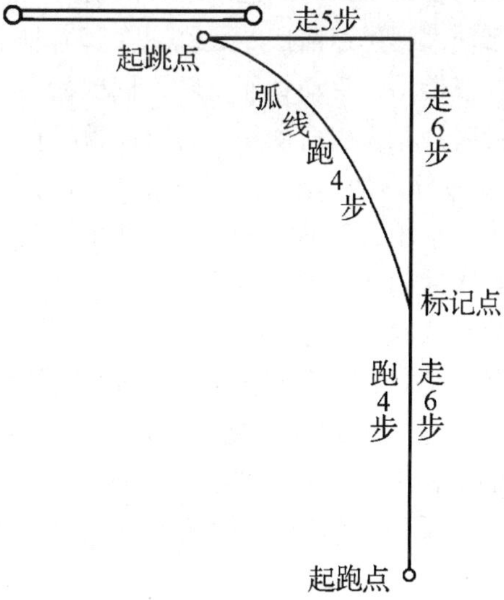

图 3.2.3

先确定起跳点。起跳点一般在离近侧跳高立柱 1 米、离横杆垂直投影线 60—90 厘米处。由起跳点沿横杆的平行方向走 5 步，再向右转成直角自然走 6 步做一标记，再向前走 6 步画起跑点。由标记点向起跳点画一弧线连接，即成最后 4 步的助跑弧线。直段也跑 4 步，全程共 8 步。直段丈量一般用 x ×2 −2 确定，如跑 4 步，则 4 ×2 −2 =6，即用自然步走 6 步即可。直线助跑步点丈量，也可采用反向跑的方式来确定。

（3）助跑的方法和要求。

按照完成动作的先后，可把助跑分为加速阶段和准备阶段。加速阶段的要求是助跑动作轻松自然、重心平稳、步点准确和逐渐增大跑速。准备阶段是指最后几步助跑，也是助跑的主要阶段。这时练习者要注意逐渐加大用力程度，并保持动作的连贯性和合理的节奏，使动作快速有力。

快速助跑起跳是跳高技术的发展方向。提高助跑速度能够使更多的动能转化为压紧身体的弹性势能，使得练习者在瞬间的起跳时间内，达到最大的用力效果。

直线助跑准备阶段时采用脚跟先接触地面并迅速过渡到前脚掌着地的“滚动式”跑法，后蹬积极、摆动腿带髋向前。在助跑倒数第 2 步时应加大步长做专门的降低身体重心动作，以加长起跳工作距离和准备起跳。

① 起跳（图 3. 2. 4 中的 1—6）。起跳的任务是将助跑所获得的水平速度转化为最大的垂直速度。起跳将改变人体运动的方向，使身体充分地向上腾起，同时还要产生一定的旋转动力，保证过杆动作的顺利完成。由起跳形成的腾起初速度和腾起角是决定高度的主要因素。因此，起跳是跳高技术的关键环节。

背越式起跳动作包括放脚、缓冲和蹬伸 3 个阶段。起跳脚踏上起跳点时，一般与横杆垂直面有 5°左右的夹角，即与助跑弧线的切线方向一致。在助跑最后一步前，摆动腿支撑时要压紧，并积极送髋。由于身体向圆心方向倾斜，身体重心已处于相对于身体直立时较低的位置，因而不需要做专门的降低重心的动作，这能缩短支撑时间、加快动作。起跳脚向前迈出，用脚跟外侧先触地并滚动为全脚着地，同时身体由倾斜转为垂直，摆动腿屈腿以髋带动大腿迅速前摆。起跳腿在脚着地后，伸腿进行退让工作，同时摆动腿继续上摆，把同侧髋带出，带动骨盆扭转，同时蹬伸起跳腿。两臂配合腿的动作向上提肩，提腰摆臂，及时开始做引肩动作，为身体腾起转为水平姿势做好准备。

② 过杆落地（图 3. 2. 4 中的 6—18）。腾空过杆阶段的任务是充分利用身体重心腾起的高度，采用合理的过杆姿势和动作，使整个身体顺利地越过横杆。落地阶段的任务是及时做好缓冲动作，安全落地。

背越式跳高由于骨盆在起跳时已经转动，因此当人体腾空后，身体继续转动成背对横杆的姿势。摆动腿的膝放松，起跳腿蹬离地后自然下垂，肩继续向杆伸展，头和肩先过杆，骨盆向前翻转使髋部充分伸展，两腿有些向后，在杆上成背卧而又有反弓形的姿势。髋部伸展动作要延续到臀部越过横杆，而后过杆的两臂做向前的动作，同时借助向后弓的“反弹”作用，把未过杆的两腿上举，使其越过横杆。身体过杆后，用肩背落于海绵垫上。

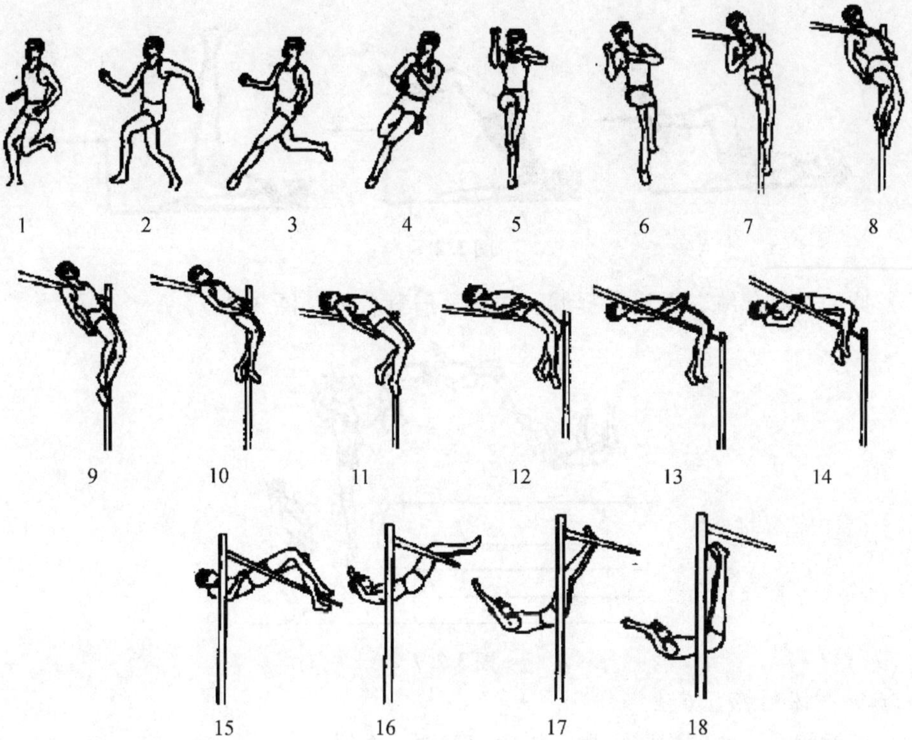

图 3.2.4

（二）主要练习方法

跳高是较为复杂的非周期性技术的田径运动项目。因此，在学习跳高技术时应突出重点（起跳），突破难点（助跑与起跳结合），先分解练习，后完整练习，同时注意把发展腿部力量、柔韧、协调等身体素质结合起来，这样才能掌握好跳高技术，并使之成为锻炼身体的有效手段。

练习之前，首先应建立正确的跳高技术概念，即结合示范、讲解认识跳高技术的重点和难点，并通过技术录像、图片等，进一步了解背越式跳高的完整技术。以背越式跳高为例。背越式跳高的主要练习方法如下。

1. 过杆和落地技术的练习方法

（1）后倒成“桥”，两肩着垫（图 3.2.5）。

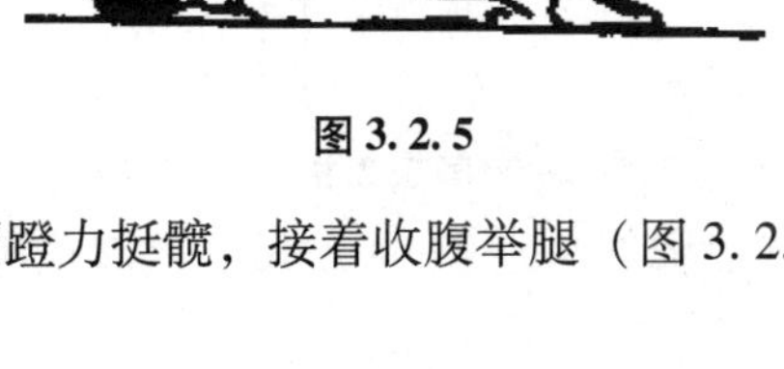

图 3.2.5

（2）仰卧蹬高物，利用蹬力挺髋，接着收腹举腿（图 3.2.6）。

图 3.2.6

（3）原地双脚起跳、引肩、提髋、屈膝、肩背着垫（图 3.2.7）。

图 3.2.7

2. 起跳技术的练习方法

（1）摆臂练习。两臂屈肘上摆，提肩、拔腰，在肘与肩平行时急停。摆动腿同侧肩臂略高于起跳腿同侧肩臂。

（2）摆腿练习。侧立，摆动腿折叠高抬带同侧髋摆出，同时扣膝内转，约转体 90 度成背对。

（3）放起跳腿练习。起跳腿由后向前迈出，大腿不高抬，用脚跟及脚掌外侧先着地，同侧肩在后形成髋、肩轴交叉，身体稍内倾的姿势。

（4）迈步起跳练习。起跳腿前迈起跳，动作快速有力，蹬摆协调，起跳后，保持腾起姿势落地。此练习可由帮助者托腰腾起，进一步体会腾起的感觉。

3. 助跑与起跳相结合技术的练习方法

（1）弧线助跑练习（图 3.2.8）。

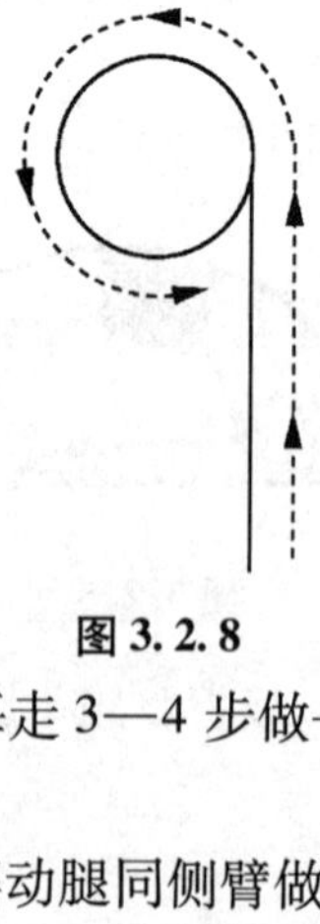

图 3.2.8

（2）在（1）的基础上，沿弧线每走 3—4 步做一次起跳练习，起跳腾空后面对圆心，起跳腿落地。

（3）沿弧线跑 3—4 步起跳，用摆动腿同侧臂做单手反手触摸悬物或篮板练习。

4. 完整技术练习方法（图 3.2.9）

弧线助跑 3—4 步起跳后，仰卧在高置的海绵垫上。

图 3.2.9

（1）弧线助跑 3—4 步，起跳过杆练习。

（2）短程助跑起跳过杆练习。

（3）全程助跑，背越式技术完整练习。

★ 跳高比赛规则简介

（1）运动员的试跳顺序，应由抽签排定。

（2）比赛开始前，裁判员应向运动员宣布起跳高度及每轮横杆的升高计划，此计划直到比赛中只剩下一名运动员或出现第 1 名成绩相等。

（3）除非比赛中只剩 1 名运动员，并且他已获得该项比赛冠军，否则，每轮之后，横杆提升的幅度不得少于 2 厘米；全能比赛每轮提升高度均为 3 厘米。

（4）运动员必须用单脚起跳。

（5）如有下列情况之一者，判为试跳失败：试跳后，运动员在试跳时的动作触及横杆，致使横杆未能留在横杆托上；在越过横杆之前，身体任何部分触及立柱之间、横杆延长线垂直面以外的地面或落地区。但运动员在试跳中，倘一脚触及落地区，而裁判员认为其并未从中获得利益，则不应判为试跳失败。

（6）运动员可以在主裁判事先宣布的横杆升高计划中的任何一个高度上开始起跳，也可在以后任何一个高度上根据自己愿望决定是否试跳。但不管在任何高度上，只要运动员连续 3 次试跳失败，即失去继续比赛资格。因成绩相等而进行的第 1 名决名次的试跳除外。

说明：此规则允许运动员在某一高度上第 1 次或第 2 次试跳失败后，在其第 2 次或第 3 次试跳时请求免跳，并在后继的高度上继续试跳。运动员在某一高度上请求免跳后，则不准在同一高度上恢复试跳，除非第 1 名成绩相等。

（7）当该运动员已在比赛中取胜之后，有关裁判员或裁判长应征求该运动员意见，然后确定横杆提升的高度。说明：此规定不适用于全能运动项目。

（8）每名运动员应以其最好的一次试跳成绩，包括第 1 名成绩相等决名次赛的试跳成绩，作为其最后的决定成绩。

二、跳远

跳远是人体通过快速的助跑和积极的起跳，采用合理的姿势和动作，使身体腾越尽可能远的水平距离的运动项目。

田径运动跳跃项目又称急行跳远，由助跑、起跳、腾空和落地等动作组成。运动员沿直线助跑，在起跳板前沿线后用单足起跳，经腾空阶段，然后用双足在沙坑落地。比赛时以跳的远度决定名次。在跳远技术的发展过程中，曾出现过 3 种空中姿势，即蹲踞式、挺身式和走步式。尽管走步式竞技效果很好，但技术难度大，对身体素质要求高，因此，把跳远作为锻炼身体的手段时，仍普遍采用蹲踞式和挺身式。

三级跳远是助跑后沿直线连续进行 3 次不同形式跳跃（第一跳为单足跳，用起跳腿落地；第二跳为跨步跳，用摆动腿落地；第三跳为跳跃，必须用双脚落入沙坑），腾越尽可能远的水平距离的运动项目。相对跳远来说，三级跳远技术更复杂，对人体支撑器官要求更高，其锻炼价值很大，是发展力量、速度和协调等身体素质的重要手段。

（一）基本技术

完整的跳远技术由助跳、起跳、腾空和落地缓冲等 4 个紧密相连的动作环节所组成（图 3. 2. 10）。用力学观点来分析，跳远成绩取决于快速起跳的腾起初速度与合理的腾起角度，而腾起初速度受助跑获得的水平速度和起跳产生的垂直速度影响最大，因而跳远技术的关键是助跑和起跳的结合。其次是维持身体平衡所需要的空中姿势和正确的落地动作。

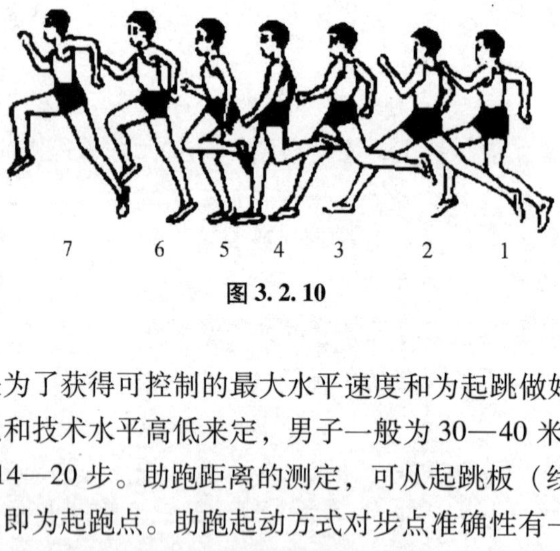

图 3. 2. 10

1. 助跑

跳远助跑的任务是为了获得可控制的最大水平速度和为起跳做好准备。助跑的距离要根据练习者的素质状况和技术水平高低来定，男子一般为 30—40 米，跑 16—22 步；女子一般为 25—35 米，跑 14—20 步。助跑距离的测定，可从起跳板（线）用助跑速度向反方向跑，最后一步踏跳点即为起跑点。助跑起动方式对步点准确性有一定影响，站立式起动和走或跑几步后踏标志线开始助跑是常用的两种起动方式。

全程助跑应轻松而有节奏，速度应逐渐加快，最后几步达到最高速度。助跑的最后几步，是跳远技术中的重要环节，它能够影响起跳前的速度、踏板的准确性和起跳动作的合理性。在助跑的最后阶段，为了准备起跳，助跑的节奏稍有变化，主要是倒数第 2 步的步长稍有增加，身体重心稍有下降。最后一步由于加快起跳腿的放脚动作，步幅稍短，重心略升高，进入起跳状态。

2. 起跳

起跳的任务是在尽量减少水平速度损失的情况下获得必要的垂直速度，改变身体重心向前运动的方向，使人体沿适宜的腾起角向空中腾起。起跳动作包括放脚、缓冲和蹬伸 3 个过程。

助跑最后一步，当摆动腿支撑时，应用力蹬地使身体加快向起跳板推进。起跳腿快速折叠前摆，并积极压大腿，用脚跟触地并迅速滚动至全脚掌；身体重心越过支撑点时蹬直髋、膝、踝 3 个关节；同时摆动腿积极向前上方摆至水平位置，摆动时，小腿自然下垂，上体正直，两臂协调配合，起跳腿同侧臂屈肘摆至体前上方，异侧臂屈肘摆至体侧。

蹬伸不仅是起跳腿快速有力地蹬地，而且要与摆腿、摆臂、提肩、提腰等动作协调配合，使整个身体向前上方伸展。当摆动腿与两臂摆动到一定位置时，要有意识地做“突停”。这个“突停”动作不仅能维持身体的平衡，而且能减小起跳腿的压力，增加起跳腾起的速度。

3. 腾空

跳远腾空阶段的任务是维持身体在空中的平衡，并为合理、完善的落地缓冲动作创造有利的条件。

正确的腾空应上体正直，摆动腿保持起跳时的前摆，起跳腿自然放松地留在身体后面。这一起跳结束时延续在空中的动作姿势，叫“腾空步”（图 3. 2. 11）。

图 3. 2. 11

“腾空步”以后的空中姿势分为蹲踞式、挺身式和走步式。本书仅介绍前两种姿势。

（1）蹲踞式（图 3. 2. 12）。蹲踞式跳远时，“腾空步”的时间相对较长，摆动腿大腿抬得较高，膝关节的屈度较大，两大腿之间的夹角较大。当身体重心达到抛物线的最高点时，起跳腿屈膝向前提拉并与摆动腿并拢，形成“蹲踞”姿势，上体前倾，两臂同时自前向下、向后摆动，小腿自然前伸准备落地缓冲。

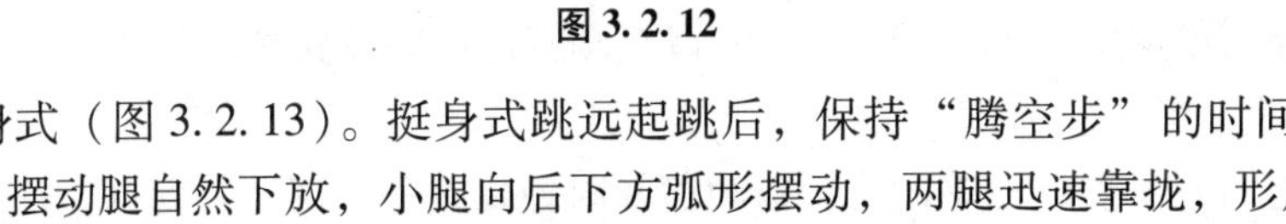

图 3. 2. 12

（2）挺身式（图 3. 2. 13）。挺身式跳远起跳后，保持“腾空步”的时间比蹲踞式稍短。起跳后，摆动腿自然下放，小腿向后下方弧形摆动，两腿迅速靠拢，形成插身姿势；两臂在摆动腿放下时同时下落，然后配合收腹举腿做绕环摆动；接着前伸小腿准备落地缓冲。

挺身式跳远的空中动作，能拉长体前肌肉，有利于做收腹举腿和伸腿落地动作，效果比蹲踞式好。但要注意挺身反弓的程度和时机，否则会使动作紧张，不利于身体在空中的平衡。

图 3.2.13

4. 落地（图 3.2.14）

正确的落地动作能帮助提高成绩，同时可以防止伤害事故发生。因此，当人体将要落地时，应保持上体前倾，高抬大腿，前伸小腿，脚触地刹那，迅速向前屈膝缓冲，髋部前移，两臂屈肘前摆，使身体尽快移过支撑点，并向前或向侧倒体，避免后坐。

图 3.2.14

（二）主要练习方法

跳远是技术较为复杂的非周期性的田径运动项目，依据其力学特征，应抓住助跑和起跳相结合这个技术关键，将完整练习法和分解练习法很好地结合起来，同时注意把学习、掌握跳远和发展速度、力量、协调等身体素质结合起来，才能掌握好跳远技术，并使之成为锻炼身体的有效手段。

练习之前，应先建立正确的技术概念，即结合示范、讲解认识跳远技术的重点和难点，并通过录像、图片等进一步了解跳远的完整技术。

1. 助跑与起跳结合技术的练习方法

（1）摆臂练习。起跳腿同侧臂屈肘向前上方摆动，异侧臂屈肘摆向体侧，两肘与肩平时急停，同时顶肩拔腰。

（2）摆腿。摆动腿屈腿高抬向前上方摆出，并把同侧髋带出。

（3）起跳腿放脚攻板练习。起跳腿低平而快前摆，大腿积极下压，脚掌由上向下后扒踏，同时配合摆腿和摆臂动作。

（4）走步、小步跑、半高抬腿跑等结合起跳成“腾空步”。

（5）3—4 步助跑起跳成“腾空步”。

（6）6—8 步助跑起跳成“腾空步”，以摆动腿落坑向前跑出。

2. 落地技术练习方法

（1）立定跳远练习。空中团身，落地前及时伸腿，并利用两臂前摆，使身体重心移到落地点，然后前倒或侧倒入沙坑。

（2）高台原地单腿起跳团身落地练习。抬腿、伸腿、移重心等要求同（1）。

3. 蹲踞式动作练习

（1）悬垂于单杠或支撑于双杠上成“腾空步”姿势，接着起跳腿屈膝提举与高抬的摆动腿靠拢成蹲踞姿势。

（2）原地单腿起跳成蹲踞式练习；起跳腿提举拉收与摆动腿靠拢成蹲踞姿势。

（3）4—6 步助跑蹲踞式跳远。

4. 挺身式动作练习

（1）原地模仿练习。成“腾空步”姿势，随即摆动腿下放后摆，手臂配合由上向下向后上方摆动，展髋挺身成“反弓”，然后身体跃起收腹举腿落地。

（2）3 步助跑起跳成“腾空步”，完成挺身式动作。

（3）4—6 步助跑成“腾空步”，完成挺身式动作。

（4）6—8 步助跑成“腾空步”，完成挺身式动作。

5. 完整技术练习方法

（1）丈量全程助跑步点前进行全程助跑练习。

（2）在准确的步点基础上完成起跳成“腾空步”。

（3）进行蹲踞式或挺身式的完整技术练习。

★ **跳远比赛规则简介**

1. 运动员的试跳顺序应抽签决定。

2. 运动员超过 8 人，每人先试跳 3 次，前 8 名可再试跳 3 次。如第 8 名出现成绩相等，则成绩相等的运动员均可再试跳 3 次。运动员只有 8 人或不足 8 人时，每人均可试跳 6 次。

3. 如有下列情况之一，则判为试跳失败：

（1）不论在未做起跳的助跑中或在跳跃动作中，运动员以身体任何部分触及起跳线以外者。

（2）从起跳板两端之外，不论是起跳线延伸线的前面或后面起跳。

（3）在落地过程中触及落地区外地面，而区外触点较区内最近触点离起跳线近。

（4）完成试跳后，向后走出落地区。

（5）采用任何空翻姿势。

4. 除上述 3 款之外，运动员在起跳板后面起跳，应为有效。

5. 3 次试跳成绩应从运动员身体任何部分着地的最近点至起跳线或起跳线的延长线成直角丈量。

6. 每名运动员应以其最好的一次试跳成绩，包括第 1 名成绩相等决名次的试跳成绩，为其最后的决定成绩。

第三节　投　掷

田径运动投掷项目包括铅球、铁饼、标枪等，本节仅介绍最常见的推铅球项目。

一、推铅球的基本技术

推铅球技术有侧向滑步推铅球、背向滑步推铅球和旋转推铅球3种。动作方法虽不相同，但都是一个完整连贯的技术。为了分析，从技术上可分为握球和持球、预备姿势、滑步、最后用力和维持身体平衡等5个部分。下面着重介绍侧向滑步推铅球技术。

1. 握球和持球（以右手为例）

（1）握球。

握球手五指自然分开，球托于食指、中指和无名指的指根面上，拇指和小指扶在球的两侧，手腕背屈（图3.3.1）。

（2）持球。

握好球后，将球置于锁骨窝处，颈部贴紧铅球，右臂屈肘稍外展，掌心向前，上臂与躯干约成45度，完成持球动作（图3.3.2）。

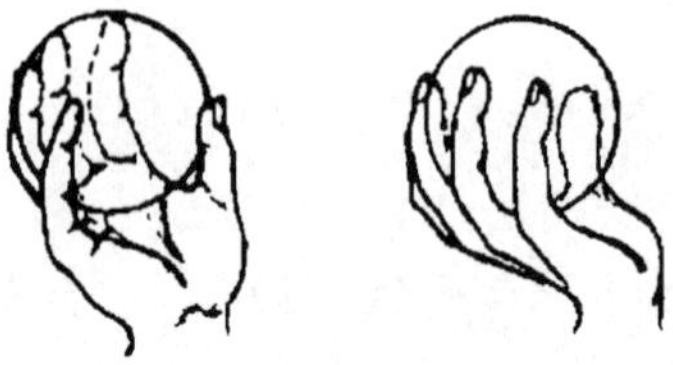

图3.3.1

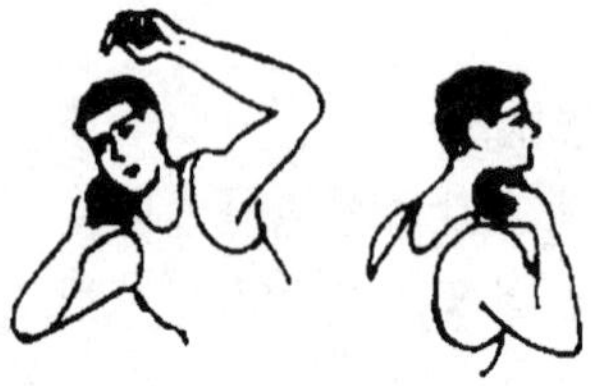

图3.3.2

2. 预备姿势

上体正直，身体左侧对投掷方向，两脚左右开立与肩同宽，右脚靠近投掷圈的后沿，左脚前脚掌内侧着地，重心落在右腿上。然后上体稍向右倾，左臂微屈在体前上方自然举起。

3. 滑步

滑步的目的是使器械获得预先速度，并为最后用力推出创造良好的条件。滑步前，左腿向投掷方向做一两次预摆，预摆时左腿微屈以大腿带动小腿向投掷方向摆起，上体向右倾倒，接着左腿屈膝回摆靠近右腿，同时右腿屈膝，降低重心，上体稍前倾，收腹含胸，左臂摆至身前准备滑步。滑步时，左腿积极用力向投掷方向摆出，右腿用力蹬地，使身体重心向投掷方向移动。在右腿蹬离地面的瞬间，右腿积极收拉右小腿，前脚掌落在圆心附近，同时左腿积极下压用前脚掌内侧着地（与右脚几乎同时着地），并与投掷方向成45°，以形成稳固有力的左侧支撑，且左脚尖与右脚跟在一条与投掷方向一致的直线上，人体重心落在弯曲的右腿上，完成滑步动作（图3.3.3）。滑步的关键是身体移动快，重心起伏小。滑步结束时，身体处于最后用力前的有利姿势。

4. 最后用力

最后用力是推铅球技术的关键环节。动作的正确与否直接影响出手速度、角度和出手高度。当左脚即将着地的瞬间，右脚迅速蹬地，右膝内转，右髋积极前送，使上体抬起并转向投掷方向。在身体左侧移至与地面垂直的瞬间，左臂摆至身前制动，以左肩为轴，右肩积极向投掷方向送出，抬头挺胸，右臂快速伸直将球推出，其出手角度为38°～42°。在球离手一刹那，两腿充分伸直，手腕内转屈腕，手指拨球，加快铅球出手的初速度。

5．维持身体平衡

维持身体平衡是指在铅球出手后，要及时交换两腿，同时右腿屈膝、降低重心，以维持身体平衡。

图 3.3.3

二、主要练习方法

1．原地前抛铅球（1—2kg）

双手持球，面对投掷方向，将球由前下向前上方抛出。体会用力顺序及上下肢的协同配合。

2．原地后抛铅球（1—2kg）

双手持球，背对投掷方向，将球由前下经头上向后上方抛出。

3．正面原地推铅球

面对投掷方向，两脚前后（左右）站立，前后站立时左腿在前，右手持球于锁骨窝处，用推铅球持球技术将球推出。

4．侧向原地推铅球

左腿在前，侧对投掷方向，原地将球推出，体会上下肢的协调用力及铅球出手方向，掌握正确推球技术。

5．徒手或持球做侧向滑步推铅球

徒手做侧向滑步推铅球；持较轻球做侧向滑步推铅球；在投掷圈内做侧向滑步推铅球。

★ **推铅球的主要规则**

1. 铅球应从圈内在肩部用单手推出。
2. 运动员必须从静止姿势开始进行试掷。
3. 铅球必须完全落在落地区角度线内沿以内，试掷方为有效。
4. 丈量是从铅球着地的最近点起沿与圆心之间的直线量至投掷圈内沿。
5. 运动员在铅球落地后方可离开投掷圈。

第四章 球类运动

第一节 篮球运动

现代篮球于1891年由美国体育教师奈史密斯教授发明，起初是将竹篮钉在室内的墙上，向竹篮投球的一种游戏，无固定规则，因而常出现运动员动作粗野等情况。为此，1892年奈史密斯制定了13条比赛规则，比赛分上、下半时，各15分钟。另外对场地大小也做了规定。此后，每队上场人数从10人减至9人、7人，1893年最后降至5人。1932年国际业余篮球联合会成立，并统一了世界篮球竞赛规则。1936年第11届奥运会将男子篮球列为正式比赛项目，1976年第21届奥运会将女子篮球列为正式比赛项目。

一、篮球基本技术和基本战术

（一）篮球基本技术

篮球基本技术是篮球战术的基础，主要包括传接球、运球、投篮、持球突破、防守等技术动作。

1. 传接球

（1）传球。传球是在进攻队员有目的地转移球和进行战术配合的必要手段。最基本的传接球有以下几种：

① 原地双手胸前传球。

双手持球于胸前，掌心空出，两肘自然下垂，传球时，后脚蹬地，重心前移，伸臂翻腕将球传出（图4.1.1）。

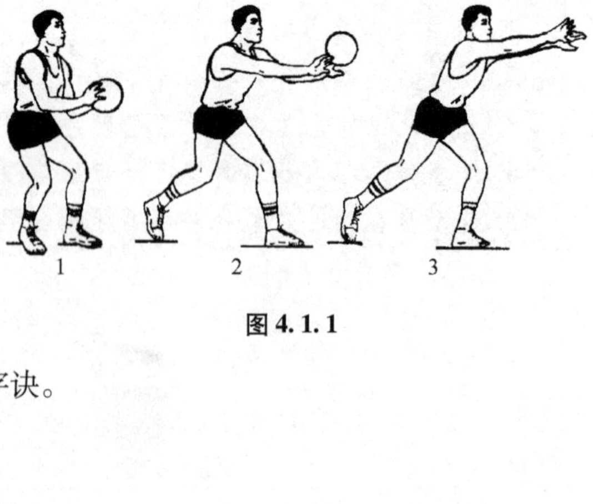

图4.1.1

动作要点：动作协调连贯，双手伸直，用力均匀。牢记蹬、伸、翻、抖、拨5字诀。

② 单手肩上传球（以右手传球为例）。

传球时，左脚向传球方向迈出半步，右手引球至肩上方，肩关节外展，重心落在后脚上。通过蹬地、转体、甩臂将球传出。

动作要点：引、蹬、转、甩、扣。

③ 单手胸前传球（以右手传球为例）。

传球时，将球引至右肩下部，右手翻腕，掌心向前，左手扶球的侧下部。通过右臂的短促前伸及扣腕、拨球动作将球传出。

动作要点：抖、伸、弹。

④ 反弹传球。

这是一种通过球击地后反弹给同伴的隐蔽传球方法，多用于向内线传球。其特点是隐蔽性强，不易被对方抢断。

反弹传球的击地点一般应在传接球队员之间距离的 2/3 处，其动作方法与各种传球方法基本相似。但腕、指用力要更大些，球反弹的高度最好在接球人的腰部位置。

动作要点：击地点及力量要适当，反弹高度要适宜。

（2）接球。接球时，两臂前伸迎球，手指自然分开，两拇指成八字形，两手成半球形。当手触球后，两臂后引缓冲，持球在胸前。

动作要点：迎、收、护（保护球）。

★ 传接球技术学练法

1. 两人一组一球，面对面站立，做各种传球练习。

2. 两人一组两球，面对面站立，做不同高度、不同方向的传接球练习。

3. 两人一组，两人之间距离 3—4 米侧身跑，做移动传接球上篮练习。

4. 四角传球练习，从一个球做到三个球同时传（图 4.1.2）。

5. 综合性练习（图 4.1.3）。

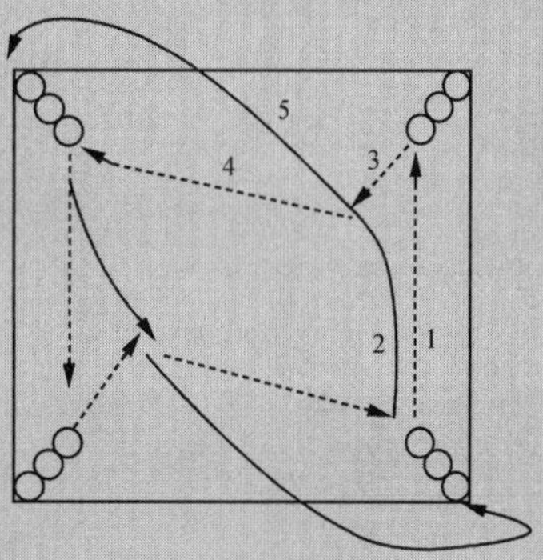

图 4.1.2

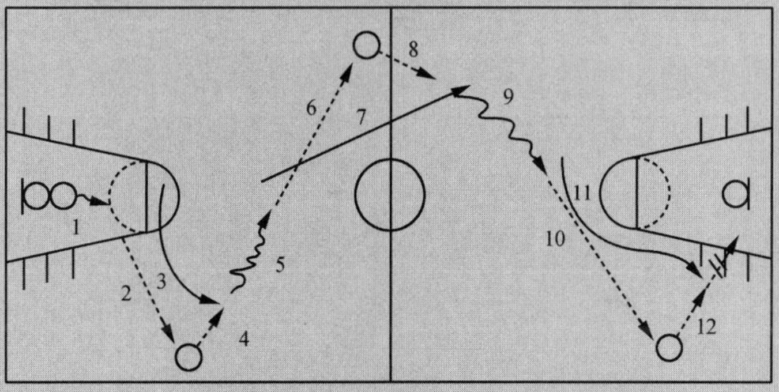

图 4.1.3

2. 运球

用单手连续接由地面反弹起来的球，叫运球。运球动作是由身体姿势、手臂动作、球的落点、手脚协调配合4个环节组成。

（1）高运球。

球反弹的高度在腰部以上位置叫高运球。运球时，上体稍前倾，抬头看前方，以肘关节为轴，用手按拍球的后侧上方。

动作要点：手脚协调配合，按拍部位正确。

（2）运球急停急起。

运球急停急起指运球时利用速度的突然变化来摆脱防守的一种方法。急停时，用手拍球的前上方，做跨步急停动作，并转入低运球。急起时，后脚用力蹬地，手按拍球的后上方，加速超越对手。

动作要点：跨、停、推、蹬。

（3）体前变向换手运球。

体前变向换手运球是运球队员突然改变运球方向，以突破防守的一种运球方法。运球时，先向对手左侧快速运球（以运球队员右手运球向对手右侧突破为例），当对手向左侧移动堵截时，突然变向，将球按拍至身体左侧，同时，右脚迅速向左侧前方跨出，上体左转并前倾侧肩，换手推拍球的后上方，加速运球突破（图4.1.4）。

动作要点：拍、跨、转、侧、推。

★ 运球技术学练法

1. 原地运球练习。每人一球做高、低运球；左、右手交替在体前做横运球；脚分前后做前推后拉运球等练习。

2. 行进间运球练习。让学生在行进间做高、低运球，急停急起运球，曲线运球，弧线运球练习。

3. 综合性运球练习（图4.1.5）。

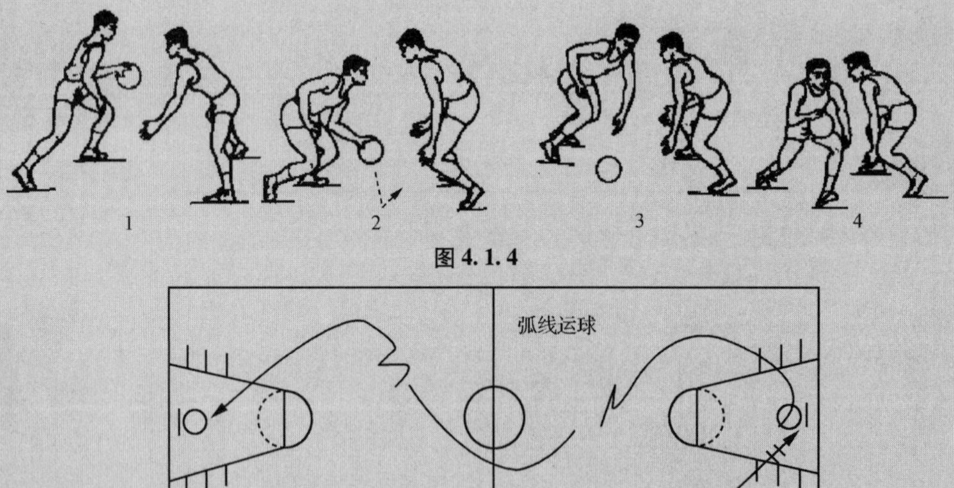

图 4.1.4

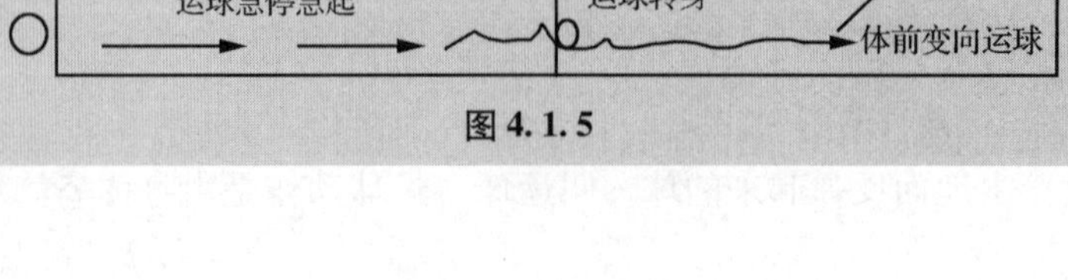

图 4.1.5

3. 投篮

投篮是队员运用各种专门的动作将球投入篮筐的方法。其动作主要由手法、瞄准点及抛物线3个要素组成。

(1) 单手肩上投篮（图4.1.6）。

图4.1.6

以右手投篮为例，右脚稍前或两脚平跨，两膝微屈，重心落在两脚之间，五指分开，以指根及指根以上部位触球，掌心空出，翻腕托球于肩上，肩内收，左手扶球的左侧，投篮时，通过蹬地、提肘、伸臂、压腕和拨球动作，使球从食指、中指指端后旋式飞出。

动作要点：蹬、提、伸、压、拨。

(2) 行进间单手低手投篮（图4.1.7）。

以右手投篮为例，右脚跨步接球，左脚上步起跳，右腿屈膝上提，当身体接近最高点时，右手掌心向上托球的下部，右臂向前上方伸展，接近球篮时，用手腕上挑和手指的拨球动作使球前旋入篮。

动作要点：跨、蹬、提、伸、拨。

图4.1.7

(3) 行进间单手肩上投篮。

以右手投篮为例，右脚跨步接球，左脚上步起跳，右腿屈膝上提，双手接球于右肩前上方，跳起后，掌心向前，接近最高点时，用力柔和地将球投出。

动作要点：跳起身体稍后仰，控制平衡柔和投。

(4) 原地跳起单手肩上投篮。

以右手投篮为例，双手持球胸腹间，两脚左右开立，屈膝，重心在两脚之间。投篮时，通过蹬地、起跳提腰动作，双手持球至右肩前上方，当身体腾空接近最高点时将球投出。

动作要点：重点掌握好持球、起跳、耸肩及球出手时机，牢记蹲、蹬、提、伸、拨5字诀。

★ **投篮技术学练法**

1. 原地做徒手投篮模仿练习。两人一组对投练习，做不同位置的近距离投篮练习。

2. 行进间接球投篮练习。学生传球给教师，跑至教师面前，跨右脚接球，左脚上步起跳投篮（图4.1.8）。

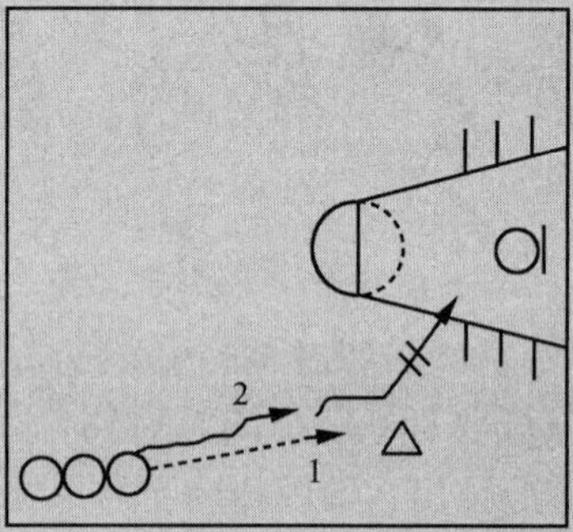

图4.1.8

3. 原地徒手、持球跳起投篮练习。原地徒手跳起投篮；原地持球跳起不出手练习；原地持球跳起对投；运球上步跳起投篮。

4. 投篮综合性练习（图4.1.9）。

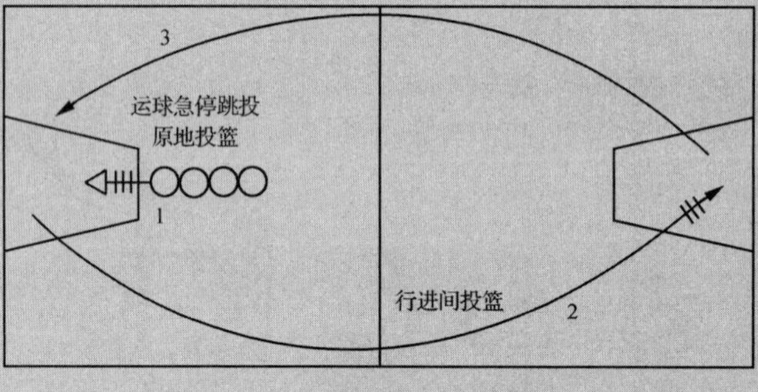

图4.1.9

4. 持球突破

持球突破是持球队员合理运用运球技术与脚步动作相结合，从而超越防守队员的一项进攻技术，其动作主要由蹬转、假动作转体、探肩、推拍球、加速超越等几个环节组成。

（1）原地持球交叉步突破。

以从防守队员左侧突破为例，突破时，用上体、头部及左脚向左做假动作，左脚前掌内侧蹬地。移重心，体右转，左脚向右侧前方跨一大步，探左肩，右手推拍球超越对手。

动作要点：蹬、移、转、跨、探、拍、蹬。

（2）同侧步（顺步）突破。

以从防守者左侧突破为例，突破时，体前倾，右脚顺势向右前方跨一大步，体右转，探左肩，左脚内侧蹬地，右手推拍球，左脚跨步抢位，加速运球超越对手。

动作要点：蹬、跨、转、探、推。

★ **持球突破学练法**

1. 在持球突破中，每人一球，做原地持球突破及向前抛球，上步接球后持球突破练习。一定要注意使用中枢脚，并做好突破前的准备动作。

2. 两人一组，轮流做原地及抛接球后持球突破练习。

3. 先做原地持球突破，后做行进间接球急停持球突破。

4. 接球急停突破练习（图 4. 1. 10）。

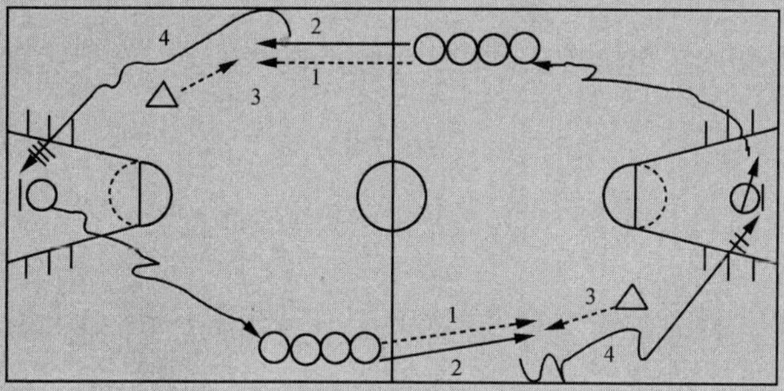

图 4. 1. 10

5. 防守技术

防守对手是防守队员合理地运用脚步移动和手臂动作积极地抢占有利位置，阻挠和破坏对手的进攻动作。

（1）防守的步伐。

① 基本姿势：两脚稍分前后站立，两脚之间的距离比肩宽，重心在两前脚掌上，两膝弯曲，上体较直，两眼平视，两臂屈肘高于腰。

② 滑步：滑步可分前滑步、后滑步及侧滑步。

侧滑步：两脚平行站立，两膝较深弯曲，上体略前倾，两臂侧伸，向左侧滑时，左脚向左迈出的同时，右脚蹬地滑动，向左脚靠近，两脚保持一定距离，左脚继续跨出。

后滑步：后滑步动作方法与侧滑步相同，只是向后滑步。

前滑步：向前滑步时，前脚向前迈出一步，着地的同时，后脚紧随着向前滑动，保持前后开立姿势。

③交叉步：向左后方移动时，体重移向左脚，右脚在体前向左做交叉步。右脚落地时，左脚随即向移动方向撤步。

（2）防守无球队员。

应站在对手和球之间并偏向有球一侧，随球的转移而不断移动防守位置。当球离防守人较近时，可采用面向人、侧向球的站法；球离得较远时，采用面向球、侧向人的站法，做到人球兼顾，以便伺机断球。

（3）防持球队员。

① 重点防突破。一般两脚左、右开立，两手左、右伸出摇摆，重心下降，与持球人

保持一步半距离，根据对手脚步移动采用左、右滑步或后撤步堵截突破。

② 重点防投篮。两脚前后开立，重心下降，前脚同侧手臂前伸并上下摆动，采用前、后滑步阻挠对方投篮。

★ **防守学练方法**

1. 看手势、听信号做向左、右、前、后滑步练习。
2. 一人进攻运球，另一人防守的练习。
3. 半场三对三或四对四盯人防守的练习。

（二）篮球基本战术

1. 进攻基础配合

进攻基础配合是指二三名进攻队员，为了创造进攻机会，合理运用技术而组成的合作方法。配合方法：

（1）传切配合。

它是进攻队员之间利用传球、切入等技术组成的简单配合，包括一传一切和空切配合两种。

示例1：如图4.1.11所示，④传球给⑤后，立刻摆脱对手向篮下切入，接⑤传来的球投篮。

示例2：如图4.1.12所示，在⑤与⑥互相传球之际，⑤乘其对手不备之机，突然空切篮下，接外围同伴的传球，然后投篮。

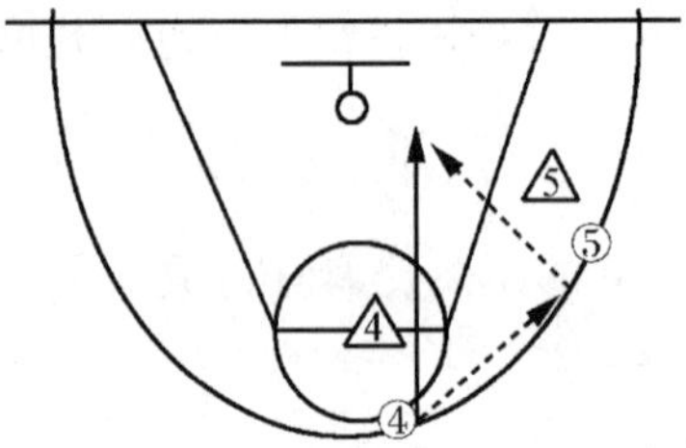

图4.1.11

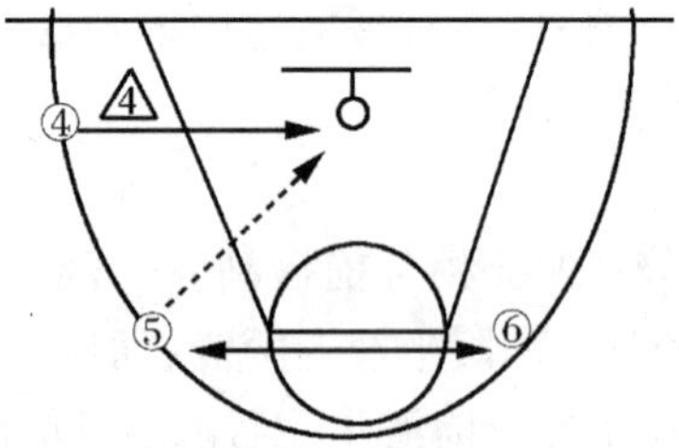

图4.1.12

传切配合的要求：切入队员要根据情况掌握切入的时机，果断快速摆脱对手，并随时注意接同伴的传球。传球队员要运用假动作吸引牵制对手。当切入队员已摆脱对手并处于有利位置时，应及时、准确地把球传给他。

（2）突分配合。

突分配合是持球队员突破后，利用传球与同伴配合的方法。

示例：如图4.1.13所示，⑤突破后，遇到△7迎上补防，立刻把球传给切入篮下的⑦，⑦接球后投篮或与其他同伴配合。

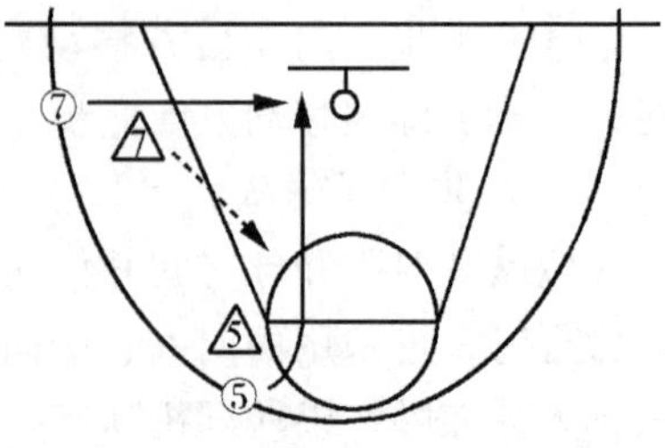

图4.1.13

突分配合的要求：突破要突然、快速，在突破过程中既要做好投篮的准备，又要随时注意观察场上攻守队员的位置和行动，以便抓住有利战机，及时、准确地把球传给有利于进攻的同伴。

（3）掩护配合。

掩护配合是掩护队员采用合理的行动，用身体挡住同伴的防守者的移动路线，使同伴借以摆脱防守，或利用同伴的身体摆脱防守，从而接球进攻的一种配合方法。掩护时，掩护队员跑到同伴的防守者前、后或侧面，保持适当距离（要符合规则要求），两脚开立，膝微屈，两臂屈肘于胸前，上体稍前倾，扩大掩护面积。当同伴利用掩护摆脱防守时，掩护队员要及时转身跟进，准备抢篮板球或接回传球。掩护配合可以由无球队员给有球队员掩护，也可以由有球队员给无球队员掩护和无球队员给无球队员掩护。

前掩护是掩护队员站在同伴的防守者前面，用身体挡住防守者向前移动的路线，使同伴借机摆脱防守的一种配合方法。

示例：如图 4. 1. 14 所示，④传球给⑤后，先做向篮下切入的假动作，然后突然跑到△5身前，形成前掩护。⑤接球后投篮或做其他进攻动作。

后掩护是掩护队员站在同伴的防守者身后，挡住他的移动路线，使同伴借以摆脱防守的一种配合方法。

示例：如图 4. 1. 15 所示，⑤传球给④的同时，⑥到△5身后做掩护。⑤传球后先做切入假动作，然后利用同伴的后掩护摆脱防守，切入篮下，接④的传球投篮。⑥及时转身跟进。

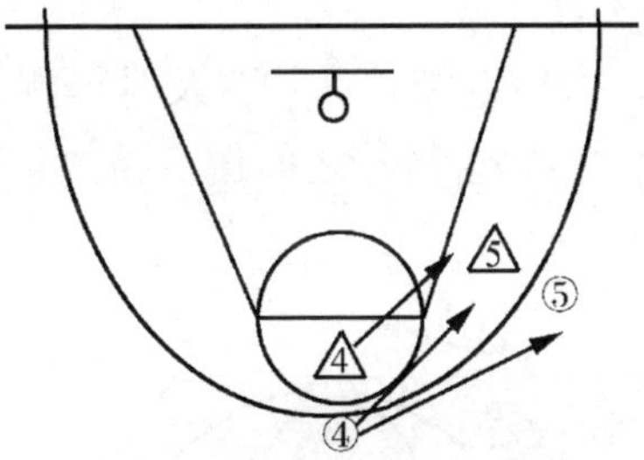

图 4. 1. 14

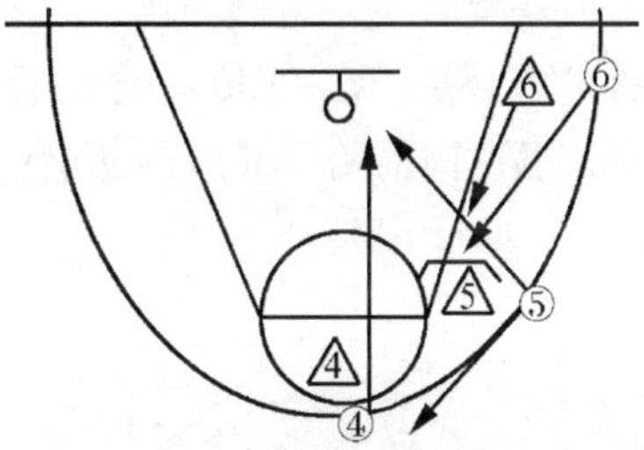

图 4. 1. 15

侧掩护是掩护队员站在同伴防守者侧面，用身体挡住防守者的移动路线，使同伴借以摆脱防守的一种配合方法。

示例：无球队员给无球队员做侧掩护。如图 4. 1. 16 所示，⑤传球给④后，去给⑥做掩护，⑥摆脱防守切入篮下，接④的传球投篮。④传球前要利用假动作吸引住自己的对手和调整配合的时间。⑤掩护后要及时转身跟进。

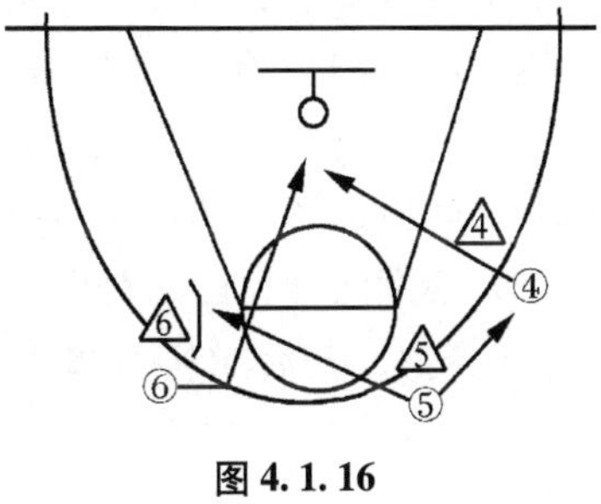

图 4. 1. 16

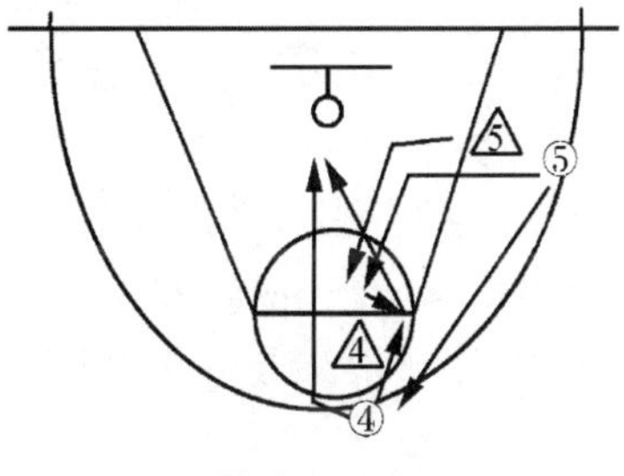

图 4. 1. 17

（4）策应配合。

策应配合是指进攻队员背对篮筐或侧对篮筐接球，由他做枢纽，与同伴相配合而形成一种里应外合的配合方法。

示例：如图 4. 1. 17 所示，⑤传球给④后，利用假动作摆脱防守，上提到外策应位置接④的传球做策应，④传球后摆脱防守，然后接球投篮或上篮。

策应配合要求：策应者要及时抢位要球，接球后，两手持球于胸前，两肘外展保护球。策应者如果身材高大，也可把球置于头上，要随时观察场上情况，以便及时把球传给处于最有利位置的同伴，同时注意自己的进攻机会，根据攻防情况，处理好内外结合的关系。在策应时，要用转身、跨步等动作协助同伴摆脱防守或个人进行攻击。配合队员要根据策应者的位置，及时把球传到远离防守的一侧，做到人到球到，并设法摆脱防守，准备接球。配合结束（投篮）后，两人立即跟进抢篮板球。

2. 防守基础配合

防守基础配合是两三个防守队员利用合理的技术、协调的动作破坏进攻的一种方法。

配合方法：防守配合包括挤过、穿过、绕过、交换防守、关门、夹击、补防等配合。

（1）挤过配合。

这是破坏掩护配合的方法之一。当对方掩护，防守队员在掩护队员接近自己时，要迅速向前跨出一步，靠近对手，从两个进攻队员之间侧身挤过，继续防守自己的对手。防守掩护的队员应及早提醒同伴并后撤一步，以备补防。

示例：如图 4. 1. 18 所示，④传球给⑥后，去给⑤掩护，④要及时提醒⑤，⑤在掩护队员接近自己时，迅速向前跨一步，靠近△5，并从△5与④之间侧身挤过，继续防住△5，此时，④应向后撤一步，以备补防。

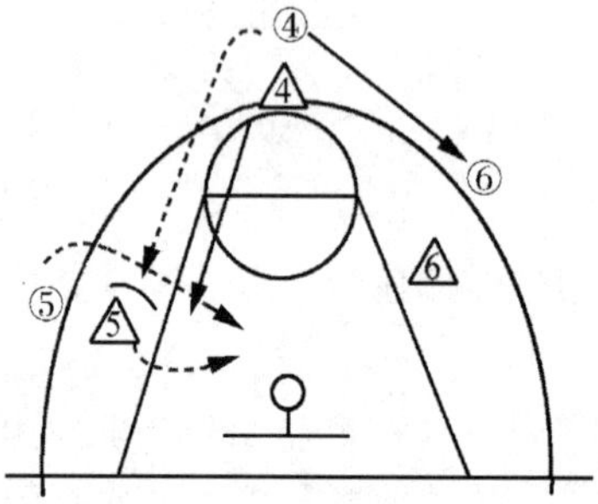

图 4. 1. 18

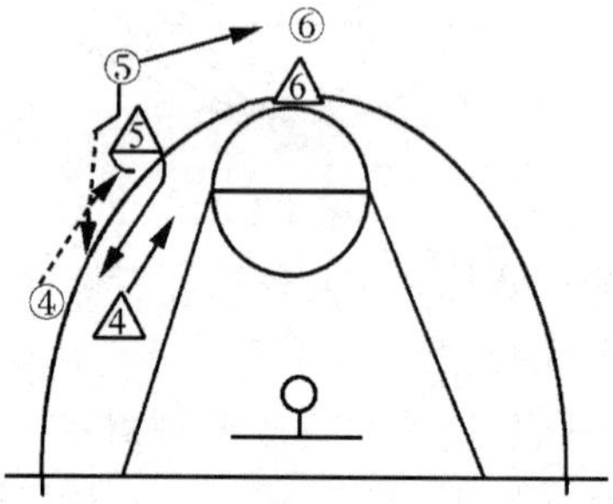

图 4. 1. 19

挤过配合的要求：挤过时要贴近进攻队员，上前抢步要快，防守掩护者的队员，要提醒同伴，并选择协防的有利位置，密切注意两个进攻队员的行动，及时做好补防的准备。

（2）穿过配合。

这是破坏掩护的一种方法。当进攻队员掩护时，防掩护者的队员及时提醒同伴并主动后撤一步，让同伴及时从自己和掩护队员之间穿过，继续防守自己的对手。

示例：如图 4. 1. 19 所示，⑤传球给⑥，④给⑤掩护，⑤后撤从④和△4中间穿过，继续防守自己的对手。

（3）绕过配合。

这是破坏掩护的一种方法。当进攻队员掩护时，防掩护者的队员贴近对手，让同伴从自己的身后绕过，继续防守自己的对手。

示例：如图 4. 1. 20 所示，④传球给⑥后，去给⑤掩护，⑤切入，⑤发现不便于挤过或穿过时，从④身后绕过，④要配合默契，主动贴近自己的对手，以便同伴顺利通过。

（4）交换防守配合。

这是破坏掩护配合的一种方法。进攻队员利用掩护已经摆脱防守时，防掩护的队员及时发出换防的信号，与同伴互换各自的对手。在适当时候再换防原来的对手。

示例：如图 4. 1. 21 所示，⑤去给④掩护，⑤要提示同伴，④被挡住时，⑤主动呼唤同伴换防，△5防守④的运球，⑤应迅速调整位置防守△4。

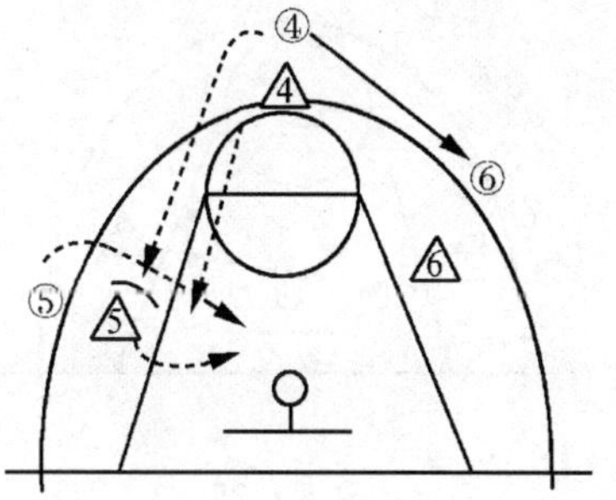

图 4. 1. 20

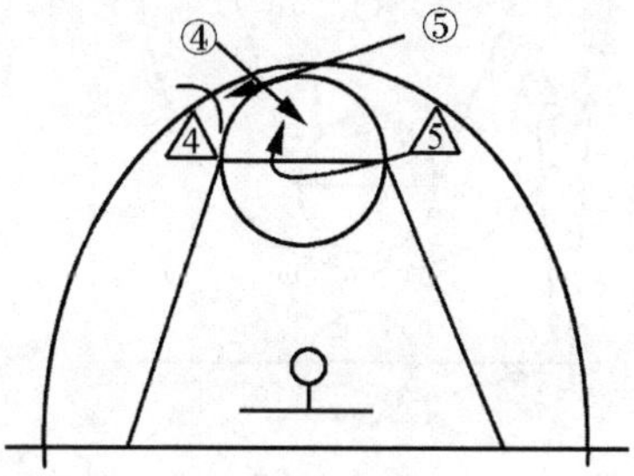

图 4. 1. 21

交换防守配合的要求：交换防守前，一般是由防守掩护者的队员主动提示同伴，换防时，动作要果断、快速。在适当时候再换回来，防守各自原来的对手，以免在个人力量对比上失利。

（5）关门配合。

这是两个防守队员协同防守突破的配合方法。当进攻队员运球突破时，防守突破的队员向侧后方移动挡住其移动路线，临近突破一侧的防守队员，应及时快速向突破队员的前进方向移动，与突破的队员靠拢，像两扇门一样关起来，堵住进攻者的前进路线。

示例：如图 4. 1. 22 所示，④向右侧突破时，△4和△6进行“关门”，向左侧突破时，△4和△5进行关门。

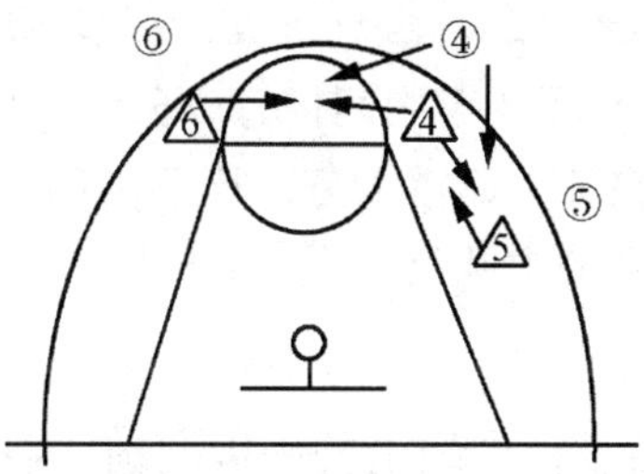

图 4. 1. 22

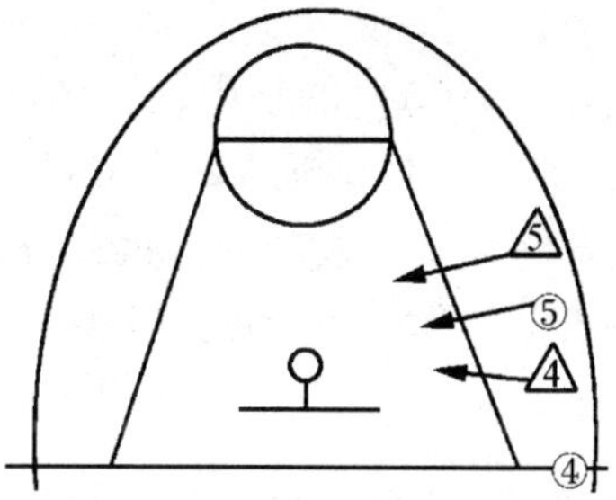

图 4. 1. 23

关门配合的要求：“关门”时，动作要快，配合要默契，二人要靠紧，不留空隙。与突破队员距离很近时，则可横移“关门”，堵截突破者的去路。

(6) 夹击配合。

这是两个防守队员防守一个进攻队员的一种配合方法。

示例1：如图4.1.23所示，④在后场掷界外球，△4放弃对④的防守，协同△5夹击⑤。△4面对⑤，积极封阻他从正面接球，△5在⑤的身后控制其快下的路线，并准备截断④的高吊球。△4和△5协同配合，防止⑤接球。

示例2：如图4.1.24所示，当④沿边线运球过中线时，△5突然迎上去迫使其停球，并协同△4夹击停球的④。

夹击配合的要求：当对方运球停止和持球队员处于各个场角时，要果断夹击，并积极挥动手臂，封阻其传球路线，不要盲目抢、打球，尽量避免不必要的犯规。

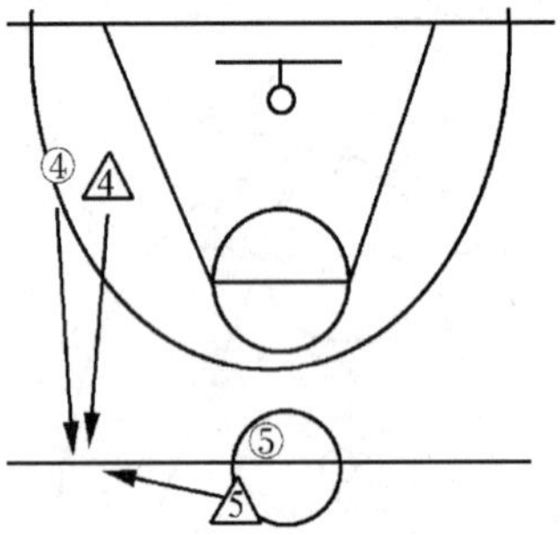

图4.1.24

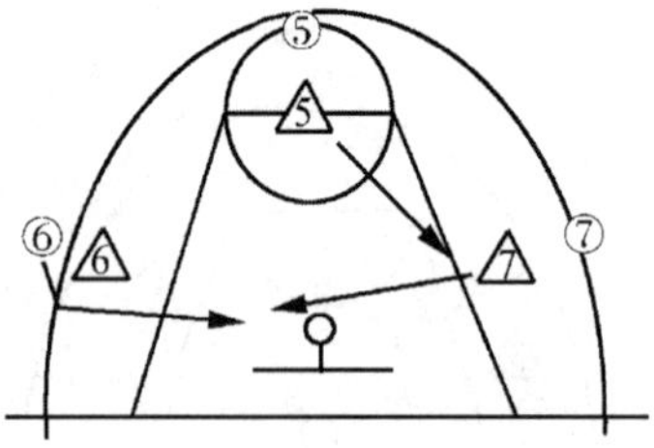

图4.1.25

(7) 补防配合。

这是两个防守队员之间的一种协同配合方法。当同伴被突破时，临近的防守队员立即放弃自己的对手，去补防那个威胁最大的进攻者，漏人的防守队员则要及时换防。

示例：如图4.1.25所示，当△6被突破后，△7应迅速补防⑥。△5应放弃⑤，撤到篮下，防止⑦切入篮下要球、投篮。

补防配合的要求：补防时，动作要快速，果断；其他防守队员要及时换防威胁最大的进攻者。

二、篮球比赛规则

(一) 比赛

根据国际篮联（FIBA）的规则，一场篮球比赛是由四节组成，每节10分钟，上下半场之间休息15分钟，第1节与第2节及第3节与第4节之间休息2分钟。比赛中，除了3分投篮区投中得3分以外，投球中篮得2分，罚球中篮得1分。比赛时间终了，双方得分相等时，应延长5分钟作为决胜期的比赛，直到分出胜负为止。

(二) 场地与器材

如图4.1.26所示，球场分中线、前场和后场，中线上的中圈和前、后场罚球区罚球线上的两个半圆半径均为1.80米。篮圈下面的矩形为限制区，通常称禁区。前、后场内的拱形弧线外的地区称3分投篮区，在拱形弧线外投篮命中得3分。

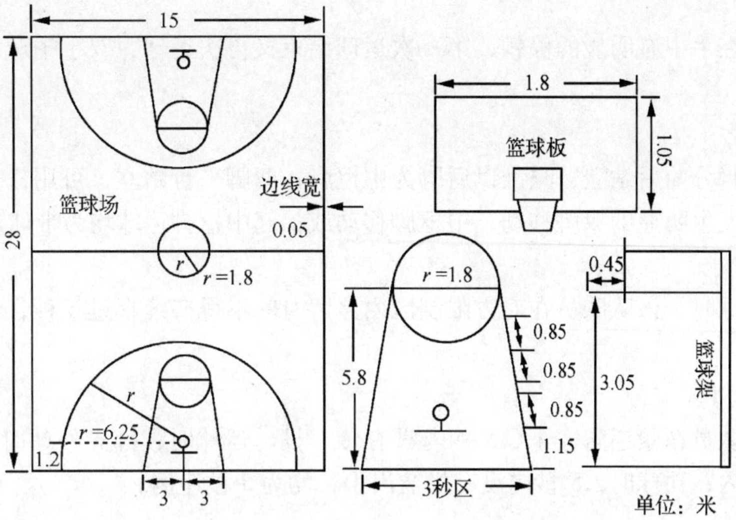

图 4. 1. 26

国际篮联对篮球场地的大小规定是长度为 28 米，宽度为 15 米，长边的界线叫边线，短边的界线叫端线。场中有跳球圈、限制区和 3 分投篮区。

篮圈距地面的高度为 3. 05 米，篮板的宽度为 1. 80 米，高度为 1. 05 米，篮板下沿距离地面 2. 90 米，罚球线距端线的距离为 5. 80 米。

篮球的外壳是用皮、橡胶或合成物质制成的暗橙色圆球，圆周不得小于 0. 749 米，不得大于 0. 780 米；重量不得少于 567 克，不得多于 650 克；充气后，使球从 1. 80 米的高度（从球的底部量起）落到球场的地面上，反弹起来的高度不得低于 1. 20 米，也不得高于 1. 40 米（从球的顶部量起）；球面的接缝或槽的宽度不得超过 0. 006 35 米。

（三）球队

每队为 12 名队员，有 5 名队员上场，并可根据规则的规定进行替换。

（四）替换

当发生争球、犯规、暂停、对方违例、队员受伤、裁判员中止比赛时，可以替换队员。一方换人，另一方也可以换人。换人的信号必须在球重新进入比赛状态前，由替换的队员发出。

（五）暂停

当发生争球、犯规、对方投中篮、违例、裁判员中止比赛时，可请求暂停。当一方暂停时，另一方也可要求暂停。暂停的信号必须在球重新进入比赛状态前由教练员发出。前 3 节每队可暂停 1 次，第 4 节可暂停 2 次。

（六）违例

1. 球出界

队员使球触及界线或界线外面的地面、人、障碍物及篮板背面为该队员使球出界。

2. 非法运球

运球时球在手中有明显的停顿，第一次运球结束又再次运球，双手拍球等为非法运球（两次运球）。

3. 带球走

接球时，脚分前后站立，只准以后脚为中枢脚；两脚平行站立，可用任何一脚做中枢脚。比赛中，发生明显的双脚移动，中枢脚移动或抬起中枢脚运球均为带球走。

4. 3 秒违例

某队控制球时，该队队员在对方限制区内停留时间不得持续超过 3 秒，但篮下连续投篮时不计 3 秒。

5. 5 秒违例

场内持球队员在紧逼防守下，5 秒内没有传、投、运球时；掷界外球时，5 秒内没有能将球传进场内；罚球时，5 秒内没有投篮出手，均为 5 秒违例。

6. 8 秒违例

在后场控制球的队必须在 8 秒内使球进入前场，否则为 8 秒违例。

7. 24 秒违例

控制球队，必须在 24 秒内完成投篮，否则为 24 秒违例。在一次进攻中，如球被对方打出界，则按 24 秒连续计时计算。

8. 球回后场

控制球的队员在前场不得使球进入后场，踏及中线和后场队员，不得接前场球队员的传球，亦不能直接从后场跑入前场接球，发生以上等情况，均为球回后场违例。

9. 拳击球和脚踢球

比赛中，队员用拳击球，故意踢球或用腿的任何部分拦阻球，均为违例。

10. 罚球违例

队员罚球时，踩线罚球，故意掷板或过早进入场地等均为罚球违例。

（七）犯规

犯规是违反规则的行为，发生犯规时，按照规则的有关条款进行处罚。

1. 侵人犯规

队员明显通过伸展臂、肩、髋、膝或过分弯曲身体成不正常姿势以阻挡、拉人、推人、撞人、绊人来阻碍对方进行的行为，均视为侵人犯规。发生犯规时，应登记犯规队员一次侵人犯规。如对不持球或未做投篮动作的队员犯规，由对方在就近点发界外球。对投篮队员的犯规，若投中，得分有效，再加罚 1 次；如投篮不中，判 2 次或 3 次罚球。

2. 故意犯规

队员蓄意造成的侵人犯规和危险动作，视为故意犯规。发生故意犯规时，执行两罚一掷的法则。

3. 技术犯规

当队员、教练员等用不道德的语言或行为干扰比赛或不尊重裁判员，应判技术犯规。发生技术犯规时，执行两罚一掷法则。

4．5 次犯规

队员个人在全场比赛中，各种犯规累计达 5 次时，必须自动离场，由其他队员替换。

每节比赛中一个队各种犯规累计达 4 次，从第 5 次开始再发生犯规，则判对方两次罚球。但控制球队犯规时不执行两次罚球。

（八）裁判手势

1．得分

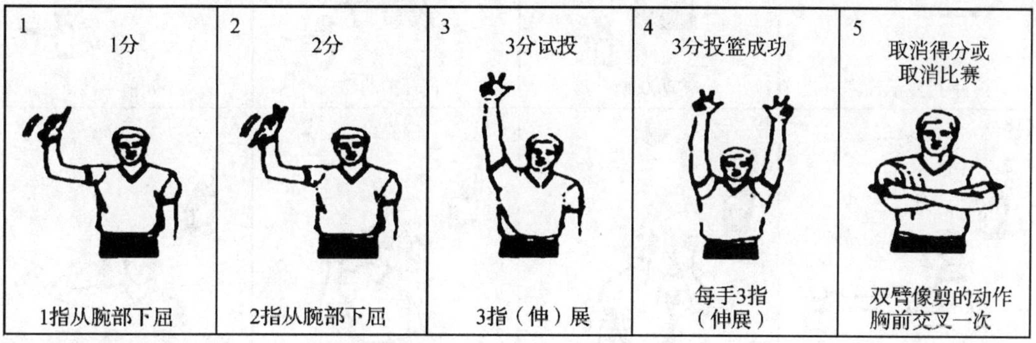

2．有关计时钟

3．管理

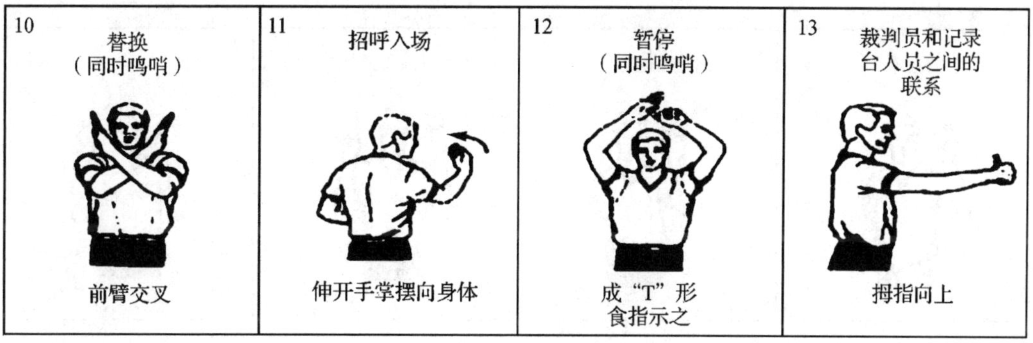

4．违例的类型

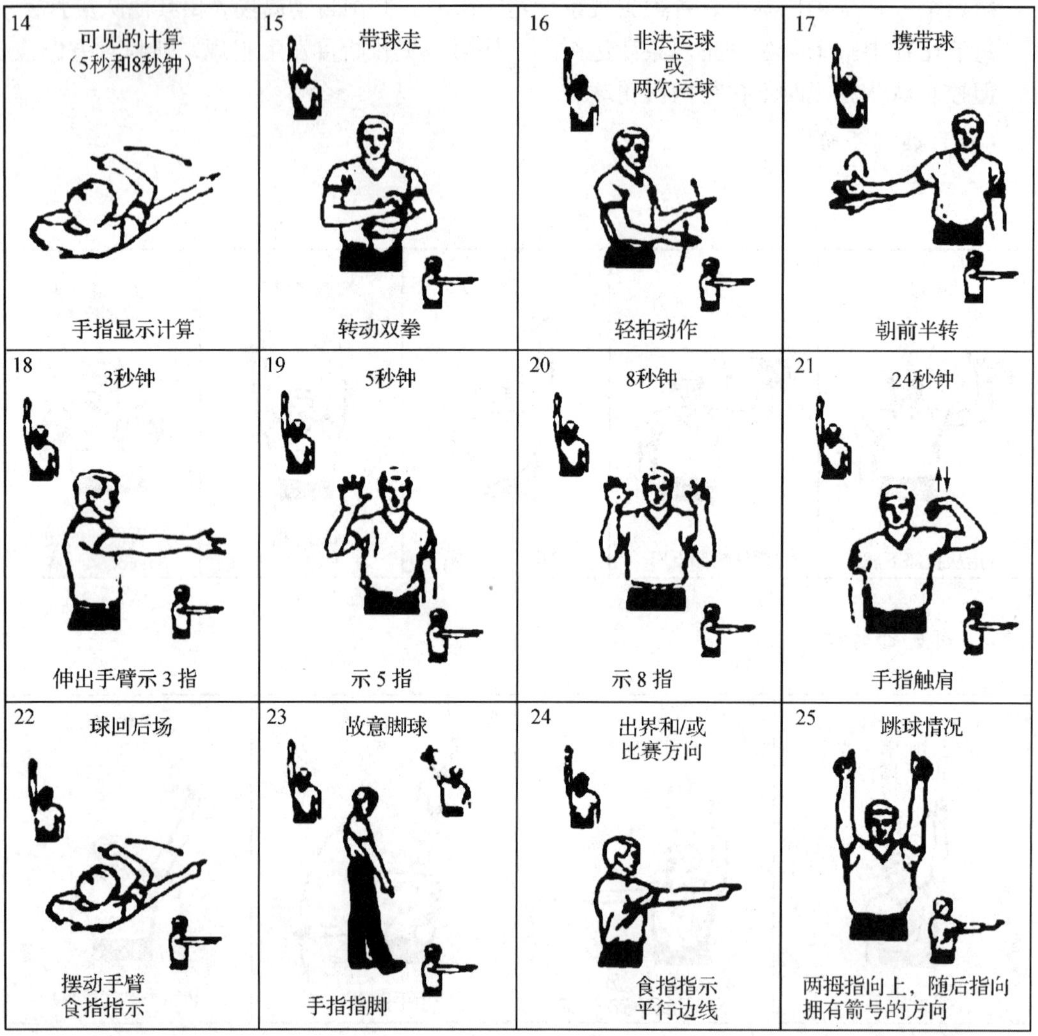

5．向记录台报告

第一步：队员号码。

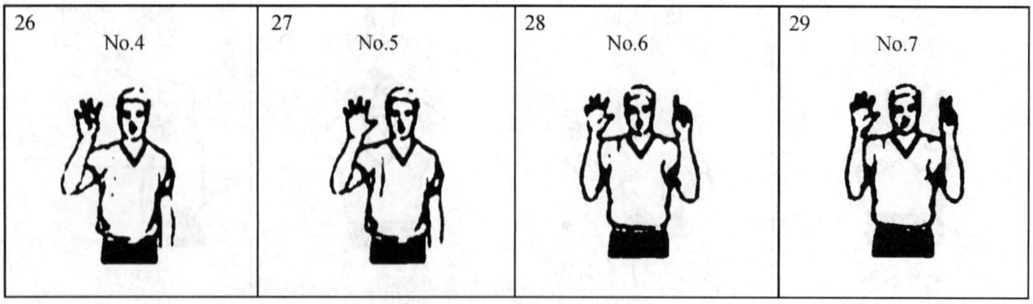

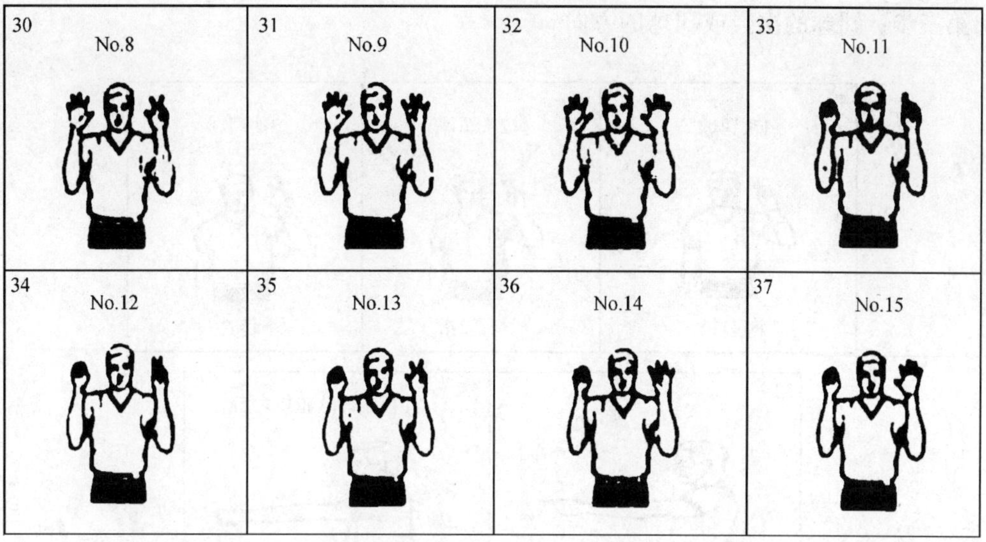
30
No.8
31
No.9
32
No.10
33
No.11
34
No.12
35
No.13
36
No.14
37
No.15

第二步：犯规类型。

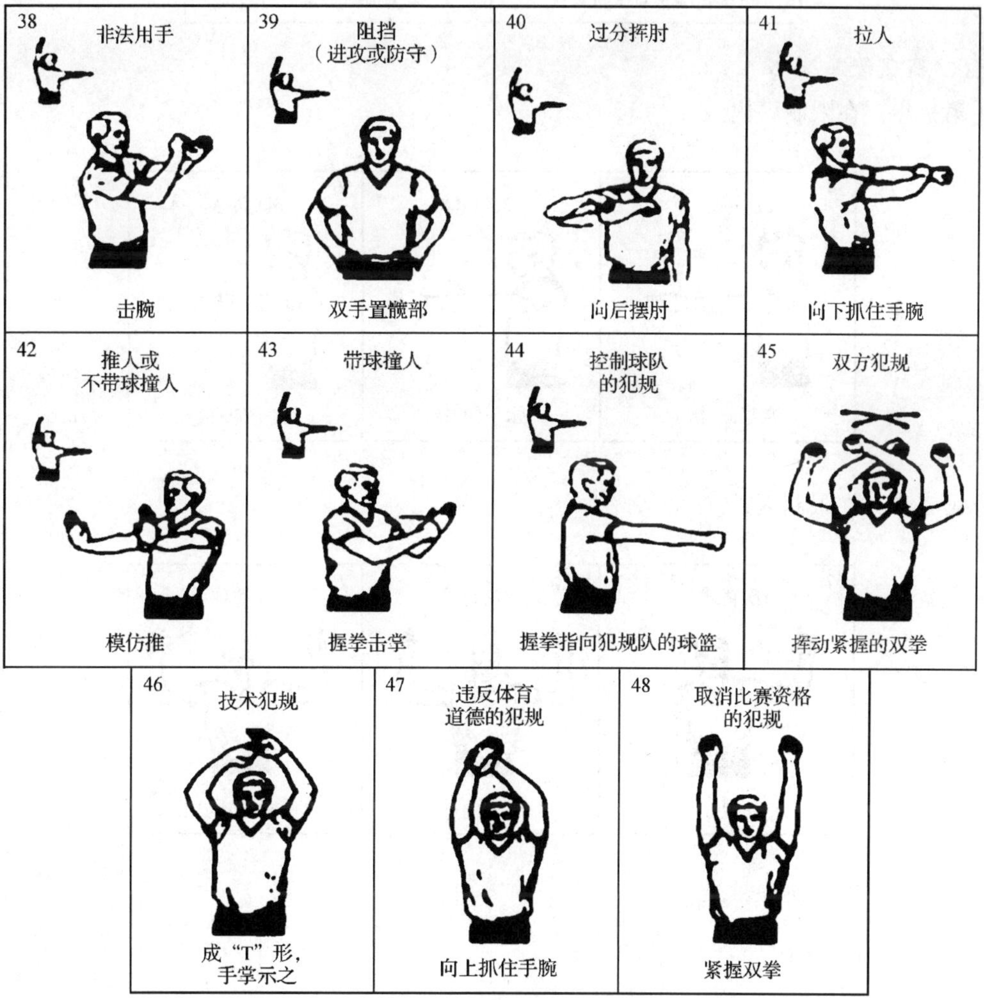
38
非法用手
击腕
39
阻挡
（进攻或防守）
双手置髋部
40
过分挥肘
向后摆肘
41
拉人
向下抓住手腕
42
推人或
不带球撞人
模仿推
43
带球撞人
握拳击掌
44
控制球队
的犯规
握拳指向犯规队的球篮
45
双方犯规
挥动紧握的双拳
46
技术犯规
成"T"形，
手掌示之
47
违反体育
道德的犯规
向上抓住手腕
48
取消比赛资格
的犯规
紧握双拳

第三步：罚球的次数或罚球的方向。

49 1次罚球	50 2次罚球	51 3次罚球

举起1指	举起2指	举起3指

52	53 在控制球队犯规之后

手指指向手臂平行边线	握拳指向手臂平行边线

6．罚球管理

第一步：在限制区内。

54 1次罚球	55 2次罚球	56 3次罚球

水平伸1指	水平伸2指	水平伸3指

第二步：在限制区外。

57 1次罚球	58 2次罚球	59 3次罚球

食指	手指并拢	每一手伸展3指

第二节 足球运动

足球运动是世界上最受人们喜爱、开展最广泛、影响最大的体育运动项目，被誉为“世界第一运动”。它最早起源于我国古代的一种球类游戏“蹴鞠”。“蹴”是踢的意思，“鞠”是球名。“蹴鞠”一词最早记载在《史记匪涨亓写》里，汉代刘向《别录》和唐人颜师曾《汉书·枚乘传》均有记载。到了唐宋时期，“蹴鞠”活动已十分盛行，成为宫廷之中的高雅活动。1958 年 7 月，国际足联时任主席阿维兰热博士来中国时曾表示：足球起源于中国。一场精彩的足球比赛，吸引着成千上万的观众和数以亿计的电视观众，有关足球消息的报道，占据着世界上各种报刊的篇幅，当今足球运动已成为人们生活中不可缺少的组成部分。据不完全统计，现在世界上经常参加比赛的球队约有 80 万支，登记注册的运动员约 4 000 万人，其中职业运动员约 10 万人。

近代的足球，最早在 19 世纪的英国产生。现在最知名的足球联赛是欧洲的五大联赛（意甲、英超、西甲、德甲、法甲）。

★ **重大国际比赛**

1. 奥运会足球赛

1896 年在希腊举行的第 1 届奥林匹克运动会上，足球是表演赛的项目。从 1900 年第 2 届奥运会起，足球被列为正式比赛项目。国际奥林匹克委员会章程规定，只有业余的足球运动员才能参加奥运会的比赛。1979 年又补充规定，欧洲和南美国家，凡参加过世界杯赛的运动员，一律不能参加奥运会足球赛。其他国家的运动员不受此限制。按规定，经过预选赛进入奥运会足球决赛阶段比赛的共 16 个队，即欧洲 4 个队，亚洲和非洲各 3 个队，北美洲、南美洲各 2 个队，再加上上届冠军队和本届举办国队。近几届决赛阶段的比赛是，先分 4 个组进行预赛，每组前 2 名再编成两组用交叉比赛的方法进行复赛。复赛中两个组的第 1 名决冠亚军，两个组的第 2 名争第 3、4 名。

2. 世界杯足球赛

国际足球联合会世界杯比赛（F. I. F. A. World Cup Competition），简称世界杯足球赛（旧译世界足球锦标赛），是由国际足球联合会统一领导和组织的世界性的足球比赛。每届比赛从预赛到决赛前后历时 3 个年头，参加预选赛的国家已近 100 个。它是世界上规模最大、影响最大、水平最高的足球比赛，也是世界上观众最多的体育比赛项目。

一、足球基本技术和基本战术

（一）足球基本技术

1. 颠球技术

颠球是学习足球运动的一把金钥匙，是初学者熟悉球性、提高兴趣、发展身体的协调性、提高对球的反应能力、学习和掌握其他基本技术的基础。在健身运动中，颠球也是一种很好的娱乐和锻炼身体的方法。

（1）颠球的部位与技术要领。

颠球一般有正脚背颠球、脚内侧颠球、脚外侧颠球、大腿颠球、头部颠球、肩部颠球、胸部颠球，触及身体约 12 个部位。本节重点介绍前 4 种。

① 正脚背颠球。从挑球开始，球放在脚前 30 厘米处，用脚向后轻拉球，当球的中心部位滚过脚趾时，立即向上挑起，颠球就开始了。颠球时必须触及球的底部。当颠球的高度在膝关节以下时，膝、踝关节要适当放松，并柔和地向前上方甩动小腿，脚尖稍翘起，将球颠起（图 4. 2. 1）。

1　2　3　4

图 4. 2. 1

② 脚内侧颠球。支撑腿膝关节微屈，身体重心在支撑脚上。当球落至膝关节高度时，颠球腿屈膝盘腿，脚内侧向上摆，脚内翻，轻击球的底部将球颠起，全身放松（图 4. 2. 2）。

1　2　3

图 4. 2. 2

③ 脚外侧颠球。支撑腿膝关节微屈，身体重心在支撑脚上。当球落至膝关节高度时，颠球腿屈膝内扣，腿外侧向上摆，脚外翻，轻击球的底部，将球颠起，全身放松（图 4. 2. 3）。

1　2　3　4

图 4. 2. 3

④ 大腿颠球。支撑腿膝关节微屈，身体重心在支撑脚上。当球落至髋关节高度时，颠球的大腿屈膝上摆，摆至水平状态时，轻击球的底部，将球颠起，全身放松（图 4. 2. 4）。

图 4. 2. 4

★ **颠球学练法**

初学者应以正脚背颠球练习为主。选项课的学生，以正脚背和大腿交替颠球练习为主。专项课的学生，以多部位交替颠球练习为主，逐渐发展到 12 个部位颠球。

颠球练习，不要单纯追求数量，应注意提高对球的方向、高度、旋转的控制能力培养。

2. 踢球

踢球是足球基本技术中最主要的技术之一。从脚与球接触部位不同而分为脚内侧、正脚背、脚背内侧、脚背外侧踢球。另外还有足尖、脚跟踢球等。不管哪种踢球都是由助跑、支持脚的位置、踢球腿的摆动、脚与球接触的部位、踢球后维持身体的平衡 5 个因素组成的。脚与球的接触部位是决定踢球质量的关键因素。

踢球技术动作。

① 脚内侧踢球。脚内侧接触面积大，出球平稳准确，常用于短传和射门，以及二过一的战术配合。

动作要领：踢球时，支持脚踏在球的侧后方 15 厘米左右，膝部微屈，踢球脚稍向后提起，膝关节外转，脚尖稍翘起，前摆时小腿加速，脚掌与地面平行，脚腕用力，用脚内侧（踝骨下面，跟骨前面）的部位，踢球的后中部（图 4. 2. 5）。

向左传球时（以右脚为传球脚，下同），传球脚脚内侧对正出球方向，由右向左侧摆，用推送或敲击的动作将球传出。向右传球时，以支持脚前脚掌为轴，上体向右扭转，使脚内侧对正出球方向推送球。空中球直接传球时，大腿在踢球前先抬起，小腿拖在后面，脚内侧对正出球方向，利用小腿摆动平敲球的中部。如要踢出低球或高球，可踢球的中上部或中下部。

图 4.2.5

② 正脚背踢球。

a. 正脚背踢球。因腿的摆动与髋、膝关节的结构相适应，便于加大摆幅和摆动速度，动作自然顺畅，脚与球接触面积也大，踢出的球准确有力。常用于中、远距离传球、射门等。

动作要领：正面助跑，最后一步稍大并要积极着地，支撑脚踏在球侧 10—15 厘米处，脚尖对准出球方向。踢球腿后摆放松，前摆时大腿带动小腿，在膝盖摆正至接近球的正上方的刹那，小腿加速前摆，脚面绷直，脚趾扣紧，用脚背击球的后中部，踢球腿提膝随球前摆（图 4.2.6）。

图 4.2.6

b. 正脚背踢反弹球。

动作要领：判断好来球落点，支撑脚踏在落球点的侧面，当球将要落地时，踢球脚小腿急速前摆，在球刚反弹离地时，踢球的后中部（图 4. 2. 7）。

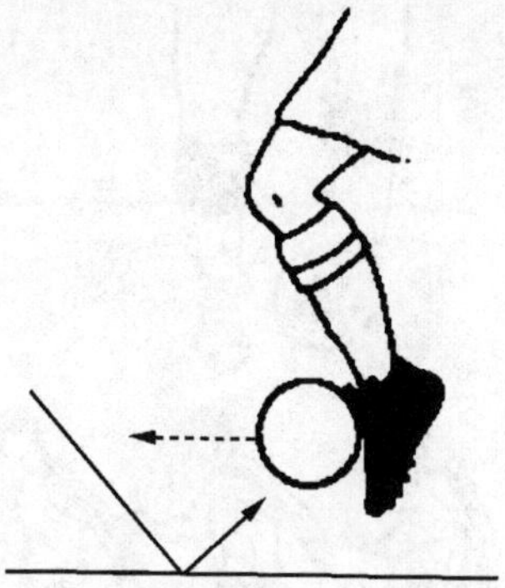

图 4. 2. 7

③ 内脚背踢球。用脚的大趾骨后方脚背的部位。腿的摆幅较大，出球有力，由于脚与球接触的面积大，所以踢球准确。适合于中长距离的传球与射门。

动作要领：斜线助跑，身体与球成 45°角，支持脚落在球的侧后方（踢平直球要踏在球的侧方）距球 25—30 厘米处，足尖指向出球方向。在支持脚着地的同时踢球脚以髋关节为轴，大腿带动小腿由后向前摆。当身体转向出球方向，膝关节摆至接近球的内侧上方的刹那，小腿加速前摆，脚面绷直，脚跟提起，用脚背内侧击球的后中部。出球后，踢球腿顺势前摆，两臂自然摆动（图 4. 2. 8）。

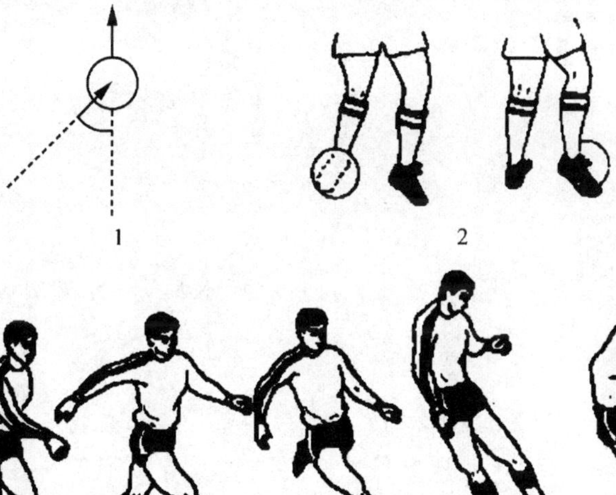

1 2

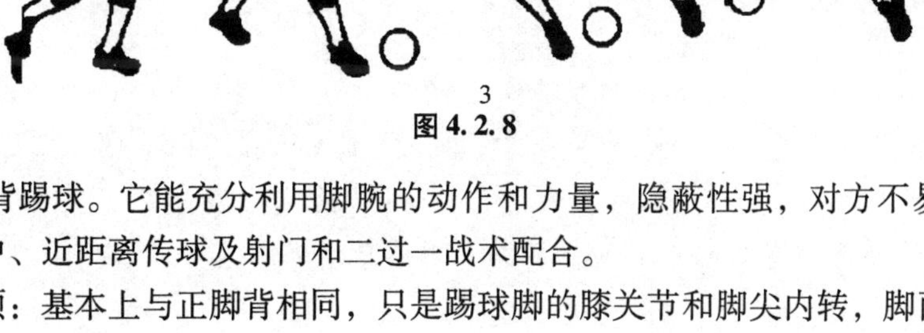

3

图 4. 2. 8

④ 外脚背踢球。它能充分利用脚腕的动作和力量，隐蔽性强，对方不易判断出球方向。常用于中、近距离传球及射门和二过一战术配合。

动作要领：基本上与正脚背相同，只是踢球脚的膝关节和脚尖内转，脚面绷直，脚趾扣紧，以脚背外侧触球。

踢弧线旋转球时，支撑脚踏在球侧约 20 厘米处，身体稍向支撑脚一侧倾斜，踢球的侧后方，踝关节紧张，用力切削球。踢球后，腿向侧上方摆出，以加大旋转力量（图 4. 2. 9）。

图 4. 2. 9

★ **踢球的练习方法**

个人练习方法：

（1）颠球。用正脚背、脚内侧、脚背外侧颠球，能够有效地提高“脚感”（脚的部位感觉和触球部位的感觉），有利于踢球技术的掌握。

（2）模仿踢球动作练习。体会动作要领，重点是支撑脚取位、摆动腿和身体协调动作。

（3）对板墙，距离 3—5 米，做各种踢球练习。

集体练习方法：

（1）两人一组，一人用脚掌着球，一人做轻踢球练习。体会动作及触球部位。

（2）两人或两队一组，相距 10—15 米，对踢定位球。进一步体会动作要领和触球部位。

（3）两人或两队一组，相距 10—15 米，踢迎面轻滚过来或抛来的球。

（4）3 人一组，三角传球，先做停球后再传球，再做不停球直接传球；先做原地的，再做跑动中的。

（5）两人一组 6—8 米跑动中的传球练习。

（6）3 人一组 20 米左右跑动中的传球练习。

（7）“斗牛”游戏。几个人围成圈传球。一人或两人在中间抢球，只要触到球或传接球失误，双方即换位置。游戏中可规定某种踢球动作和触球次数。

（8）2—3 人一组的传球练习都可以结合射门进行练习。

3. 停球

停球就是利用身体的合理部位把运行中的球停挡在所需要的控制范围的动作，其原理是泄力。准确地判断来球、触球的部位和触球瞬间的泄力动作（后撤或下撤）是停球技术中的关键。

停球技术动作。

① 脚内侧停球。脚触球的面积大，易停稳，便于改变方向和衔接下一个动作。停地滚球时，支撑脚膝关节微屈，停球脚正对来球，小腿放松，当球滚到身体下方时，触球的中部，若来球力量较大，停球脚随球后撤，把球停好（图 4.2.10）。

图 4.2.10

停反弹球时，支撑脚踏在球落点的侧前方。接触球时，停球脚小腿与地面成 45 度，小腿放松，当球刚落地反弹离地时，用脚内侧压推球的后上部，把球停在身前。

停空中球时，停球腿大腿高抬，膝关节外转，停球脚前迎以脚内侧对准来球，脚触球刹那，小腿放松，顺势向后下撤，将球停好。

② 正脚背停球。便于在快速奔跑中停球，同时也便于连接下一个动作，在停高空下落球时多采用。

动作要领：面对来球，支撑脚立于停球点侧后方，膝关节微屈。停球脚小腿前伸，以脚背对准正在下落即将触地的球，使球砸在放松的脚面上，即可将球停住（图 4.2.11）。

图 4.2.11

③ 脚外侧停球。脚外侧停球常与假动作结合起来做，具有隐蔽性，但重心移动较大。

动作要领：停正面来的地滚球，停球脚稍提起，膝关节和脚内转，以脚外侧对正面来球，在支撑脚的前侧接触球的侧后方部位，触球时向停球脚一侧轻拨，把球停在侧方或侧后方。

④ 大腿停球。用大腿的股四头肌的部位触球，面积大，停球稳准，动作较为简单，容易掌握，停空中下落的球时多采用这种方法。

动作要领：判断好球的落点，支撑脚立在停球点的侧后方。停球时，大腿高抬，小腿自然下垂，以大腿停球的部位对准来球，触球一刹那，大腿肌肉放松，并顺势向后下撤，把球停在体前（图 4. 2. 12）。

1 2 3 4

图 4. 2. 12

⑤ 胸部停球。用胸大肌之间的部位触球。触球面积大，位置高，停球稳，用途广。一般停空中下落球时多用挺胸方法。

动作要领：正对来球，两腿微屈，上体稍后仰，身体重心放在后脚或两脚之间。在球与胸接触一刹那，吸气，两脚蹬地，胸部迎球上挺，触球的后中下部，使球微微弹起，把球停在体前（图 4. 2. 13）。

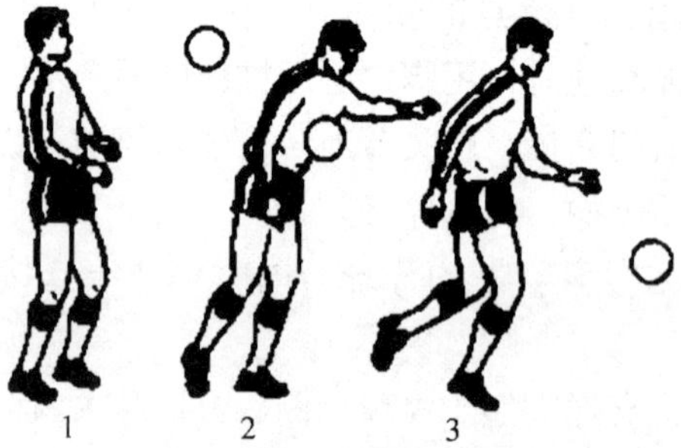

1 2 3

图 4. 2. 13

★ **停球学练法**

1. 颠球，最后一下颠过头顶，做停球练习。

2. 自己慢跑中，向前上方抛球，做停球练习；做组合停球练习，如大腿停球，再接做一个脚内侧停反弹球。

3. 两人一组，相距 6—8 米。原地稍做移动，停对面抛来的地滚球、平球、高球、反弹球。

4. 两人一组传接球，停迎面踢来的地滚球、平球、高球、反弹球。距离由近到远逐步增加。

5. 结合各种踢球练习做停球练习。

4. 运球

运球是运动员在跑动中，有目的地连续用脚推、拨球的动作，使球处于自己的控制之下，寻找传球、突破、射门的机会。一般常用外脚背和脚内侧运球。

（1）脚外侧运球。用脚外侧运球，便于快速奔跑和改变方向，十分灵活。

动作要领：运球时身体放松自然，跑动中运球脚提起，脚尖稍向内转，踝关节放松，在向前迈步将要落地前，用外脚背推拨球的后中部（图 4. 2. 14）。在做改变方向的运球时，如向右运球时，支撑脚在球的左侧后方，身体向右侧倾转，运球脚去推拨球的左侧。

图 4. 2. 14

（2）脚内侧运球。当接近防守队员要用身体掩护球时，多采用脚内侧运球。

动作要领：右（左）脚运球时，左（右）脚向前跨出一步，在球的前侧方落地，膝微屈，身体重心随着向前移动，上体前倾并稍向右转。右（左）脚提起用脚内侧推拨球的后中部（图 4. 2. 15）。

在变向运球时，常用两种办法，即用右脚内侧做直线运球时需要左侧运球，就用右脚背内侧扣拨球的前侧方；用左脚外脚背向左拨球，使球改向左侧，接着再用左脚脚内侧运球。

图 4. 2. 15

★ 运控球的学练法

1. 慢跑中，交替用两脚的内侧做直线运球，主要体会推拨球的动作。

2. 原地用脚内侧连续做横拨球，加转身 180°做连续横拨球。

3. 用两脚的内侧，做一步节拍的（一左一右）向斜前方运球。做 2 步节拍的向斜前方运球。注意身体重心的移动。

4. 动作同练习 3，但要做出一侧慢、一侧快的节奏来。做两步节拍快动作时，第 1 节拍推拨球后，运球脚不要落地，立即完成第 2 节拍的推拨球动作。

5. 用两脚的脚背外侧，做一步节拍的向斜前方运球。注意换脚时，运球脚先向外侧跨一步再换脚。做 2 步节拍时向斜前方运球。注意身体重心的快速移动。

6. 动作同练习 5，但要做出一侧慢、一侧快的节奏来。做两步节拍快动作时，第 1 节拍推拨球后，运球脚不要落地，立即完成第 2 节拍的推拨球动作。

7. 用一只脚的脚内侧、脚背外侧，连续做向里推、向外拨球的动作。再做出一侧慢、一侧快的节奏来。

8. 同 3—7 练习，增加一名消极防守者进行练习；结合射门的练习。

9. 在较小的区域内，多人进行随意运球。要抬头看人，人球兼顾，注意观察。

10. 结合运球、传球，做 3 对 3 或 5 对 5 的控制球练习。

（二）足球基本战术

足球运动是一项对抗性的运动项目，它是由进攻和防守这对矛盾所组成的。足球战术是指比赛双方为了充分发挥个人与集体的特长，进攻对方弱点，取得比赛胜利所采用的手段和方法。根据攻防的基本特点，足球战术可分为进攻战术、防守战术、比赛阵型三大部分。下面具体介绍几种战术。

1. 集体的局部配合进攻战术

集体战术是指两个或两个以上队员在比赛中为了完成全队攻防任务而采用的局部协同作战的配合方法，它包括“二过一”战术配合、“三过二”战术配合和反切配合等进攻战术。

（1）“二过一”战术配合。

顾名思义，“二过一”是两个进攻队员，通过传球配合突破一个防守队员。“二过一”是集体配合的基础，可以在任何场区、任何位置上运用这种方法来摆脱对方的抢截或突破防线。“二过一”是进攻的两个队员之间相距 10 米左右，进行一传一切的配合。要求传球平稳及时，一般多用脚内侧、脚外侧等脚法，传地平球为主。传球的位置，尽可能是接球人脚下或前面二三步远的地方。

（2）“三过二”战术配合。

“三过二”是在比赛中局部地区 3 个进攻队员通过连续配合突破两个防守者的防守。由于这种配合有两个同队队员可以同时接应传球，因此使持球人传球路线更多，且进攻面扩大。

2. 全队进攻战术

全队进攻战术是指比赛中一方获得球后，通过队员之间的传递配合达到射门的目的而采用的配合方法。与局部进攻战术相比较，全队进攻战术的进攻面比较广，如参加进攻和快速反击等。

（1）边路进攻。

利用球场两侧地区发起进攻的方法叫边路进攻。边路进攻是全队进攻战术的主要形式之一，其主要特点是有利于发挥进攻速度，打破对方防线制造缺口。

（2）中路进攻。

中路进攻是利用球场中间区域组织的进攻，这种进攻虽能直接射门，但难度最大，因中路防守最为严密，前面的攻击手必须是反应极其敏锐、意识强、技术高、敢于冒险、速度快和善于路位策应的队员。

（3）快速反击。

比赛中当攻方进攻时，后卫线往往压至中场附近，防守人数也由于插上进攻和助攻而相对减少，此时如能抓住对方防区空隙较大和回防较慢的机会，乘其失球发动快速反击，往往能取得良好的效果。

快速反击是最有威胁的进攻手段，有效的进攻在于突然快速地反击，但其难度较大，既要冒险，又要有准确、快速的传切配合技能。快速反击要有组织，配合要极为默契，必须进行专门性的训练，否则很难在比赛中实施。

3. 定位球战术

定位球战术是指在比赛中，利用“死球”后重新开始比赛的机会组织进攻与防守配合的战术方法。定位球战术包括中圈开球、角球、任意球、点球、掷界外球等。

在势均力敌的高水平比赛中，定位球战术有时起决定胜负的作用。在配合上要利用简练的一次配合取得射门机会，配合越复杂成功率就越低。故要进行专门性的练习，才能在比赛中奏效。

4. 集体的局部配合防守战术

（1）补位。

补位是足球比赛中局部地区集体配合进行防守的一种方法。当防守过程中一个防守队员被对手突破时，另一个队员则立即上前进行堵封。

（2）围抢。

围抢是指比赛中在某局部位置上，防守一方利用人数上的相对优势（通常是两三个队员同时围堵对方的持球队员），以求在短暂时间内达到抢断或破坏对方的目的。

（3）造越位战术。

造越位战术是利用规则而设计的一种防守战术，是一种以巧制胜的省力打法，因而成为一种重要的防守手段。但由于其配合难度较大，搞不好会适得其反，让对手钻空子，因此该战术往往是为水平较高的球队所采纳。

5. 全队防守战术

防守战术可分为两种基本类型：盯人紧逼防守（人盯人防守），即在规定的范围内盯人紧逼，不交换看守；区域紧逼防守（盯人和区域相结合），即现今流行的综合防守，紧逼和保护相结合，在个人的防区内紧逼，作交替看守。盯人防守即各自都有明确的防守对象，如对方左边锋大幅度地斜插至右路，则右后卫紧跟盯防，不交替看守。防守最根本的原则是紧逼和保护。只有紧逼才能有效地主动抢断，压制对方技术的优势而获取主动权；保护是为了更好地紧逼和控制空当。

6. 比赛阵型

（1）阵型的发展和演变。

为了适应攻守战术的需要，全队队员在场上的位置排列和职责分工，称为比赛阵型。各阵型的名称是按队员排列的形状而定。自 19 世纪中期世界上有了第一个足球比赛阵型至今日的“四三三”“三五二”“四二四”等阵型，以及某些球队所采用的“水泥式”“锁链式”等阵型，都是沿着一个客观规律演变和发展的。

（2）各个位置的职责。

① 边后卫的职责。边后卫主要是要防守对方的边锋以及其他进攻队员在边路的活动，破坏对方由边路发动的进攻。同时还可利用插上助攻式运球来直接威胁对方球门。

② 中后卫的职责。中后卫有突前中后卫和拖后中后卫之分。前者主要任务是盯守对方突前的最有威胁的中锋，因而又被称为盯人中后卫；后者则主要担负整个防线的指挥任务，其站位经常处于其他防守队员后面，一般被称为自由中卫。

③ 前卫的职责。前卫通常称为中场队员。中场是一个非常重要的区域，控制了中场也就是得到了比赛的主动权，因此比赛各队往往都在中场投入较大力量。

7. 特殊战术分析

特殊战术主要指位置战术和定位球战术两大方面。位置战术涉及不同位置队员战术运用职责的特定要求。定位球战术是在死球状态下所进行的一次攻守角逐，球的状态、攻守准备时间及完成既定战术计划的条件等方面，都与一般攻守战术存在不同点。之所以把它们作为特殊战术来分析，是因为除了它们在运用中都包含着攻守各个因素和需遵循攻守各个原则之外，各自还有其独特性。

（1）位置战术。

位置战术主要指场上不同位置队员的战术运用。它包括拖后中卫、盯人中卫、边后卫、前卫、中锋、边锋等位置战术。为了便于队员正确理解各位置职责并在实践中灵活合理地履行职责，应明确下列三个问题：

第一，由于全面型足球所带来的位置活动高度灵活，因此，任一位置的战术职责都不是局限于攻或守某一方面。

第二，尽管每一个位置上的队员可能在比赛中活动到其他位置，但总有其主要职能特点，位置战术职责主要针对其主要活动形式而言。

第三，位置战术职责不限制队员超越职责范围活动，根据场上需要和自身能力，各位置队员可创造性地发挥主观能动性。

下面就各具体位置做如下战术分析：

① 拖后中卫位置战术。

拖后中卫在场上是守门员位置之前的最后一道防线。在防守中，其主要职责是补位和指挥。在对方进攻时，他应当能清楚准确地告诉同伴怎样组织防守、盯住哪些有威胁的对手；当同伴被突破时，他应当能灵活及时补位。为了确保拖后中卫防守战术成功，作为拖后中卫应当具备下列能力：

a. 敏锐的预测力和洞察力；

b. 令同伴信服和尊重的控制比赛能力及组织才干；

c. 丰富的临场比赛经验和稳定的情绪特征；

d. 良好的争顶球、抢截球、选位意识和快速起动速度。

拖后中卫在现代比赛中也具有进攻职责，他的突然插上常常给对手以措手不及之势，他的压上组织进攻常常可以创造人数优势，他的良好判断力和头球能力常常能在角球和任意球中破门得分，他的长传也常常可构成快速反击的卓越战机。上述这些也是拖后中卫应尽的职责范围，若想很好地做到这些，拖后中卫还应具备下列条件：

a. 强烈的进攻意识和奔跑体力；

b. 准确的长传和善于捕捉战机的能力；

c. 有力而准确的远射能力。

拖后中卫具有攻守双重职责，但主要战术职责仍为防守。因此，拖后中卫的进攻必须谨慎小心，讲究成功率和突然性，且在进攻时，必须有其他队员暂时的补位。

② 盯人中卫位置战术。

盯人中卫的主要战术职责是盯住位于门前中路的进攻得分手，由于这一区域随时伴有对方射门的可能性，因此，这一位置的防守任务也是极为重要的。做好盯人中卫位置防守战术时，必须具备以下条件：

a. 具备全面的抢断球技术，包括空中争顶、抢先断球、脚下抢铲、贴身盯人等；

b. 具备良好的灵敏度、体力、起动速度和爆发力等素质；

c. 具备稳定的情绪、果断的判断力和勇敢顽强的作风等心理素质；

d. 具备清楚的位置意识。

盯人中卫位置在进攻上也具有重要作用，其主要表现在发动长传快速反击，突然插上抢点射门以及时而参与中场进攻组织等方面。在进攻上，盯人中卫应具备以下能力：

a. 准确地传球和快速运球推进能力；

b. 头部和脚下的劲力射门能力；

c. 连续快速的奔跑体力；

d. 突然性行动时机的掌握能力。

③ 边后卫位置战术。

边后卫防守的主要职能是：盯住进入本防区的进攻队员，不让对手个人运球突破或通过配合突破，保护中路防区。当球在异侧活动并且中卫队员靠向异侧时，及时向中路靠拢；当中路被突破时迅速补位，同其他后卫队员保持默契联系；当拖后中卫制造越位时，应同步行动。为了完成这些防守职能，边后卫必须具备以下能力：

a. 具备全面的抢、断、铲球技术；

b. 具备急转急停能力、良好的起动速度和爆发性力量；

c. 具备良好的整体、局部防守意识和机敏的选位能力；

d. 具备勇敢顽强的拼搏精神。

在进攻方面，边后卫的战术职能主要表现在：

a. 参与中场进攻的组织，创造以多攻少的战机；

b. 与中场和锋线队员配合，沉底传中或斜插射门；

c. 个人快速运球推进传中或斜插射门；

d. 参与各种定位球的进攻。一般说来，运、传球技术，战术配合意识和善于奔跑的体力是实现有效进攻的基础，而最为关键的则是进攻时机的掌握。

④ 前卫位置战术。

前卫作为锋线与卫线间联系的桥梁，具有进攻和防守双重职能。一个队的攻与守是否平衡，很大程度上取决于前卫位置战术的运用。前卫的进攻职责，主要体现在组织指挥和自身参与进攻两个方面。前卫队员应当善于根据比赛的具体情况，灵活地采用长传和短传为同伴送球，巧妙地运用控球和快攻改变比赛的节奏，并能有意识地变换进攻方向，同时，还应当随机应变地积极投入进攻，运用插上射门、套边传中、带球突破以及局部渗透配合等手段，直接构成对球门的威胁或破门得分。

做好一个前卫，必须具备下列基本能力：

a. 具有娴熟、准确、全面的技术和不竭的奔跑体力；

b. 有洞察纷乱局面的敏锐视觉、聪明理智的头脑和灵活机警的战术应变思维。

在防守中，前卫应当担负起降低对方进攻速度并力图在中场乃至前场就夺回控球权的任务。前卫队员必须认识到，作为前卫，一旦被对手突破，后卫便会压力重重，而球门则会直接受到威胁。因此，作为前卫队员在防守上还必须具备以下能力：

a. 个人抢断和与同伴夹击、围抢的能力；

b. 在整体和局部防守意识支配下的保护与补位能力，诸如前卫间的相互补位，与后卫间的保护与补位等；

c. 迅速转入防守的奔跑体力和防守意识。

以上攻守职能是一名前卫必须具备的基本条件。但从阵型来看，通常都配有 2—4 名前卫，并规定各自的侧重职责。一般说来，这种侧重常见以下三种类型：

第一种：侧重组织指挥的前卫。这种前卫的最主要职能是在场上组织同伴进攻，作为组织各种有效战术配合的枢纽人物。其主要特长表现在：善于指挥，具有聪明灵巧的头脑、敏锐的观察和预测力以及与之相配的技巧水平，能把同伴组织成一体。

第二种：侧重进攻的前卫。这种前卫相对来说更注重于进攻方面。他通常与锋线队员共同渗透防守，或个人突破或突然插上，或运用出其不意的远射。进攻时，他的活动区域更接近锋线，频繁地跑位于锋线附近，创造空档，制造射门时机。他除在进攻中需具备一定的组织能力外，射门、过人、灵活的跑位、局部配合意识及技巧，都是其必不可少的能力。

第三种：侧重防守的前卫。这种前卫在进攻中通常位置稍居后，防守时通常置于中卫之前，虽然不排斥并且要求他参与进攻和组织进攻，但主要职能仍是以中场防守为主。他应当能组织好中场的防守，能随机弥补后卫线的漏洞，该种前卫一般具有强烈的责任感、积极防守的意识与技巧，具有较强的奔跑力和强健的体质。当遇到对方在中场有显赫的核心人物需要紧盯时，这一任务通常由此种类型的前卫来担负。

⑤ 中锋位置战术。

中锋的主要任务是破门得分和为同伴创造中路得分的机会。中锋的进攻形式是灵活多样的。为了胜任其职责，中锋队员应具备下列能力：

a. 中锋必须具有强烈的射门意识和把握射门时机以及决、准、报完成射门的技巧；

b. 必须具备突然摆脱对手的动作速度、起动速度和难以捉摸的行动意识；

c. 必须拥有保证个人行动和与同伴配合效果的控、传、运、争顶球等娴熟技巧和即兴创造力；

d. 必须具有敏捷洞察局势并能依局势灵机跑位，牵制对方行动的有效穿插能力；

e. 由于中锋作为进攻中的“尖刀”，守方对其逼抢甚凶，因此中锋也必须具备强壮的体魄、勇敢顽强的拼抢精神和屡败不馁的自信心。

中锋在进攻中应当始终关注射门的每一时机，但中锋绝不可把精力完全付诸个人的射门上。中场队员应明白，基于中锋所处的位置特点，自身每一细微行动都可牵动对方的防守，从而能给同伴创造很大的进攻及射门机会。当由攻转守时，中锋也应成为一个真正的防守者。作为第一道防线，中锋应积极干扰破坏对方的进攻。如果对手进攻发动于自身附近，中锋应迅速跟上延缓对方推进速度，防止对方发动快速反击或见机行事，积极干扰和拼抢，迫使持球者无法组织进攻。

⑥ 边锋位置战术。在一个队进攻战术的直接效果上，边锋常表现有举足轻重的作用。边锋在进攻中主要战术内容有三个方面：一是外围或下底传中；二是斜线突破射门，包抄射门或远射；三是与前卫、中锋和边后卫换位配合进攻。从技术上来看，边锋更强调传球的准确性、控球过人的灵巧性、射门的准确与有力等。

从身体素质、心理素质等方面来看，边锋更突出于机智的晃动摆脱和疾驰如飞的速度。边锋还需要勇敢善战、不屈不挠的冒险和进取精神。在防守上，边锋与中锋一样，担负着第一道防守的重任，其主要职能是干扰、堵截及抢断球。当对方发动进攻在左右两边并靠近自己位置附近时，应上去延缓对方进攻速度，干扰其进攻效果，如果时机许可，应积极断抢。每一锋线队员应清楚明白，作为边锋在前场抢下球后的进攻，常会使对手措手不及，起到意想不到的效果。当由攻转守时，如果同侧边卫压上助攻不能及时回位，边锋也应有意识地补位帮助防守。

（2）定位球战术。

定位球战术是指死球状态下的攻守战术运用。它包括任意球、角球、掷界外球、球门球和中场开球战术。定位球战术在现代足球比赛中的作用和效果极为重要，尤其是任意球和角球时常左右赛势与胜负。定位球战术之所以是足球战术中的重要组成部分之一，这与定位球战术的本身特点优势有着密切关系。

其一，定位球战术在开球前有充足的准备时间，在此时刻，每一进攻队员可以根据对手情况随意灵活地选位和商量进攻对策或者具体细致地布置安排既定的进攻计划。

其二，无论进攻者是即兴商定战术打法还是有目的地执行既定战术计划，防守者都无法知其内容，这样，如果进攻者能准确如愿地执行这些战术配合，必然会出其不意，使防守者措手不及，易于取得成功。下面就各定位球战术在进攻和防守中的实施做具体分析。

① 任意球战术。

a. 任意球进攻战术。任意球进攻，特别是前场任意球进攻，是当今足坛破门得分的最锐利的武器之一。在比赛中常用的进攻方式有三种：一是直接射（直接任意球）；二是两人配合射；三是三人或三人以上配合射。

任意球进攻方式的选择，主要取决于队员特点和场上的具体形势。一般来说，在发任意球时应遵循以下几个原则：

第一，任意球机会在高水平比赛中甚为难得，组织进攻必须考虑周密，认真对待，力争成功。

第二，任意球进攻时，任一队员只要有可能直接射门就应直接射门，不必要弄华而不实的骗术。

第三，任意球进攻过程应尽可能快速，每一队员都应尽量排除不必要的传、带球。

第四，发任意球前，场上每一队员应根据位置特点和赛前布置及时到位。

第五，前场任意球失败后，每一队员必须迅速回位。

b. 任意球防守战术。当对方在中后场发任意球时，防守队员需要很好地组织和站位。如果在前场发任意球，则必须要排人墙。排墙队员的人数取决于球所处的位置。一般来说，球在球门正中方向，排6名队员；球与门成70度左右，排5名队员；球与门成40度左右，排4名队员；球与门成20度左右，排2名队员。每个队员也可根据攻守双方队员特点和防力及场上具体情况做适宜的增减。在排人墙时，一般第一个队员应站在球与近门柱的连线上，若为防止对方弧线射门，可指定越墙的第二个队员站在此连线上。人墙的第一个队员为能精确地站位，他应与守门员保持联系。此外，该队员的身材应高些，这有助于更好地保护球门近角上端。每一排的队员必须贴紧站立，以防球从人缝中穿过球门。球门近角由“墙”封堵，守门员站在球门远角并保证能观察到踢球队员及其附近队员的活动。

排墙队员以外其他队员的站位原则：一般是头球好的防守者盯住对方空中争抢能力强的队员；中锋盯住对方的盯人中卫或拖后中卫；其余队员或者盯住自由进攻者或站在墙的侧后起保护作用；另外派一名速度较快且反应快的队员站在中线附近准备反攻；一旦抢下球，应尽可能迅速激发动快速反击。任意球中也包含“点球”，在罚点球时，进攻队员应注意补射，守门员应注意脱手或碰球门往反弹后的第二动作，其他防守队员应注意在守门员脱手或被球门柱反弹回来后冲上解困。

② 角球战术。

a. 角球进攻战术。角球如同任意球一样，也是易于破门得分的锐利武器之一。在组织角球进攻中，站位的基本原则是，队员分布禁区内和附近区域，力争获得更多的进攻点。站位形式有：一是由球门区近创角、罚球点和罚球区远角的三点所构成，形成进攻的宽、深度；二是略居第一条线之后，以便获得同伴过踢球和对方顶出的短距离球。有时角球进攻中根据战术需要，角球区附近也站一名队员，他或为短传配合或为诱惑防守者，分散中路防守的注意力。

角球进攻的方式通常有四种：一是内弧线球至近球门柱或远球门柱；二是外弧线球至近门柱或远门柱；三是低平球或高吊球至近球门柱或远球门柱；四是短传配合。

在选择以上角球进攻方式时，首先需考虑的是对方队员和本方队员特点以及对方站位形式。一般说来，当防守者具有强于本队的空中争夺能力或队员集中于门前时，最好避免直接长传至门前。此外，角球进攻方式还需要考虑到阳光、风力等气候因素。特别值得提出的是，角球进攻方式应尽可能有变化，因为只有不断地变化，才可造成守方防不胜防，措手不及。在各种长传球至门前时，如果没有直接顶或射门的机会，触球者应通过头或脚把球传给位置较佳的同伴。由于角球进攻时大多数队员涌上前场，因此，当对方从角球进攻中抢了球时，每一队员要及时回防到位，以防对手快速反击。

b. 角球防守战术。在角球防守的成败因素中，站位和盯人是重要的环节之一。对角球站位和盯人一般应掌提好以下几个原则：

第一，守门员站在靠近远离端门处附近。这种选位主要是便于观察场上情况和出击。

第二，一名防守队员站在近端门处。他可以封住前角，防止进攻者发内旋球射门和限制近角附近进攻队员的战术行动。

第三，罚角球同侧的一名边锋防守队员，应站在罚角球队员的前面。他可以阻止或至少干扰对手发快速的低平球、迫使对方发高球。而高球对守方队员包括守门员是极为有利的。

第四，空中争顶能力强的防守队员盯住头球好的进攻队员。

第五，一个决而运球技术好的队员站在中线边上，他的主要任务是在本方抢下球后作为“目标人”接球，在对方防守组织好之前，发动快速进攻。

第六，其余队员根据本队战术思想和未被盯进攻者的站位情况，分别选位和盯人。

掌握好正确的站位和盯人的原则是有效防守的基础，但为了保证好的站位和盯人表现出实际效果，角球防守时还应注意以下几点：

第一，每一盯人者与被盯者的距离应保持适当。一般说来，他应尽可能站在既能观察到对手和球，同时又能抢先于对手之前接触球的位置。

第二，当对方发球时，每一防守者切勿把目光集中于球上而忽略了被盯者的行动。

第三，由于角球攻守中，门前攻守队员较多，防守者在触球时应尽量干净利索地处理球，以免因控制球失误而给球门造成危险。

第四，在门前争夺中，防守者既需勇猛，但又要小心，以防犯规而造成悔恨不及的罚点球。

第五，在抢下球后，拿球者应尽快发动进攻，其余队员应迅速补上。

③ 掷界外球战术。

a. 掷界外球进攻战术。掷界外球进攻战术明显效益通常表现于前场。由于掷界外球不存在越位问题，进攻者灵巧的跑位加之快速、相熟的配合，常常能使防守阵脚混乱，取得良好的进攻效果。因此，在定位球战术中，掷界外球进攻战术也是人们极为重视的战术内容之一。

掷界外球进攻的方式主要有四种：一是接球者运球或同伴配合沉底传中；二是接球者长传转移或与同伴配合长传转移；三是接球者与同伴配合推进；四是发球者掷球于门前或禁区附近，创造直接威胁球门的进攻配合。

队员在掷界外球时，选择进攻方式和发动进攻应尽可能快，这有助于在时间上瓦解对方防守组织布置的严密性。对于接应者来说，由于对方盯人很紧，一是摆脱能力和对周围局势的洞察力要强；二是决定运用个人持球突破还是与同伴配合等，战术思维速度和行动要快。一般说来，掷界外球进攻的效益，主要是由正确的战术方式选择、配合过程的技术水平以及进攻队员即兴应变力所左右的。

b. 掷界外球防守战术。在前场掷界外球时，除一至两名队员置于中场准备反攻外，其余防守队员都应回位防守，由于掷界外球进攻的方式多样，合理地选位是特别重要的。一般说来，掷界外球异侧的防守队员应适当向中路靠近些，以便给向掷界外球一侧靠近的中路防守队员提供保护和减小相互间的空档距离。在防守中，对掷球队员附近的进攻队员和门前队员应紧盯，严格限制其自由行动，特别应防范对方向门前掷球的进攻配合，应注意安排头球好的队员盯住对方争顶空中球能力强的队员。

④ 球门球战术。

球门球战术在比赛中的进攻效益不太显著，这主要是由发球区域的位置特点所决定的。

球门区战术进攻的形式通常有三种：一是与守门员配合后由守门员发动进攻；二是中短传于两翼或中路队员组织进攻；三是长传快攻。对于以上形式而言，长传快攻威胁最大。长传快攻的运用抉择主要依赖于守方队员的回位速度。一般来说，它是在防守队员回位较慢或组织不稳且进攻队员已居于前方的形势下而采用的。

要想成功运用这一进攻方式，一是要靠发球门球队员传球的及时性和准确性，二是要靠拿球队员快速运用突破和与己方进攻球员的配合能力。

球门球的防守战术：当对方发球门球时，防守的主要任务是迅速组织阵脚，每一队员要根据自己的防守任务，分别盯住对手或站好位置。在整体位置布置中，需注意的是各线间的适当距离和位置间的相互保护措施。在发球门球时，有时几个防守者也可站在禁区外附近，干扰进攻者的推进或发球配合。

⑤ 中圈开球技术。

中圈开球进攻类似于球门球战术，一般对防守队球门构成的直接威胁不大，这主要是因为中圈开球时防守队有足够的时间准备。

中圈开球进攻的形式通常有两种：一是有组织配合的层层推进，这主要运用于对方防守阵脚稳定，布置严密的形势下；二是长传快攻，这一般是在防守者注意力不集中或布局有漏洞的状态下采用。

中圈防守的任务，一是防守者应利用充分的准备时间，细致谨慎地部署防守；二是在思想上要严阵以待，随时准备断抢进攻者发动的任何进攻球，尽快夺回控球权。

二、足球比赛规则

（一）比赛

正规足球比赛，每队上场队员 11 人，其中守门员一人。比赛分上、下两半场，各 45 分钟，中场休息时间不超过 15 分钟。

（二）场地与器材

（1）足球比赛场地必须是长方形的平整场地（图 4. 2. 16），长度为 90—120 米，宽度为 45—90 米，国际比赛场地长 100—110 米，宽 64—75 米，场地的长度必须大于宽度。

（2）场上各线宽不得超过 12 厘米。

（3）场地四角必须各竖一平顶的旗杆，杆高不低于 1. 50 米，上挂小旗一面叫角旗。

（4）在中线两端的边线外至少 1 米处可以各竖一面与角旗相同的小旗叫中线旗。

（5）球门两柱的内沿相距 7. 32 米，横木的下沿距离地面 2. 44 米，立柱与横木的宽度和厚度均不得超过 12 厘米。

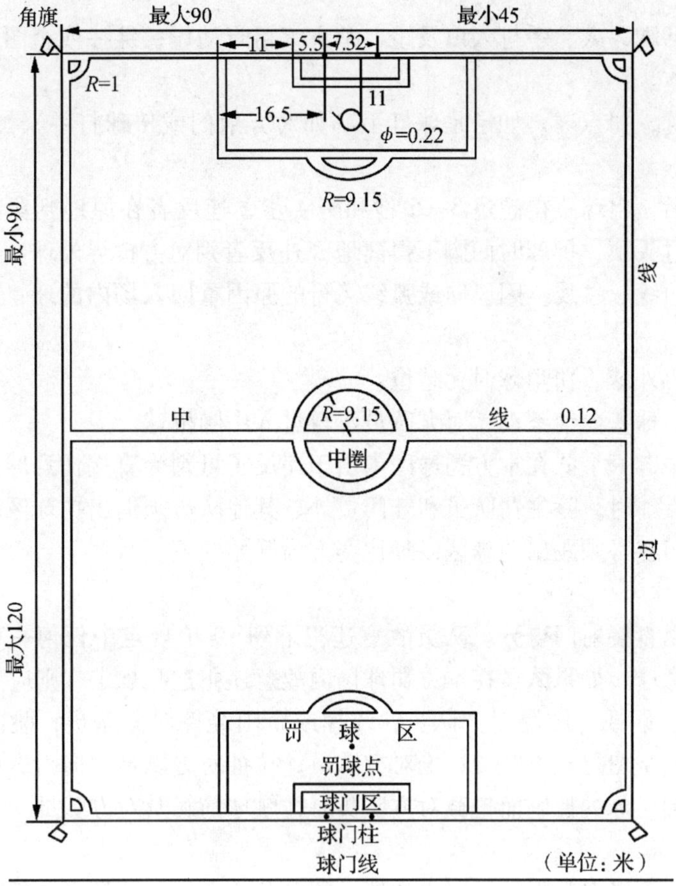

图 4.2.16

(三) 比赛基本规则

1. 界外球

在比赛中，若球由一队踢出边线，就由对方用掷界外球的方法将球掷入场内，继续比赛。如果球被攻方队员踢出对方端线，就由守方将球放在本方球门区内发球门球。如果球被守方踢出本方端线，应由攻方将球放在角球区内罚角球。

2. 手球

比赛过程中，除守门员外，其他人用手碰球就是手球犯规，由对方将球放在手球犯规地点罚球。防守队员如果在自己本场的罚球区内用手碰到球，就由对方将球放在罚点球位置上罚点球。守门员只能在本方罚球区内用手接触球，如果在罚球区外用手碰到球，应判手球犯规。

3. 越位

队员在前场较球和最后第二名对方队员更接近于对方球门线。处于越位位置的队员只有在同队队员踢或触及球的一瞬间，裁判员认为其干扰比赛，或干扰对方队员，或利用越位获得利益时，才被判罚越位犯规，由对方将球放在越位犯规地点发间接任意球。该队员处在越位位置上，但裁判员认为对该队无利，也不阻碍对方，裁判员可不判罚。

4. 犯规动作及判罚

犯规动作包括脚踢人、手打人以及蹬、踏人等粗野动作；绊摔或企图绊摔人，不合理冲撞人等危险动作。

禁区内手触球，罚点球。如果是球打手（如对方射门或传球打手），属无意手球，可不判罚。

守门员持球后，出球不得超过3—5秒和跨4步，违反者在原地判罚间接任意球。掷界外球必须双手过头顶，掷球时两脚不得离地（违反者判对方掷界外球）。

球在空中出边线、端线，因风向或弧线飞行的原因重回入场内的球，应判界外球、角球或球门球。

球门球、掷界外球、罚角球时无越位。

中圈开球时，球未向前滚动，对方队员不得进入中圈抢球。

当比赛进行中，一个队在本方罚球区内由于违反了可判为直接任意球的犯规时，应判罚点球。在执罚点球时，除主罚队员和守门员外，其他队员须退出罚球区。守方在此区域内罚任意球或球门球必须踢出罚球区以外比赛方为开始。

5. 直接任意球

罚球队员可以直接射门得分。队员故意违犯下列10项规定中任何一种，由对方在犯规地点罚直接任意球。如果队员在本方罚球区内故意违犯这些规定，则应判罚点球。

10项规定是：踢或企图踢对方队员；绊摔或企图绊摔对方队员；跳向对方队员；冲撞对方队员；打或企图打对方队员；推对方队员；拉扯对方队员；向对方队员吐唾沫；故意手球；为了得到对球的控制而抢截对方队员时，触球前触及对方队员。

6. 间接任意球

罚球队员不可直接射门得分，踢出的球必须触及场上任何队员（包括双方队员）再入球门方可算进一球。队员在场上违犯下列情形之一者，应罚间接任意球。

例如：蹬踏；踢球抬腿过高；一队员正准备踢球，另一队员突然上体前倾要去顶球；守门员已接到球，进攻队员企图把球从守门员手中踢出；队员不去踢球而故意阻挡对方队员者；冲撞守门员者；守门员违例；越位及各种情况下的连踢（如罚任意球、角球、掷界外球等）。

第三节 排球运动

排球运动始于1895年左右，开始有些美国人在海滩上支起渔网将足球或篮球胆打来打去进行游戏。美国麻省霍利诺克城青年会干事威廉·摩根受到启发把这种游戏移到室内，在篮球场中间挂上网，网高为6.6尺，参加者站在球网两侧，球为充气篮球胆，用手击球过网，击球次数不限。由于球体积大，重量轻，在空中飞来飞去别有风趣，因此吸引了很多爱好者。当时摩根没有给这种游戏定名。

1896年在美国斯普林弗尔特体育专科学校举行排球比赛，哈尔斯德博士见球在空中飞来飞去，于是将其定名为“Volley ball”，即“空中飞球”。

1947 年 4 月在法国巴黎正式成立国际排球联合会，国际排联举办的世界排球锦标赛和世界杯排球赛，以及奥运会排球赛是当今世界排坛最重要的三大赛事，每 4 年举行一次。这使排球运动在世界上广泛开展，其技术、战术水平得以飞速发展。排球比赛的激烈角逐和高水平的竞争，得到人们的广泛注意和喜爱。

1905 年排球运动传入我国，开始用 16 人制，1919 年改为 12 人制，1927 年采用 9 人制，1950 年后在全国逐渐开展了 6 人制排球。

当今世界排球运动的发展趋势正向着职业化、商业化方向发展，技、战术向全面、高度、快速、多变方向发展，规则向有利于攻防平衡方向发展，排球教学、训练向多学科综合运用和科学化方向发展。

排球运动是便于开展、易于锻炼的运动项目，不受年龄、性别的限制，既可竞技，又可娱乐健身、丰富业余文化生活。它既是“弹跳运动”又是“速度运动”，经常参加排球运动，可以增强人体的神经、呼吸、血液循环等系统的机能；提高人体的力量、速度、灵敏、耐力、弹跳、柔韧等素质；培养机智果断、勇敢顽强的拼搏精神和团结协作、密切配合的集体主义思想。

一、排球基本技术

排球技术是指运动员在排球比赛中所采用的合理击球动作和完成动作必不可少的其他配合动作的总称。排球基本技术有准备姿势和移动、发球、垫球、传球、扣球和拦网。

1. 准备姿势和移动

准备姿势和移动是排球运动中各项技术的基础，其目的是迅速起动、快速移动接近球。准备姿势的好坏，直接影响着脚步的移动，而脚步的移动，直接影响着技术动作的质量。判断、准备和起动的衔接是学习的关键，起动快慢是学习的难点。

准备姿势动作要领：

两脚左右开立，略宽于肩，脚尖向前稍向内扣，脚跟稍提起，两腿弯曲，膝关节投影点超过脚尖，上体前倾，重心靠前，两臂自然弯曲，双手置于腹前，上体放松，两眼注视来球，随时准备起动、移动或做相应的动作（图 4.3.1）。

图 4.3.1

移动的方法及动作要领：

在准备姿势和起动的基础上，队员根据完成技术动作和战术配合的需要，灵活运用各种步法进行移动。在准确判断之后要快速移动，边移动边注视来球，使身体尽快接近球并做好击球的准备姿势。根据来球的距离和速度采用不同的移动步法（图 4.3.2、图 4.3.3）。

（1）跨步法。当来球较低，离身体一两步之间，可采用跨步法。移动时，一脚蹬地，另一脚向来球方向跨出一大步；上体前倾，使重心移至跨步脚上，另一脚适当伸直或随重心移动而跟着上步，成为击球的准备姿势。

图 4.3.2

图 4.3.3

（2）并步法。当来球离身体一步左右时，可采用并步法。移动时，移动方向的同侧脚先向移动方向跨出一步，当跨出脚落地时，另一脚迅速并上成击球前的准备姿势。

（3）交叉步法。当球在体侧或体前侧距离一米左右时，可采用交叉步法。若向右移动，起动时，上体稍向右转，左脚从右脚前向右交叉迈出一步，然后右脚再向右跨出一步，同时身体转向来球方向，形成击球前的准备姿势。

（4）跑步法。球的落点距身体较远时，采用跑步法。跑步时，应迅速起动，跑动的最后阶段要逐渐降低重心，做好击球前的准备姿势。

（5）后退法。当来球落点在身后时采用。移动时，身体保持稍低的姿势，两脚交替快速向后退步，重心应保持在体前。

★ **准备姿势和移动练习方法**

跑进过程中看到信号或听哨音向前跨一步做半蹲、稍蹲、低蹲准备姿势后接着移动。

2. 发球

发球是队员在发球区内自己抛球后，用一只手或手臂将球击入对方场区的一种击球方法，是比赛和进攻的开始。发球按性能一般可分为旋转与飘球两大类。旋转球有正面上手发球、勾手大力发球。飘球有正面上手和勾手飘球等。各类发球的抛球、击球、用力是发球的 3 个重要环节，抛球和击球是教学的难点。下面介绍侧面下手发球、正面上手发球。

侧面下手发球动作要领（以右手发球为例）：

左肩对网站立，两脚左右开立与肩同宽，两膝微屈，上体稍前倾，左手持球于腹前。发球时，将球垂直上抛在身体的正前方约一臂距离，离手约 30 厘米，同时右臂摆至右侧后下方。引臂后，利用右脚蹬地和向左转体的动作，带动右臂迅速向前挥动，在体前腹部高度用掌根击球后下方。击球后，身体应转成面向球网（图 4.3.4）。

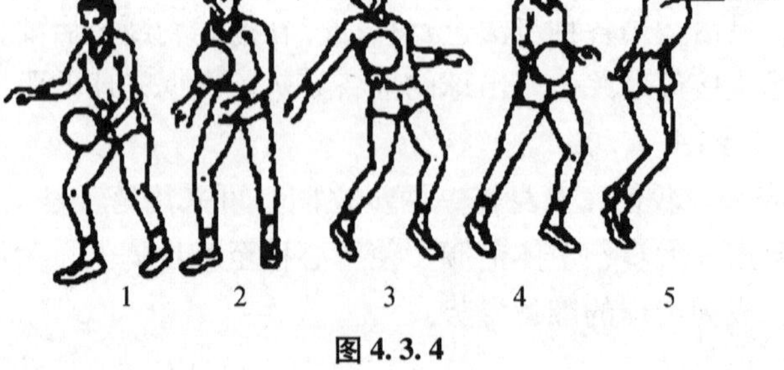

图 4.3.4

★ **侧面下手发球学练法**

（1）徒手练习。体会身体的协调用力和挥臂的动作及路线。

（2）抛球练习。球抛起要垂直向上，人和球的位置和抛起高度要适当。

（3）对墙发球练习。距墙6—8米，注意击球手法和击球部位，球击到墙要有一定高度。

（4）近、远距离隔网发球练习。两人一组相距8—10米，逐渐到端线外，隔网发球。

正面上手发球动作要领（以右手发球为例）：

面对球网，两脚前后开立，左脚在前，重心偏于右脚，左手持球于身前。发球时将球抛向右肩上方约高出击球点两个球的地方，右臂同时抬起，屈肘后引，肘与肩平，上体移向右侧转动，挺胸展腹。击球时，利用蹬地、收腹挥臂的力量，用全掌击球的后中下部，手腕向前推压（图4.3.5）。

图4.3.5

★ **正面上手发球学练法**

1. 徒手发球练习。两人一组，体会完整动作过程，主要是挥臂动作。

2. 对墙发球练习。距墙3—5米，在墙上定个目标，发出的球尽量打中目标。体会抛球与击球时的手臂挥动配合。

3. 近、远距离隔网发球练习。两人一组，相距6—8米，逐渐到端线外发球。体会击球用力和动作的连贯性。

4. 发直线球和斜线球。将对方场区一分为二，固定发球位置，然后要求发直线球和斜线球。同时，要求发球稳、准。

3．垫球

垫球是用手臂从球的下部，利用来球的反弹力向上击球的技术动作，主要用来接发球和接扣球。垫球技术种类很多，可分为接发球垫球、接扣球垫球、接拦回球垫球和垫击二传球。各种垫球技术教学的难点是击球，即击球点和击球部位。

正面双手垫球动作要领：

根据来球路线迅速取位，使球尽量保持在腹前。双手重叠互握，掌根并拢，拇指平行，两臂伸直相夹并外旋成平面（图4.3.6）。垫球时重心降低，两臂前伸插入球下，击球点保持在腹前，取好击球角度，手臂夹紧，利用蹬地、提肩、顶肘、压腕的动作，用腕上10厘米左右的小臂内侧构成的平面将球击出（图4.3.7）。

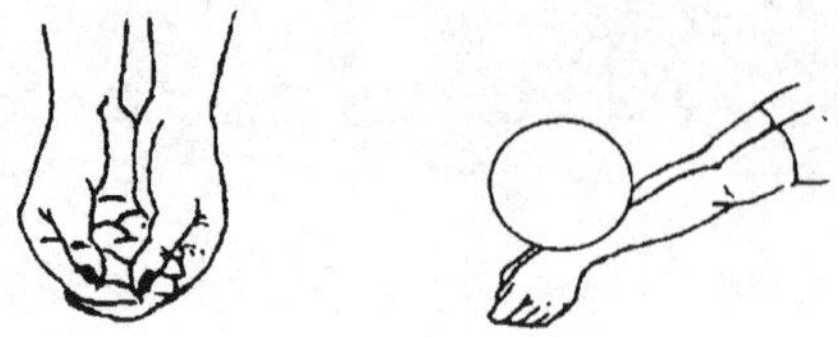

图4.3.6

图4.3.7

★ 正面双手垫球学练法

1. 固定球垫击练习。两人一组，一人持球于腹前，另一人做垫击动作。体会击球部位的感觉，掌握好插、夹、提、压动作。

2. 自垫球练习。自行将球垫起，垫出的球要有高有低。巩固垫球动作。

3. 抛垫、对垫练习。两人一组，相距3—5米，一抛一垫或对垫。要求垫出的球要有适当高度。

4. 三人二球移动垫球练习。3人拿两个球，两人相距4米左右平行站立，向前抛球。另一个移动垫球。要求移动快，尽量将球置于腹前。

5. 接发、扣球垫球练习。两人一组，一发一垫或一扣一垫。距离由近到远，尽量将球垫到位。

4. 传球

传球是利用全身协调力量并通过手指、手腕的弹力去迎击球的一种技术动作。它在组织进攻、串联攻防中起组带作用。传球的方式很多，有正面双手传球、背传、跳传、侧传、单手传等。这些传球动作由准备姿势、迎球、击球、手型、用力5个动作部分组成。

正面双手传球动作要领：

根据来球迅速移动到传球合理位置。当球接近额前时，两手在脸前成半圆形，主动迎球，两拇指成“一”字型，食指、中指托住球的后下部，无名指、小指在球两侧辅助控制球（图4.3.8）。触球瞬间，手指、手腕适当紧张，用手指、手腕的弹力和蹬地、伸膝、伸臂的协调力量，在额前上方约一球距离将球传出（图4.3.9）。

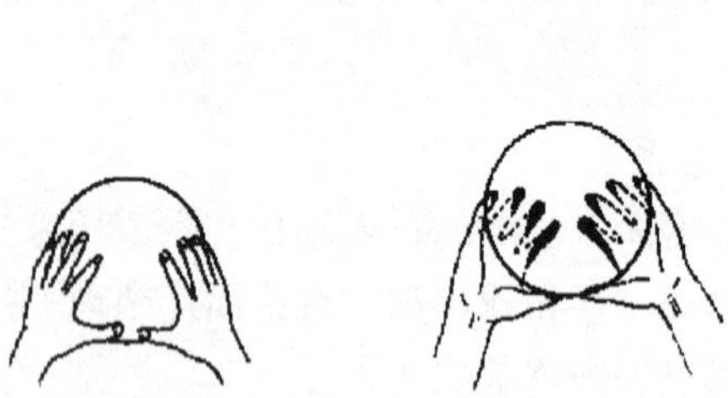

图4.3.8

图4.3.9

★ **正面双手传球学练法**

1. 徒手传球练习。两人一组徒手做传球动作，徒手模仿传球的蹬地、伸膝、伸臂，在额前上方用正确手型做推送动作。

2. 抛接练习。轻轻将球在额前抛起，在额前上方用正确手型将球接住，检查手型和击球点正确与否。

3. 自传练习。向上一高一低传球，体会传球手型和手触球部位。

4. 对墙传球练习。向墙上固定目标连续传球或自传一次再向墙上固定目标传一次。体会身体协调伸展及手的推送动作。

5. 平网对传练习。两人一组，平行站于网前，传高球和传平球交替进行。体会网前传球动作。

6. 网前移动传球练习。4人一组，4号位站一人，6号位站一人，2、3号位之间站二人，2、3号位传向4号位，4号位传向6号位，6号位传向2、3号位，2、3号位传球后跑到进攻限制线后，两人交替移动传球。体会实践中的移动传球动作。

5. 扣球

扣球是练习者跳起在空中，利用身体的爆发力和快速挥臂，最后以全手掌击球的一种技术动作。它是排球技术中最有效的进攻方法。扣球包括正面扣球、勾手扣球、扣快球等。在扣球动作环节中，选择好起跳点及起跳时机，保持好人与球的位置是扣好球的基础，挥臂击球是完成扣球动作的关键环节。起跳、击球是教学的难点。

以右手为例，正面扣球动作要领（图4.3.10）：

（1）助跑起跳。一般采用两步或3步助跑。两步助跑时，左脚先向球的落点方向迈出一步（方向步），紧接着右脚根据球的落点调整步幅，确定位置跨出一大步，同时左脚跟上，双脚落地后，立即用力蹬地起跳，起跳时，两臂由后经腹前屈臂向上猛摆，配合起跳。

（2）挥臂击球。起跳后，要挺胸展腹，上体稍向右转，右臂向上向后挥起，肘高于肩，左臂上摆在头前，身体成反弓形。挥臂时，以迅速转体、提肩、收腹动作发力，带动肩、肘、腕各关节成“鞭打”动作向前上方挥出。击球时，手呈勺型包满掌，击球的后中上部。

（3）落地。双脚前脚掌先着地，再过渡到全脚掌着地，随势屈膝、收腹、缓冲落地。

图 4.3.10

★ 正面扣球学练法

1. 助跑起跳练习。听口令做两步助跑起跳练习。体会助跑、起跳的衔接和节奏。

2. 挥臂击球手法练习。徒手做扣球挥臂击球动作。一人双手执球于头上，另一人扣固定球。体会挥臂动作及手法、击球部位。

3. 原地对墙自抛自扣或原地自抛起跳扣球。两人相距6—7米，自抛起跳对扣。体会人与球的位置，起跳时机、挥臂击球动作。

4. 结合二传扣球练习。扣球人在限制线附近传球至二传处，由二传进行传球，扣球人用助跑起跳扣传过来的球。巩固扣球的完整技术动作。

6. 拦网

拦网是队员在球网上空拦阻对方击球过网的一种技术动作，它是一种具有进攻性的防御技术。拦网分为单人拦网和集体拦网。其技术动作由准备姿势、移动、起跳、空中击球和落地5个部分组成。起跳时间是否适时是关键。正确地确定起跳时间和起跳点是教学的难点。

拦网动作要领（图4.3.11）：

（1）准备姿势和移动。拦网的准备姿势与一般的准备姿势不同。队员面对球网，距离30厘米，两脚分开与肩同宽，平行站立。两膝稍屈，上体稍前倾，两臂弯曲置于胸前。当判断出对方进攻点时，一般采用横向并步或交叉步迅速移动，并降低重心做好起跳准备。

图4.3.11

（2）起跳。两脚两力蹬地，两臂在体侧前方划小弧用力上摆，带动身体垂直向上跳起。起跳后，稍收腹，以便控制平衡和延长腾空时间。

（3）空中拦截。在身体腾空后，两手从胸前向头上方伸出，两臂向上伸直并有提肩动作，两手平行上举，尽量接近球。当手触球时，两手要紧张，手腕下压“盖帽”捂球。

（4）落地。拦网后身体要自然下落，先以前脚掌着地，随之屈膝缓冲身体落地力量，同时迅速做好下一个动作的准备。

★ 拦网学练法

1. 原地做拦网的徒手动作。体会手向上直伸、拦球动作。

2. 教师站在高台上双手持球，学生轮流起跳拦网。体会起跳拦网动作。

3. 两人隔网相对站立，做向左（或右）移动一步起跳拦网。体会移动拦网动作。

4. 双人拦网移动起跳配合练习。2、4 号位网前各站一人，3 号位网前站两人。听口令后，两名 3 号位队员分别向左、右移动，与 2、4 号位队员配合拦网。

5. 扣、拦练习。教师在网前 2、3、4 号位扣球，队员轮流做拦网练习。

二、排球比赛规则

（一）比赛

正式排球比赛由两队各 6 名选手组成，每队的球员都有自己固定的位置，3 名前排选手和 3 后排选手。每一方击球过网不得超过 3 次，原则上一名攻击手将和一名队友在网前拦截，阻止球落入本方半场并可以通过拦截直接得分。

在比赛中，运动员不得持球，不得连续击球两次。他们可以用身体的任何一个部位击球，但是如果球从球员身上的某一部位弹到另一部位，将被认作是两次击球，按违例计算。如果球员在界外击球或击球时身体的某一部位触网将被判失分。

（二）场地和器材

排球比赛是在一块长 18 米、宽 9 米的场地上进行的。场地被一张高 2.43 米（男子场地）或是 2.24 米（女子场地）的网分成两个对等的部分。距离网 3 米的两侧处是进攻线，用来限制后排队员击球进攻的距离（比如说拦网）。边线是场地的一部分，所以当球压线时按界内球计算。

排球用网由 10 平方米的黑色小孔构成。在网子的顶部缝上两条 5 厘米长的白色帆布带，在底部有一条绳子拴在柱子上以保证网处于拉紧的状态。两个连接在网上的触角标志着交叉空间的边界，球被一方传过网时必须越过这个交叉空间。

比赛用球由一个内置的球胆和柔软的皮革制成。室内排球的用球和沙滩用球的大小相同——圆周为 65 厘米到 67 厘米，重量大约为 260 克到 280 克，但唯一不同的是室内用球的气压比沙滩排球的要高。

（三）发球

每方的 6 名球员按顺时针方向轮流发球。每次本队获得发球权后由发球球员在本方半场的底线后发球。发球可以在底线后的任一处开球，规则允许进行跳发球的队员在落下时进入场内。

（四）得分

在新的得分规则下，一方在获得发球权时同时得分，即所谓的每球得分制。比赛由 5 局构成。在前 4 局的比赛中，获胜的一方必须达到 25 分，或在此基础上比对方高出 2 分。在第 5 局的比赛中获胜一方只需达到 15 分，或在此基础上比对方高出 2 分。

（五）自由人

自由人是一名防守队员，可以在后排进行任意的替换，帮助本队抵御对手的进攻。自由人不得发球、拦网或是到前排进攻，所以一般由身材矮小但是动作灵活的队员担任，能够迅速倒地救。为了易于区别，自由人穿上与其他球员不同颜色的衣服。

（六）换人

包括替换自由人在内，教练在每局的比赛中共有6次的机会替换队员。替补队员可以换下某一名先发队员或再被相同的队员替下。

（七）其他规则

（1）只有前排的球员方可拦网。

（2）球员可在球越过网之前进行拦截，但是不得触网或是干扰对手。

（3）拦网不算作一次击球。

（4）球不得触网，也不得碰到同队的队友。

（5）每个队在每局的比赛中都有两次的暂停机会。

第四节 乒乓球运动

乒乓球因打球时发出“乒乓”声音而得名，19世纪末起源于英国，20世纪20年代传入我国。1959年3月在德国举行的第25届世界乒乓球锦标赛中，我国运动员容国团首次获得男子单打冠军。1961年第26届世界乒乓球锦标赛在北京举行，我国获得了男子团体世界冠军，庄则栋获得了男子单打世界冠军，邱钟惠获得了女子单打世界冠军。从此，我国乒乓球技术进入世界先进水平，一直雄踞世界乒坛。

一、乒乓球基本技术

（一）乒乓球握拍法

1. 直握球拍法

直握球拍法常见的有快攻型握拍法、弧圈型握拍法和削攻型握拍法。

（1）快攻型握拍法。

拇指与食指自然而平均地钳住拍柄，拍柄贴住虎口，其他三指自然弯曲重叠于拍面背后，中指第一指关节顶在拍背1/2处，使球拍保持平衡（图4.4.1）。

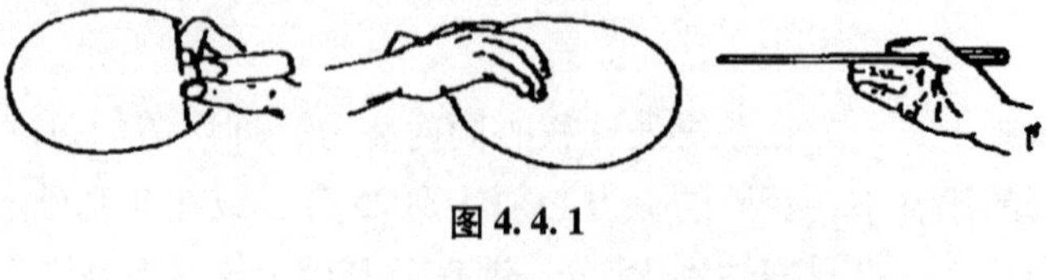

图4.4.1

（2）弧圈型握拍法。

握拍与快攻型握拍相同。在握的前面，食指扣住拍柄，形成一个环状，拇指贴住拍柄左侧；拍面背后，中指和无名指较直地以第一指节顶住拍面背部，小指自然贴在无名指之下（图 4. 4. 2）。

图 4. 4. 2

（3）削攻型握拍法。

拇指自然弯曲、紧贴拍柄左侧，第一指关节用力下压，其余四指自然分开托住球拍背面（图 4. 4. 3）。

图 4. 4. 3

2. 横握球拍法

横拍攻击型（快攻和弧圈型）和削攻型握拍方法基本相同，中指、无名指、小指自然地握住拍柄，拇指在球拍的正面，食指自然伸直斜放于球拍的背面，虎口贴在拍肩。正手攻球时，食指稍向上移动，反手攻球时，拇指可稍向上移动（图 4. 4. 4）。

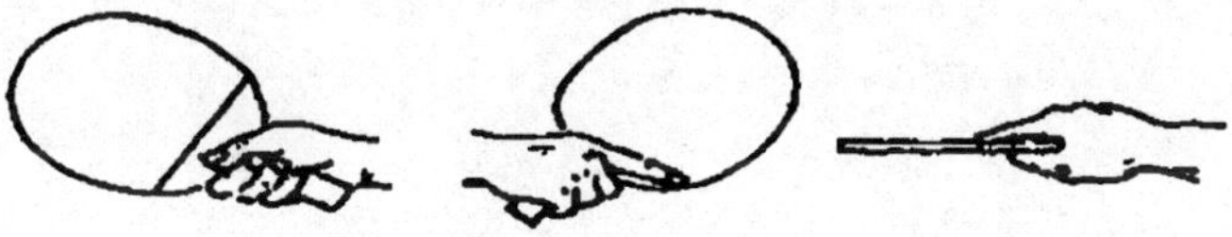

图 4. 4. 4

★ **握拍学练法**

1. 握拍的模仿练习。
2. 两人一组对练，体会和掌握各种握法技术。

（二）乒乓球基本技术

1. 发平击球

动作要点：发球时持球手将球向上轻轻抛起，同时持拍手向后引拍，上臂自然靠近身体右侧。当球从高点下降时，持拍手以肘为轴，前臂向右前方横摆击球。向前挥拍时，拍面稍前倾，击球中上部。击球后第一落点应在球台中区（图 4. 4. 5）。

1　2　3　4

图 4. 4. 5

2. 反手发上旋长球

动作要点：发球时持球手将球轻轻抛起，与此同时持拍手向后引拍，上臂自然地靠近身体右侧，当球从高点下降到高于台面低于球网时，持拍手以肘为轴心，前臂向右前方横摆发力击球。触球时，拍面稍前倾，摩擦球的中上部，使球快速前进并具有一定上旋。球离拍后，第一跳要落在球台端线附近。

3. 正手发下旋加转球与不转球

动作要点：持球手将球抛起后，持拍手向上方引拍、拍呈横状并略微前倾。发加转球时，手臂由后上方向前下方挥摆，前臂做旋外的转动要快些，使拍面后仰的角度大些，要用球拍的下部靠左的地方去摩擦球的底部。由于力臂大，故球的旋转也就强。发不转球时，手臂由后上方向前下方挥摆，前臂做旋外的转动则要慢些，使球拍后仰角度小些，用球拍下部偏右的地方去碰球的中下部，由于力臂小，故球的旋转也就弱（图 4. 4. 6）。

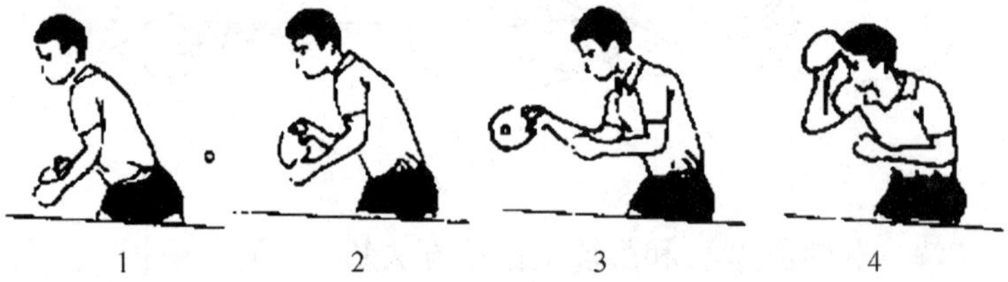

图 4. 4. 6

★ **学练法**

1. 反复练习将球抛起后再击球。
2. 模仿练习，发多球练习。
3. 两人一组，一人反复发一种类型的球，一人推挡球。

4. 接发球

接发球技术的基本方法由点、拨、带、拉、攻、推、按、削等综合组成。

（1）选择合适的站位。

根据对方发球位置选择站位。一般来说，对方站在球台的右角，接发球站位应靠左一些。对方究竟要发什么样的球，有时极难预料，所以选择站位要有利于照顾球台的各个部位，站位距离球台不宜过远或过近，一般离台 30—40 厘米左右。

（2）准确地识别发球的旋转和落点。

接发球的关键是注意对方球拍和球触及瞬间的触拍和触球的部位、球拍移动方向、用力程度。一般来说，对方发斜线球，手臂常会向斜前方用力；对方发直线球时，手臂由后向前用力。发球时手腕抖动摩擦球体，旋转较强，因此要盯紧球拍触球瞬间的动作，只有这样才不会被对方的假动作迷惑。

（3）区别不同性能的球拍。

在遇到使用长胶粒与反贴胶皮相结合的两面不同性能球拍的对手时，可以听对方球拍击球的声音来区别不同的旋转。一般来讲，声音较响的那一面是长胶粒，声音不太响的那一面是反胶。

（4）接好各种旋转球。

对方发的旋转球，一般是逆着对方发球旋转方向进行还击，如回接左侧旋发球，拍面方向和用力方向略朝对方右侧偏斜；回接右侧旋发球时，拍面方向和用力方向略朝左侧偏斜；回接上旋发球时，拍面角度略为前倾，用力方向略向下；回接下旋发球时，拍面角度略为后，用力方向略向上；回接左侧上（下）旋发球时，拍面角度略为前倾（后仰），拍面方向略朝对方右侧偏斜，多向对方的右下（上）方用力击球。

★ 学练法：

1. 两人一组，一人反复发一种类型的球，另一人接发球，以适应各种发球。
2. 接对方连续发多球练习。

5. 正手近台快攻

特点是站位近、出手快、动作幅度小。可以为加力扣杀创造条件，也可以直接得分。

动作要点（右手握拍为例）：直拍近台攻球身体距球台约30—40厘米，右脚稍后，两膝微屈，上体略前倾。击球前，引拍身体右侧，成半横状，上臂与身体约成35°角，与前臂约成120度。当球在台面弹起时，手臂由右侧向左前方迅速挥动，以前臂发力为主，击球时食指放松，拇指压拍，使拍面前倾，并结合手腕内转动作，在球弹起至上升期击球的中上部。横拍近台正手攻球时，手臂自然弯曲，前臂和手腕成直线并与台面接近平行，拍面略朝下，击球的时间、部位、拍面角度及手臂挥拍方向基本与直拍相似（图4.4.7）。

图4.4.7

★ 学练法

1. 徒手模仿快攻练习。
2. 两人对练，一人自抛自攻，另一人用挡球回击。
3. 两人一组对攻练习。

二、乒乓球基本战术

1. 攻对攻战术

（1）发球抢攻。用相似的动作发不同旋转球，配合落点的变化，找机会抢攻。

（2）推挡变线。推左右两角，突击一点或中路。

（3）搓中突击。用搓球控制落点或转与不转球，伺机突击。

（4）加、减力推挡。用加力推或减力挡调动对方，伺机突击。

（5）突击变换。紧逼一角，突击另一角。

2. 攻对削战术

攻对削战术有：发球抢攻；拉两角突击中路；长拉短吊，打乱对方步法、伺机扣杀；

搓球变线或变换落点，调动对方，趁机攻球。

3. 削对攻战术

削对攻战术有：紧逼一角，突击空当；削转与不转球，扰乱对方，趁机攻球；交替逼两角，伺机扣杀；发转与不转球，抢攻。

4. 双打战术

双打战术有：发球抢攻或拉攻；接发球抢攻；控制强者，攻击弱者；紧逼一角，突袭另一角。

三、乒乓球主要规则

（一）比赛器材

1. 球

乒乓球直径为 4.0 厘米，重 2.5 ~ 2.7 克，白或橙色。

2. 球网装置

球网长 183 厘米，高 152.5 厘米，用一根绳子系在网柱上，网柱外缘离台面边外缘 15.25 厘米。

3. 球台

球台长 274 厘米，宽 152.5 厘米，高 76 厘米，台面为暗色无光泽，沿边缘有 2 厘米宽的白线。双打时，各台面由中间一条 0.3 厘米宽的白线分成两个相等的半区。

4. 球拍

球拍的大小重量和形状不限。海绵胶拍的海绵连同粘合剂厚度不超过 0.4 厘米。拍面为不同颜色的暗色。

（二）比赛规则

1. 合法接球

发球时，球应放在不执拍的手掌上，手掌张开和伸平，球静止在比赛台面的水平面之上，端线之后；发球员须用手把球几乎垂直地向上抛起，不得使球旋转，使球在离开了不执拍手的手掌之后，上抛不少于 16 厘米。当球从抛起的最高点降落时，发球员方可击球，使球先触及本方台区，然后越网再触及接发球员的台区。从被抛球在掌上静止的最后一瞬间到击球时，球和拍应在比赛台面的水平面之上。

2. 比赛状态

从球被抛起前静止状态的最后一瞬间起，球即处于比赛状态，直到球触及比赛台面、球网装置、执拍手中的球拍、执拍手手腕以下部位的任何物体，或是当这个回合被判为重发球或得分。

3. 重发球

如果发出的球触及球网装置后被发球员或同伴阻挡，或如果接发球未准备好时，球已发出而且发球员没有企图击球，均须重发球。

4. 得分和失分

一局和一场比赛球处在比赛状态下，如果未能合法发球、未能合法还击、阻挡、连击、两跳、用不符合规定的拍面击球、移动台面、不执拍手触及台面或触网，其中任一种情况均为本队失分，而对方得分。

比赛中先得 11 分的一方为胜一局，打到 10 分平后，先多得 2 分的一方为胜一局。一场比赛七局四胜制。

5. 发球、接发球方位的次序

选择发球、接发球和方位的权利应由抽签来决定，此权利的获得者，可以选择先发球或先接发球，或选择方位，或者要求对方先行选择。

在获得每 2 分之后，接发球一方即成为发球方，以此类推，直至该局结束。或者直至双方比分达到 10 分平，即实行轮换发球法。这时发球和接发球次序仍然不变，但每方只轮发一分球。

一局中首先发球的一方，在该场下一局应首先接发球。一局中，在某一方位比赛的一方在该场下一局换到另一方位。在决胜局中，一方先得 5 分应变换方位。

第五节　羽毛球运动

在 18 世纪以前，亚洲和欧洲一些国家就有了类似羽毛球运动的游戏，那时的羽毛球游戏是两个人相对站着，手执木板来回拍击球而进行的。1877 年第一部羽毛球比赛规则在英国出版。1893 年英国的 14 个俱乐部代表举行会议，决定成立英国羽毛球协会。1899 年英国举办首届羽毛球锦标赛，即著名的“全英羽毛球锦标赛”。所以一般认为现代羽毛球运动起源于英国。

一、羽毛球基本技术和基本战术

（一）羽毛球握拍法

1. 正手握拍（以右手为例）

动作要领：握拍时，先用手拿住拍柄，使拍面与地面垂直，然后张开右手，使手掌下部（小鱼际）靠在球拍的握柄底托，拍柄末端与小鱼际齐平，虎口对着球拍面的窄面内侧的小棱上，拇指和食指贴在拍面的两个宽面上，食指和中指微微分开，并环扣住拍柄，中指、无名指、小指并拢，握住拍柄。正手发球，一般用于右场区的各种击球和头顶击球（图 4.5.1）。

图 4.5.1

2. 反手握拍

动作要领：在右手握拍的基础上，拇指和食指使握柄稍微外旋，食指向中指并拢，第二指关节贴在拍柄内侧的宽面上，其余四指并拢握住握柄，柄端靠紧小指根部，使手心留出空隙。正确的握拍姿势，有利于手腕、手指力量的灵活运用，能合理准确地

图 4.5.2

完成发球、接发球技术，有利于球技的掌握和提高（图4.5.2）。

（二）羽毛球基本技术

1. 发球（以右手发球为例）

发球分正手发球和反手发球两种。高质量的发球，能给本方创造进攻的机会，使对方只能做防守性的回击，甚至造成失误。

（1）正手发高远球。

动作要领：站于靠中线一侧，离前发球线1米左右。左脚在前，右脚在后，身体稍对网，两脚与肩同宽，上体自然直立，重心落在右脚上；右手握拍并自然屈肘于身体右侧，左手拇指、食指、中指夹住球，举在身体右前方的胸腹部。发球开始，左手手指分开，使球落下，右臂后引，由上臂带动前臂，从右后方沿身体向左上方挥拍，在击球一刹那握紧球拍，由伸腕经前臂内旋到屈腕，向左前方发力击球。击球后，球拍顺势自左前上方缓冲挥动，身体重心也由右脚过渡到左脚，右脚跟稍提起，最后手收到胸前（图4.5.3）。

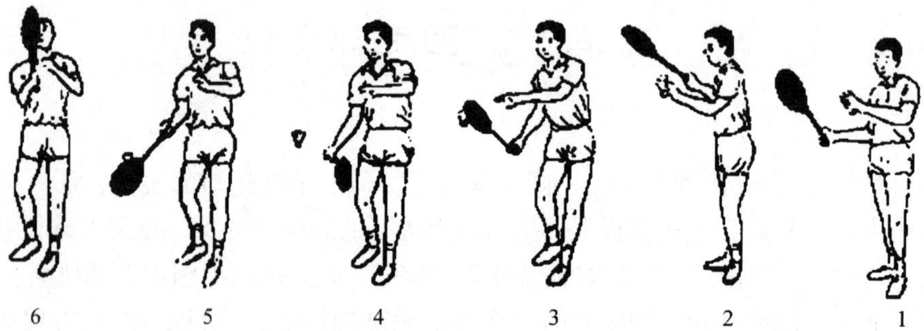

图4.5.3

（2）发平高球。

动作要领：基本同发高远球，只是飞行弧度较高远球低，速度较高远球快，所以在击球一刹那，前臂加速外旋，带动手腕向前上方挥动，使球落在对方后场底线。

（3）正手发网前球。

动作要领：准备姿势同发高远球，发球时用力轻，主要靠前臂带动手腕向前切送；拍握松，夹臂动作小，使球飞行弧线较低，距离较短，刚好越网而过，落在对方前发球线附近。

（4）反手发球。

准备姿势：面对球网，反手握拍，两脚前后站立，重心在前脚上。击球时，前臂带动手腕向前横切推送，用力要轻（图4.5.4）。

4　3　2　1

图 4. 5. 4

2. 击球

羽毛球的击球技术可分为后场高空击球技术、前场击球技术、中场平击球技术。针对初学者，这里只介绍后场正手击高远球和扣球技术。

（1）正手击高远球。

高远球就是击出的球高而远，直到对方上空并垂直落在有效场区内。

动作要领：正手握拍，判断好正确的来球方向和落点，迅速移至适当位置，侧身对网，左脚在前，右脚在后，稍屈膝，重心在右脚。左臂屈肘自然上举，右手持拍于身体右侧。击球时，右臂后引展顶胸，肘关节明显高于肩部，球拍后引，手腕后伸，接着后脚蹬地、转体，腰腹协调用力，并以肩为轴，上臂带动前臂急速向前上方挥动，手腕抖动发力，握紧球拍，在手臂伸直的最高点击中球的后部。击球后，手臂随惯性收至胸前，身体转成面向球网方向，重心移至左脚，并迅速向中心回动（图 4. 5. 5）。

1　2　3　4　5　6

图 4. 5. 5

（2）扣球。

扣球就是把高球用力向前方重压、重切、重点击球，使球的飞行弧线较直，落地快，给对方较强的威胁力。

动作要领：动作基本同击高远球，只是在击球一刹那，手腕加速向下扣压，使球迅速贴网沿直线落入对方场区（图 4. 5. 6）。

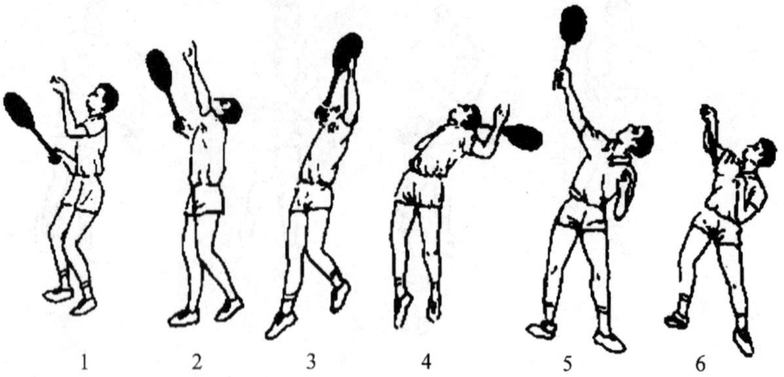

图 4.5.6

3. 步法

击球步法是指迅速、准确地起动或移动来完成击球动作并迅速回到中心位置。羽毛球的击球步法可分为上网步法、后退步法、两侧移动步法和起跳突击步法。这些步法用垫步、跨步、并步、蹬步、交叉步等脚部动作完成。快速、灵活的步法与准确、巧妙的手法协调配合，能使打球者得心应手，为掌握较高难度的动作打下基础。

（三）羽毛球基本战术

1. 单打战术

（1）平高球压后场底线。伺机大力扣杀或吊网前空当。

（2）攻对方场地四角。控制落点，使对方前后左右奔跑，打乱阵脚，攻其空当。

（3）快拉快吊控制网前。先以平高球压对方于后场两底角，然后突然以吊球或劈杀引对方上网，再迅速控制网前，创造中后场扣杀机会。

（4）守中反攻。先以拉吊对方四角，调动对方勉强进攻，当对方攻球质量不好时，或回击被动球时，乘机出击，争取一拍成功。

2. 双打战术

（1）攻人战术。集中力量攻击对方较弱的一个，俗称“二打一”。

（2）攻中路战术。将球尽量攻到两人之间的孔隙区，造成对方漏接或争接失误。

（3）攻后场战术。当后场扣杀较差时，可采用平高球、平推球等把对方一人紧逼在底线附近，使其处于被动。

二、主要竞赛规则

（一）场地与器材

1. 球场

羽毛球场地为长方形，长 13.4 米，双打场地宽度为 6.1 米，单打场地宽度为 5.1 米，球场上各线宽为 4 厘米，球场四周 2 米内不得有任何障碍物。在距球网 1.98 米的两侧各有一条前发球线，前发球线的中点与端线的中点的连线为中线。中线把场区分为左右发球区，球网长 6.1 米，宽 76 厘米，高 1.55 米，球网中部上沿离地面 1.524 米（图 4.5.7）。

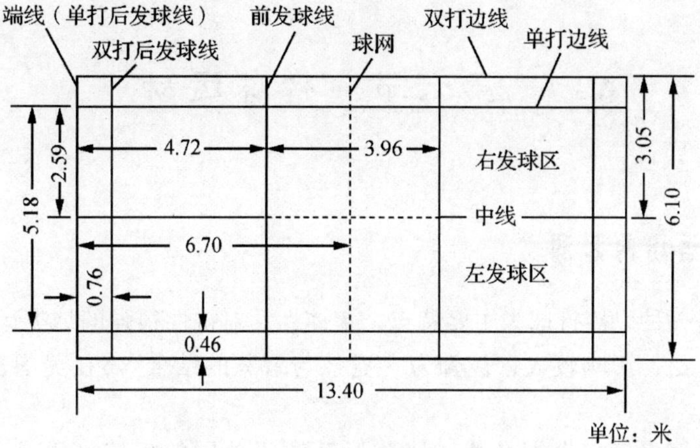

图 4.5.7

2. 球与球拍

羽毛球重 4.74—5.50 克，有 16 根羽毛固定在软木托上。拍框为椭圆形平面，拍长不超过 68 厘米，拍宽不超过 23 厘米，拍重为 95—120 克。

（二）比赛计分规则

目前，羽毛球比赛实行的是 21 分制的比赛规则。21 分制实行每球得分制，所有单项的每局获胜分皆为 21 分，最高不超过 30 分。每场羽毛球比赛采取三局两胜制，先到 21 分的一方赢得当局比赛。如果双方比分为 20 比 20 时，获胜一方需超过对手 2 分才算取胜；直到双方比分打到 29 比 29 时，那么先到 30 分的一方获胜。首局获胜的一方在接下来的一局比赛中先发球。

（三）比赛中常见的违例

1. 发球违例

发球员任何一脚踩线、触线或移动；故意拖延发球时间和做假动作；发球时未击中球或球的最初接触点不在球托上；击球瞬间，球的任何部分高于 1.15 米；球拍杆没有指向下方，使得整个球拍拍头没有明显低于发球员的握拍手部（即发球过手）；球的落点不在规定场区内。

2. 接发球违例

对方球发出以前，接球员脚步移动或踩线；或以任何行动和叫喊故意干扰发球员的发球。

3. 击球违例

队员两次挥拍连续两次击中球，或双打中两名队员连续各击中一次球；击球时，球停滞在拍上，紧接着被拖带抛出；任何一方妨碍对方的合法击球；比赛中，运动员的球拍、身体或衣服侵入对方场区或触及球网或球网的支撑物（触网）；在比赛进行中，对方击来的球尚未过网，而本方队员则在对方场区上空抢先击球（过网击球）。

第六节 棒球运动

一、棒球运动的起源

棒球运动是一种以棒打球为主要特点，集体性、对抗性很强的球类运动项目。它在国际上开展较为广泛，影响较大，被誉为“竞技与智慧的结合”。在美国、日本尤为盛行，被称为“国球”。

美国有关专家多年来考据认为：棒球运动源于英国的板球（Cricket），也称圆场球（Rounder）。1839 年，美国人窦布戴伊（Doubleday）组织了第一场与现代棒球运动十分相仿的比赛。

二、棒球运动的发展概况

1845 年，美国人亚历山大·乔伊·卡特赖德（Alexander Joy Cartwright）为统一名称和打法，制定了有史以来第一部棒球竞赛规则，并正式采用了棒球（Baseball）这一名称。其中多数规则条文迄今仍继续使用，棒球（Baseball）这一名称也一直沿用至今。因此，现代棒球运动源于英国而发展于美国。

第二次世界大战后，棒球运动迅速在欧洲各国开展起来。现在棒球运动已在世界五大洲的 100 多个国家和地区中开展。

1937 年，在美国成立了世界棒球协会，后改称为国际棒球联合会，是世界业余棒球运动的最高领导机构，总部设在美国，会员国（或地区）已由 20 世纪 70 年代的 50 多个增至目前的 100 多个。

1978 年国际棒联得到国际奥委会的承认，国际棒球联合会于 1994 年将总部设在瑞士洛桑。中国棒球协会于 1981 年 3 月加入国际棒球联合会，1985 年加入亚洲棒球联合会。

三、棒球运动的器材和场地

（一）器材

1. 球

棒球是以圆形软木、橡胶或类似物质作球心，绕以麻线，再以两块白色马皮或牛皮包紧，平线密缝而成。棒球球面应平滑，重量为 141.7 克至 148.8 克，圆周围 22.9 厘米至 23.5 厘米。

2. 球棒

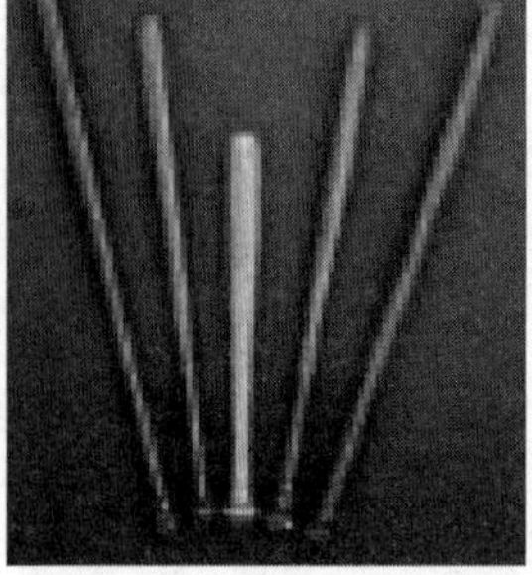

球棒

呈圆柱形。棒面必须平滑无截面接头。金属棒的两端必须密封，握棒部分末端可以制成直径为 2.45 厘米的棒帽，棒长不得超过1.07米，最粗处直径不得超过7厘米。为便于握棒，从握棒的一端起至45.7厘米的长度内，可用布条、胶布带或橡胶包缠。

3. 服装

比赛时，同队队员应穿着式样和颜色整齐一致的比赛服装（包括内衫和外露部分）。服装上不得有闪光的纽扣或附饰物，服装上衣背面应有不小于15.2厘米的明显的号码。

4. 接手手套

接手所用的连指手套，周长不得超过96.5厘米，上下端不得超过39.4厘米；虎口的上沿不得超过15.2厘米，下沿长不得超过10.2厘米，上下沿长不得超过15.2厘米。虎口处可用整块的皮革缝制，也可用皮条编成，但不得编成网兜状。

5. 一垒手手套

一垒手所用的分指手套或连指手套上下端不得超过30.5厘米，掌面上部宽不得超过20.3厘米；虎口上沿长不得超过10.2厘米，下沿长不得超过8.9厘米，上下沿长不得超过12.7厘米。虎口处可用整块的皮革缝制，也可用皮条编成，但不得编成网兜状。

6. 分指手套

连指手套限接手和一垒手使用。但任何队员都可使用分指手套。

7. 投手手套

投手所用的手套包括皮条、缝线和指蹼都必须是同一种颜色，而且不得为白色或灰色。手套上不得有任何与手套颜色不一样的附饰物。

8. 护具

接手必须戴护帽、护面、护胸和护腿。击球员和跑垒员都要戴带有护耳的护帽。

（二）场地

棒球比赛场地是一个直角扇形区域，直角两边是区分界内地区和界外地区的边线。两边线以内为界内地区；两边线以外为界外地区。界内和界外地区都是比赛有效地区。界内地区又分为内场和外场。内场呈正方形，四角各设一个垒位。内场以外的地区为外场。比赛场地必须平整，不得有任何障碍物。

四、棒球基本技战术

（一）基本技术

棒球基本技术包括接球，传球，击球和跑垒。

1. 接球

用双手到位接球，双眼注视来球，接球时双手应有后挫缓冲动作，以避免碰撞反弹出手。

2. 传球

要用食指，中指及拇指持球。传球和投球一样，前脚要指向目标，传出时注意甩腕，投传后要把前送和跟进动作做完。传球姿势有3种，即肩上传球，肩侧传球，肩下或低手传球。

3. 击球

有3种方法：挥棒击，执棒触击，执棒推击。挥击时，双手靠拢，前肘离身，小臂拉平，后肘不宜过于贴身，双足稍分立，挥棒时前脚伸踏不要过大，以免影响挥棒的准确性，甚至妨碍下一步的起跑。挥棒力量主要靠后蹬，转体，拉臂，甩腕。力量大的多用直臂挥击姿势，争取打出“本垒打”。

4. 跑垒

击球后要利用挥棒的力量迅速迈出第一步，沿跑垒线冲向1垒。安全到达1垒后可以冲过垒位，但应立即返回。有可能更进一垒时，应按照跑垒指导员的手势，及早做好拐小弯的动作，用左脚踏触1垒垒包内侧后，奔向2垒。滑垒是为了避免守方的触杀，避免冲撞守队队员。滑垒共有4种姿势：单脚冲前坐势滑进；双脚冲前，单脚钩垒；双脚冲前从垒侧滑过后，翻身用手抓垒；双手冲前，用腹部滑进触垒。在滑垒中，双方均应注意避免互相冲撞和钉鞋伤人。

（二）基本战术

棒球基本战术分为进攻战术和防守战术。

1. 进攻战术

一般是按照全队所规定的战术及教练临场发的战术暗号进行。常用的进攻战术有：

（1）等一个球战术：即投手投来的第一个球不击，以观察投手的动作及实力。

（2）积极迎击第一个球：以达到攻其不备的目的。

（3）击出高远球：准备牺牲自己促使同队进垒得分。

（4）打了就跑战术：即把球击到1垒跑垒员身后的空隙地带，使其他跑垒员安全进到2垒或抢到3垒，破坏对方企图制造双杀的机会。

（5）跑了再打战术：即跑垒员先偷垒，击球员随后击球。

（6）触击牺牲打：击球员用触击将球击向1垒或3垒，击出地滚球引诱守队“杀”1垒，击球员牺牲自己，使同队进垒或返回本垒得分。

（7）1、3跑垒员双偷垒战术：制造3垒跑垒员返回本垒得分机会。

2. 防守战术

全队密切配合，及时移动补位和进行掩护，以防止攻队进垒或得分，常用的战术有：

（1）接球后传1垒封杀击跑员。

（2）双杀战术：接球后传到最近垒位封杀跑垒员，随即传球到1垒封杀击跑员造成双杀。

（3）夹杀战术：守队互相配合传球，截杀在垒间的跑垒员，逼赶跑垒员退回原垒并乘机在垒间触杀之。

（4）防止双偷垒战术：由接手指挥行动，由游击手，2垒手或投手做中间策应拦截接手传2垒的球，再传回本垒，截杀3垒跑垒员。如3垒跑垒员不抢回本垒，即由守2垒的队员接球，截杀1垒跑垒。

（5）变幻投球战术：投手针对击球员不同弱点，投出不同的球，如快速球、变速球、曲线球或下坠球等，使击球员无法击中来球，造成出局。

（6）缩小防圈战术：为了防止击球员采用牺牲触击球战术，缩短防守距离，明确本垒前各区有人负责截接球，其余各队员应移动补位防守。

总之，不论是攻或守均应有统一指挥，统一暗号，平常训练时反复运用，比赛时才能配合默契，应用自如。

五、比赛基本规则

一个棒球队可以有 20 名队员，但只能有 9 名队员上场（替补队员没数量限制，但是替补队员不能第二次上场比赛）。棒球比赛分两队进行比赛，轮流进攻和防守，攻队队员在本垒用棒击守队投手投来的球后，若能顺利踏过一垒、二垒、三垒并安全回到本垒，就可得一分。攻队每次只可派一名队员上本垒击棒，一个打完再轮下一个。上场进攻的队员最多不会超出 4 人，他们持棒击球时被叫作“击球员”，上垒以后改叫“跑垒员”。

守队则 9 人全部持手套上场，任务就是千方百计不让跑垒员顺利通过三个垒位，要在跑垒员回到本垒之前把他截杀出局。截杀的方法通常有三种：一是在球落地以前接住；二是在跑垒员到达之前持球踏垒；三是持球碰触跑垒员。应该用哪一种方法只能具体情况具体分析。三个球员出局就交换攻守，一攻一守为一局，正式比赛一般为 9 局。一场比赛需要 4 名裁判员。

第七节　垒球运动

一、垒球运动的起源

垒球运动起源于美国，是由棒球运动演变而来。由于棒球运动需要的场地太大，雨雪天气时无法在室外活动，1887 年在美国芝加哥，人们首先将棒球场缩小并移至室内进行，时称“室内棒球”。数年后改在室外进行。为了有别于棒球，于 1933 年正式取名为“垒球”，成立美国垒球协会并举办全美男、女垒球比赛。次年又制定统一的规则，逐渐流行世界各地。

二、垒球运动的发展概况

1952 年成立国际垒球联合会。1965 年起每四年举办一次世界性成年男、女和少年男、女垒球锦标赛。成年人比赛分“快投”与“慢投”两种。随着垒球运动的发展，1996 年第 26 届奥运会将女子垒球（快投）列为正式比赛项目。

三、我国垒球运动的发展简况

垒球运动传入中国较早，开始时是作为学校体育课内容，直到 1924 年旧中国第 3 届全国运动会首次将女子垒球列为表演项目。1933 年旧中国第 5 届全国运动会将女子垒球正式列入比赛项目。中国于1980年参加国际垒球联合会。至今女子垒球在国内开展较为广泛，运动水平也逐年提高，多次在国际比赛中获得佳绩，在1996年第26届奥运会比赛中，中国队因为一个有争议的判罚惜败于美国队获得亚军。

四、垒球运动的器材和场地

（一）器材

1. 球

球呈圆状，用橡皮或软木为球芯，以纱线或尼龙线缠紧并涂上胶质，球面用白色马皮或牛皮与球芯粘牢，用明线缝合。球面应整洁平滑。重量应为177.19克至198.45克，圆周长30.10厘米。

垒球及球棒

2. 球棒

球棒用木料、竹料或金属制成，棒面平滑，呈一整体圆柱形。握柄一端较细，用软木、胶布或其他混合物缠绕，长不得超过86.36厘米，最粗端的直径不得超过5.72厘米，重量不得超过1 077.3克。

3. 护具

护具主要包括手套、护胸和面罩。手套应为革制，除接手和一垒手可用连指手套外，其他队员只允许用分指手套。

（二）场地

通常，垒球的内场为泥地，外场是草地。因为垒球场内场被本垒和其他三垒围成一个菱形，所以垒球场也被称为菱形场。垒与垒间隔18.3米，一条假想的线将四个垒连成一个锐角为45度的菱形。

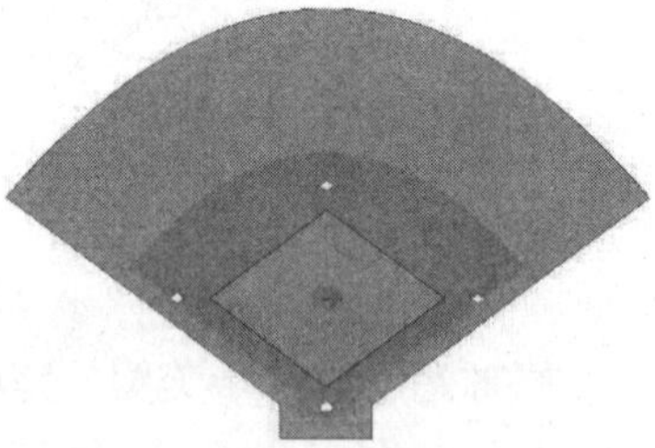

垒球场地形状

五、垒球的基本技、战术

（一）基本技术

垒球基本技术包括投球、传球、接球、击球、跑垒和滑垒。其中除投球外，与棒球基本相同。垒球限定只能用低手投球。

世界各国垒球投手的低手投球法多采用以下3种姿势，即后摆（包括“8”字）、绕环和弓式。

1. 后摆

起动投球时，持球右臂随转体直接后摆至身后与肩平或高过肩，随左脚伸踏、向前转体和右脚蹬板将右臂急速用力前送，通过体侧时用力甩臂、扣腕、拨指将球投出。“8”字是后摆技术的发展，摆臂动作是“8”字形，后摆幅度大、出手低、自然上升并以大角度斜线球为特点。

2. 绕环

起动投球时，右臂随左脚伸踏由前向上经过头顶继续向后绕环，左臂下落前摆在投球出手瞬间，小臂碰触胯部（突然制动以使球加速），手指使用不同的拨球方法投出各种不同的变化球。这种投球法风靡世界。

3. 弓式

这种投球法，后摆过头，落臂前摆近似绕环投法，因呈“弓”形而得名。投球的变化，关键在于使用不同的握球方法、扣腕、拨指和甩臂技术，使球体在飞行中产生不同的旋转。例如，投下坠球就要使球体向飞行方向作由上向下的旋转，投上升球则与其相反。投曲线球就要使球体向左或向右旋转。投飘球则使球体在飞行中不旋转，利用气流的作用，使球在前进中慢慢晃动，以此迷惑击球员难以果断挥棒。

（二）垒球战术

世界强队大多拥有多名强打手和安打手。进攻时，常规战术多采用隐蔽性、诱骗性强的触击、推击、敲击变换使用，2 击后的触击、满垒抢分触击等反常规战术的应用也在增多。为适应进攻战术发展，防守战术也在不断变化和提高，在防触击时多采用 4 人防守和以中轴线为核心的防守战术等。

六、比赛规则

（一）赛制

垒球比赛常采用单循环和双循环制。为使比赛更加紧张激烈，使真正具有实力的队伍取得应有的名次，1978 年国际垒联首创了“佩奇制”（page）竞赛方法。这种赛制多用在比赛的第二阶段，第一阶段用其他方式决出名次，然后依次排出 4 队为一组，通过佩奇制决定最终名次。第一组决出 1—4 名，第二组为 5—8 名，以下依次类推。1985 年又做出加赛规定：凡进入佩奇制比赛的第 1 名（或 5、9、13 名），在直接进入决赛的情况下，如负给对方，则采用加赛一场的办法决定最后名次。

（二）得分

在一局比赛中，如果击球手击中球后沿逆时针方向顺利到达一垒，然后跑完所有的三垒，最后跑回本垒，此时，这支球队得一分。击球手击中对方队员投出来的球后，该击球手占得一垒。击球手击出来的球必须落在边线以内，对方接球队员之前，这样，对方接球队员就有可能用其手套将球接住。在接球手拿球上垒之前，击球手必须先到该垒。

（三）其他规则

如果击球手打出一粒边界球，除非该队员在此之前已击出两粒好球，那么这个球算击球手的一次失误。

如果击球队员在前两次击球失败后，第三次击出的球被接球队员接住，那么，该击球手就会以三击不中而被淘汰出局。

接球手一旦接到被击球手打到空中的球，跑垒员就必须离开本垒，然后在接球手之前赶到下一垒。

在球被接到之前，如果跑垒员跑离本垒，而且，接球队员在跑垒员赶回之前拿到球并成功上垒的话，那么，该跑垒员被淘汰出局。

击球手可以跑过第一垒，但如果他跑过或滑过第二垒或第三垒，就有可能被接球手追上而被淘汰。击球手在第三打时，触击球犯规就会被淘汰。

队员被替换下场之后可以重新上场，但是一名替补只能替换一名场上球员。

第五章 武术和跆拳道运动

第一节　武　术

一、武术运动的起源与发展

武术是我国独具风格的一项强身健体、训练格斗的民族传统体育项目，又称功夫或国术，它具有悠久的历史和广泛的群众基础，是中国人民在长期的实践中不断积累和丰富起来的宝贵的文化遗产，它的内容丰富多彩，形式多种多样，它是把踢、打、摔、拿、击、劈、刺等动作按照一定的组合形成徒手的和器械的攻防技术。现代社会，武术逐渐由实用的攻防技术转变为强身健体的锻炼手段，它不仅能使人们在形体上得到锻炼，而且也能使身心得到全面发展，同时也能培养勇猛、顽强、坚忍不拔的意志品质。长期从事武术锻炼，将受益终身。

1949 年后我国相继制定了武术竞赛规则和运动员等级标准（分武英级、一、二、三级武士和武童级）。1956 年成立了中国武术协会。1957 年武术被列为国家体育竞赛项目。1990 年在北京举办的第 11 届亚运会上，武术被列为正式比赛项目。1991 年第 1 届世界武术锦标赛在中国北京举行。

武术是人们思维和生活方式的一种艺术，尤其是它鼓励人们培养良好的道德修养和正义感。长期的武术锻炼能磨炼人们坚忍不拔、积极向上的品质，达到临危不惧、处乱不惊的境界。人们以武术为载体，以一种近乎纯净的状态，孜孜追求人类精神文明的美好境界，最大限度追求对自身潜力的发挥和自我身心的完善。

二、武术运动项目的特点

（一）寓技击于体育之中

武术最初作为军事训练手段，与古代军事斗争紧密相连，其技击的特性是显而易见的。在实用中，其目的在于杀伤、限制对方，它常常以最有效的技击方法，迫使对方失去反抗能力。这些技击术至今仍在军队、公安中被采用。武术作为体育运动，技术上仍不失攻防技击的特性，它将技击寓于搏斗与套路运动之中。搏斗运动集中体现了武术攻防格斗的特点，在技术上与实用技击基本上是一致的，但是从体育观念出发，它受到竞赛规则的制约，以不伤害对方为原则。如在散手中对武术中有些传统的实用技击方法做了限制，而且严格规定了击打部位和保护护具，短兵中使用的器具也做了相应的变化，推手则是在特殊技术规定下进行竞技对抗的。因此，可以说武术的搏斗运动具有很强的攻防技击性，但又与实用技击有所区别。

套路运动是中国武术的一个特有的表现形式，不少动作在技术规格、运动幅度等方面与技击的原形动作有所变化，但是动作方法仍然保留了技击的特性。即使因连结贯串及演练技巧上的需要，穿插了一些不一定具有攻防技击意义的动作，然而就整套技术而言，主要的动作仍然是以踢、打、摔、拿、击、刺诸法为主，是套路的技术核心。它的攻防技击特性是通过一招一式来表现的，汇集百家。短兵中不宜采用的技术方法，在套路运动中仍有所体现。

（二）内外合一，形神兼备

内外合一的整体观，是中国武术的一大特色。所谓内，指心、神、意等心志活动和气总的运行；所谓外，即手眼身步等形体活动。内与外、形与神是相互联系统一的整体。

武术“内外合一，形神兼备”的特点主要通过武术功法和技法来体现。“内练精气神，外练筋骨皮”是各家各派练功的准则，如太极拳主张身心合修，要求“以心行气，以气运身”。形意拳讲究“内三合，外三合”，少林拳也要求精、力、气、骨、神内外兼修。此外武术套路在技术上往往要求把内在精气神与外部形体动作紧密相合，完整一气，做到“心动形随”“形断意连”“势断气连”。以“手眼身法步，精神气力功”八法的变化来锻炼心身。这一特点反映了中国武术作为一种文化形式在长期的历史演进中倍受中国古代哲学、医学、美学等方面的渗透和影响，形成了独具民族风格的练功方法和运动形式。

（三）武术的练习形式、内容丰富多样

武术中有竞技对抗性的散手、推手、短兵，有适合演练的各种拳术、器械和对练，还有与其相适应的各种练功方法。不同的拳种和器械有不同的动作结构、技术要求、运动风格和运动量，分别适应人们不同年龄、性别、体质的需求，人们可以根据自己的条件和兴趣爱好进行选择练习，同时它对场地、器材的要求较低，俗称“拳打卧牛之地”，练习者可以根据场地的大小变化练习内容和方式，即使一时没有器械也可以徒手练气、练功。一般来说，受时间、季节限制也很小。较之不少体育运动项目，具有更为广泛的适应性，武术能在广大民间历久不衰，与这一特点不无关系，利用这一特点可为现代群众性体育活动提供方便，使武术进一步社会化。

三、武术运动的锻炼价值

武术运动在长期的实践中积累了很多行之有效的锻炼手段，逐步形成了一整套较完整的运动系统，可使身体各部位得到较全面的锻炼。中华武术内容丰富，且具有广泛的适应性，它对运动条件要求不高，简便易行；它可以供不同年龄、性别、职业、体质情况的人选练；它不受天气、季节、时间的限制；它的器械、场地也可因陋就简；它是作为终身体育锻炼最理想的运动项目之一。

（一）锻炼身体，强身祛病

武术动作有刚有柔，各具风格特色，长期进行锻炼，对身体的中枢神经系统、内脏器官、骨骼、肌肉、关节、韧带等都会起到锻炼作用，有利于身体的柔韧、力量、速度、耐力、灵敏性等身体素质的全面发展，有利于勇敢、顽强的意志品质的培养。例如太极拳尤其适合年老体弱的人和慢性病患者，它是一种良好的体育医疗手段。

（二）培养攻防意识

武术套路都利于健身，而且套路中的招式实际上都是格斗的攻防动作和姿势。如拳术中的踢、打、摔、拿、点，太极拳中的掤、捋、挤、按、采、挒、肘、靠等动作，都具有攻防的含义。通过武术锻炼，不仅能增强体质，而且能培养攻防意识，这在平时健身防身和国防上具有一定的现实意义。

（三）武术的姿势、动作富有艺术性

武术运动要求节奏鲜明，一招一式都要舒展大方；富有力量，造型优美，构成了武术所特有的艺术魅力，为人们所喜爱。通过武术运动不仅能发展身体的灵活性、协调性，提高内脏器官和中枢神经系统的功能，还能陶冶人们的情操，培养民族自豪感和提高艺术欣赏能力。

四、武术基本技术

（一）手型

武术运动中常用的手型有拳、掌、勾三种（图 5.1.1）。

拳：四指卷紧，拇指压于食指、中指第二指节上。

掌：四指伸直并拢，拇指弯曲紧扣于虎口处，掌面要平，任何四指不准凸出掌面。

勾：五指尖捏拢成勾，屈腕。

图 5.1.1

（二）手法

武术中常用的手法如图 5.1.2 所示。

图 5. 1. 2

（三）步型

武术中常用的步型有弓步、马步、虚步、仆步和歇步五种（图 5. 1. 3）。

1. 弓步

前腿屈膝半蹲，大腿接近水平，膝盖向前与脚尖垂直，后腿挺膝伸直，脚尖内扣两脚全掌着地。

2. 马步

两脚平行开立大于肩宽，两腿屈膝半蹲，大腿屈平。

3. 虚步

一腿屈膝半蹲，大腿近似水平，另一腿稍屈膝前伸，脚拇指虚点地面。

4. 仆步

一腿全蹲，脚尖稍外展，另一腿伸直平铺地面，脚尖内扣，两脚全掌着地。

5. 歇步

两脚前后交叉站立，屈膝全蹲，后腿膝盖前插与前腿膝窝小腿外侧贴紧，臀部坐于后腿脚跟处。前脚全掌着地，后脚前脚掌着地。

图 5. 1. 3

（四）腿部练习

武术中的腿部练习方法如图 5. 1. 4 所示。

正压腿
侧压腿
后压腿
仆步压腿
竖叉劈腿
横叉劈腿
正搬腿
侧搬腿
后搬腿
正踢腿
斜踢腿
侧踢腿
外摆腿
里合腿
弹腿
侧踹腿
蹬腿
前扫腿
后扫腿

图 5. 1. 4

（五）腰部练习

武术中的腰部练习方法如图 5.1.5 所示。

图 5.1.5

（六）组合练习

以五步拳为例，动作如下：

弓步冲拳—弹腿冲拳—马步架打—歇步盖冲拳—提膝仆步穿掌—虚步挑掌—并步抱拳。

预备姿势（图 5.1.6）：并步抱拳。

图 5.1.6

动作说明：

1. 弓步冲拳（图 5.1.7）

成左弓步，左手向左平搂收回腰间抱拳，冲右拳，目视前方。

图 5.1.7

2. 弹腿冲拳（图 5.1.8）

重心前移，右腿向前弹踢，同时冲左拳，收右拳，目视前方。

图 5.1.8

3. 马步架打（图 5.1.9）

右脚落地，向左转体 90°，下蹲成马步，同时左拳变掌，屈臂上架，冲右拳，目视右方。

图 5.1.9

4. 歇步盖冲拳（图 5.1.10）

左脚向右脚后插一步，同时右拳变掌向左下盖，掌外沿向前，身体左转 90°，收左拳；目视右掌；上身不动，两腿屈膝成歇步，同时冲左拳，收右拳，目视左拳。

图 5.1.10

5. 提膝仆步穿掌（图 5.1.11）

两腿起立，身体左转。随即左拳变掌，顺势收至右腋下；右拳变掌，由左手背上穿出，手心向上。同时左腿屈膝提起，目视右手上动不停，左脚落地成仆步；左手掌指朝前，沿左腿内侧穿至左脚面，目视左掌。

图 5.1.11

6. 虚步挑掌（图 5.1.12）

左腿屈膝前弓，右脚前上成右虚步。同时左手向后划弧成勾手，右手顺右腿外侧向上挑掌，目视前方。

图 5.1.12

7. 并步抱拳（图 5.1.13）

左脚向右脚靠拢成并步。同时左钩手和右掌变拳，回收抱于腰间，目视前方。

图 5.1.13

第二节 跆拳道

本节概述了跆拳道的渊源与礼仪，详细介绍了其实战姿势、进攻拳法和进攻腿法等基本技术。

一、跆拳道运动简介

跆拳道（Taekwondo，TKD），是一项运用手脚技术进行搏击格斗的体育项目。跆意为以脚蹬踢、腾跃；拳意为以拳头击打、防御；道意为人生的正确道路，是技术方法和精神的修炼。它是在吸收中国传统武术和日本空手道的基础上创新与发展起来的一门独特技击术，由品势（拳套）、搏击、功力检验三部分内容组成。跆拳道最为注重的并非格斗，而是提高技艺和磨炼品质，在艰难的练习中培养练习者理想的人格和体魄。

跆拳道古称跆跟、花郎道，是起源于古代朝鲜的民间武艺。早在公元688年，新罗王国统一朝鲜后，便建立了“花郎制度”。到真兴王时，创立了“花郎道”，即将年轻人组织到一起进行武艺锻炼，其宗旨是“事君以忠，事亲以孝，事友以信，临阵无退，杀身有择”。

1973年，世界跆拳道联合会（WTF）在首尔成立，同年，第一届跆拳道世界锦标赛举行。1974年，第一届亚洲锦标赛举行。1980年，其被国际奥委会正式承认。1986年，跆拳道被列为第十届亚运会正式比赛项目。1988年，其成为第二十四届汉城奥运会表演项目。2000年，其被列入第二十七届悉尼奥运会正式比赛项目。每年的9月4日为世界跆拳道日。

跆拳道有“十级”“三品”“九段”的划分。“级”分为10级至1级，10级水平最低，1级较高。1级以后入“段”，段位从低到高分为一段至九段。未成年选手达到一段至三段水平，则授予“一品”至“三品”。腰带的颜色则代表着选手的技术水平，从低到高依次为白带（10级）、白黄带（9级）、黄带（8级）、黄绿带（7级）、绿带（6级）、绿蓝带（5级）、蓝带（4级）、蓝红带（3级）、红带（2级）、红黑带（1级、一品至三品）、黑带（一段至九段）。

二、跆拳道基本技术

跆拳道运动以腿为主，拳脚并用，以刚制刚，内外兼修。

（一）实战姿势

实战姿势即预备姿势。如图5.2.1所示，两脚前后开立（左脚在前为左势，右脚在前为右势），与肩同宽，前脚脚尖右摆15°～45°，后脚脚尖右摆90°～110°，后脚跟稍提起，膝微屈，身体重心落于两脚之间。上体直立，斜向右前方，双手握拳，两臂微屈肘，自然垂放，目视前方。

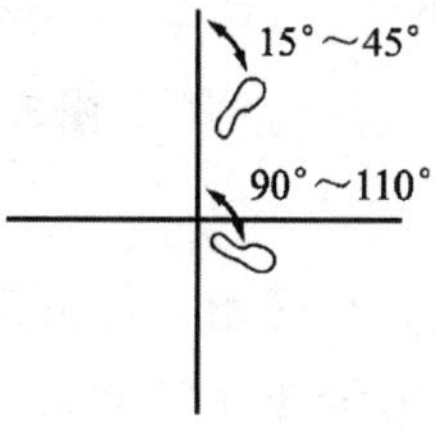

图5.2.1

图5.2.2

（二）进攻拳法

进攻拳法（直拳）如图5.2.2所示，左脚蹬地，上体快速有力地向左前方扭转。同时，右臂内旋，拳心向下方转动，拳面、前臂、肘关节与肩成一条直线，快速弹伸。

动作要点：蹬地、转髋、转腰、顺肩一气呵成，力达拳面；击打时，全身关节应富有弹性。

（三）进攻腿法

1. 前踢

如图 5.2.3 所示，实战姿势开始，右脚蹬地，髋关节向左旋转，双手握拳置于胸前；右腿屈膝上提，脚面稍绷直，当大腿抬至水平或稍高时，小腿快速向前上方弹出，右腿蹦直，用脚面或前脚掌击打目标；踢击后快速右转髋，使小腿沿原路折叠返回，右脚落于左脚前，仍呈实战姿势。前踢发力部位由脚尖改为脚跟时，前踢动作即变为前蹬动作。

图 5.2.3

主要攻击部位有面部、下颌、腹部等，亦可用于防守。

动作要点：抬腿时，膝关节夹紧，小腿放松；高踢时，髋关节往前送，膝关节抬高；小腿前踢与回收速度一样迅速。

2. 横踢

如图 5.2.4 所示，实战姿势开始，右脚蹬地，重心前移至左腿，右腿屈膝提起，双手握拳置于胸前；左脚外旋 180°，髋关节左转，左膝内扣，同时小腿迅速有力地向左前方横向踢出，力达脚背；顺鞭打之势上体右转，右腿屈膝回收，右脚落回原处，成实战姿势。

主要攻击部位有头部、胸部、腹部、肋部等。

动作要点：转身、踢腿要一气呵成；踢腿时，腰、髋、膝、腿、踝成一直线，踝关节下扣。

图 5.2.4

3. 侧踢

如图 5.2.5 所示，实战姿势开始，右脚蹬地屈膝提起，左脚以前脚掌为轴外旋 180°，髋关节左转；同时右脚向右前方直线踢出，力点在脚刃与脚跟。发力后沿起腿路线收腿落地，成实战姿势。

图 5.2.5

主要攻击部位有头部、胸部、腹部、肋部、膝部等。

动作要点：起腿时，大小腿、膝关节夹紧；提膝、转体、展髋，一气呵成；踢击时，头、肩、髋、腰、膝、腿、踝在同一直线上。

4. 后旋踢

以左势开始，两脚掌均内旋约180°，身体随之右转约90°，上体持续右转，与双腿拧成一定角度，右脚蹬地，以髋关节为轴提膝摆起，右腿继续向右后旋摆鞭打，呈弧形摆至身体右侧后，右腿屈膝回收，顺势放松，仍成左势实战姿势。

主要攻击部位有头部、胸部等。

动作要点：转身、旋转、踢腿一气呵成，无停顿；重心在原地旋转360°，屈膝抬腿的速度要快；蹬地、转腰、转上体、摆腿顺序发力，击打点在正前方，呈水平弧线。

5. 下劈

如图5.2.6所示，从左势实战姿势开始，右脚向后蹬地，身体重心前移至左腿，双手握拳置于胸前；右腿以髋关节为轴屈膝上提，左脚跟提起，左腿伸直；膝关节至胸部时，小腿迅速向上伸直，右脚尽量上举至头部上方。然后放松、快速下落，以右脚掌与脚跟为力点劈击目标，右脚落地，成右势实战姿势。

图5.2.6

主要攻击部位有头顶、面部等。

动作要点：身体重心往高起，向上送髋，脚尽量高抬、往头后举。起腿要快速、果断；脚、踝关节放松往下劈落，落地应有控制。

6. 推踢

如图5.2.7所示，实战姿势开始，右脚蹬地，身体重心前移至左脚，右腿屈膝提起，左脚以前脚掌为轴外旋约90°，重心向前压，同时右脚迅速向正前方水平推踢，力达脚掌，推踢后迅速屈膝，身体重心前落成左势。

主要攻击部位为腹部。

动作要点：提膝时尽量收紧膝关节；身体重心往前移，增加前推力度。

图5.2.7

7. 后踢

如图5.2.8所示，实战姿势开始，转身，背对对方，右脚前蹬后屈膝提起，髋关节收紧，右脚贴近左大腿；随即左腿蹬地伸直，右脚向右后方随展髋伸膝向后方直线踢出，上体侧倾，力达脚跟；踢击后，右腿按原路线迅速收回，呈实战姿势。

图5.2.8

主要攻击部位有头部、胸部、腹部、裆部、膝部等。

动作要点：起腿后上体和大小腿应折叠收紧，蓄势待发；转身、提腿、出脚、发力一气呵成。

第六章 剑道运动

第一节 剑道简介

一、剑道的起源

剑道发源于中国的剑术，在隋唐时期传入日本，再经日本人的研习修改，扬长补短，最终形成独特的刀法技术。剑道在古代主要用来保家卫国，防御外敌的侵犯及维护社会秩序与和平，直到19世纪末，才渐渐成为一项武术运动。目前在日本和韩国，剑道已成为警察的必修训练课程，法国、巴西的警界也极为重视，剑道已普及到世界各地40多个国家和地区，我国台湾地区的技术水准约排在世界前三名以内。

二、剑道的特性

剑道具有运动和武道的本质，初学者需要用体能来施展剑技，当技术成熟后，则多以策略取胜。通常年轻时较多用体能，以快速与密集的攻击为主；年长后则可利用经验和智力，以及适时的攻守技法来克敌制胜。

剑道是一种自律自主的活动，格斗时必须专注、认真，以坚忍不拔的精神来抗衡对方的攻击，以期能在逆境中磨炼成长。练习时常有孤注一掷、舍身攻向对方的动作，因此，不仅能培养出坚强的意志力，也能培育出专注、果敢的性格，以及积极进取的工作态度。

三、剑道训练的方式

剑道属于武术运动，初学时需要使用体力来施展剑技，当技术成熟后，则较多地以智谋取胜。教学时需因人而异，给予适合的练习时间与次数。但学习的态度必须严格认真，才能得到实质的效果。

对初学者而言，剑道训练的方式应先以分解动作开始，再由单击动作做到连击动作，然后逐渐进入连锁式的练习，再转入密集型的冲击训练。训练间倘若发现个人有不易学习的动作，再给予个别指导。如此逐步演进到全盘性的练习，可以将反击动作巧妙地合并和应用在练习当中，再扩展成互相对峙时心对心的攻守对抗。

四、有效打击的部位与判决认定

剑道的有效打击部位为面部（包括正面、左右面）、喉部、腹部（左右腹）、手部（左右手腕），以上均为身体的要害部位。有效打击的认定，要依打击时的气势、间距、机会、打击位置、打击力量等综合而定。

五、学习的功效

剑道兼具运动和武术的本质，长期修习，不仅能促进身体健康、增强精神活力，还能培养出坚强的意志力、专注力和果敢进取的性格，以及敏锐的判断力和冷静自信的态度，所以习之不辍，终身受益。

六、如何去欣赏和观看剑道

事实上剑技只是一种手段，双方出手前的对峙，则是心对心的交战，因此，欣赏和观看剑道比赛可从外在的技术和内在的心理两方面来看。技术方面，主要看其动作是否利落，姿势是否优美，精神是否饱满。心理方面，观看其临场情绪表现是冷静或浮躁，交战中是否能有敏锐正确的判断力，如何采取合适的因应对策，如先发制人、以逸待劳或反击制胜的战术运用等，便可看出习剑者的智慧与修炼。

第二节　剑道装备和基本步伐

剑道是日本的一种传统户内运动项目，练习和比赛时需要配备装备。剑道装备有普通和高档之分。初学者不需要护具，只需要一把竹剑和一套剑道服就可以了。这个时候练习的都是最基础的动作，包括礼仪、步法、挥刀等。练习到了一定程度才开始需要购买护具。

一、剑道的装备

现代的剑道运动，是使用竹刀、穿着护具进行真实的各项招式的格斗，所以在器材上也有特别的讲究。剑道的装备如图 6.2.1 所示，竹刀是以四片竹板外加刀尖皮及握柄皮组合而成，护具有面具、护胸、腰垂、手套及棉质衣裤。

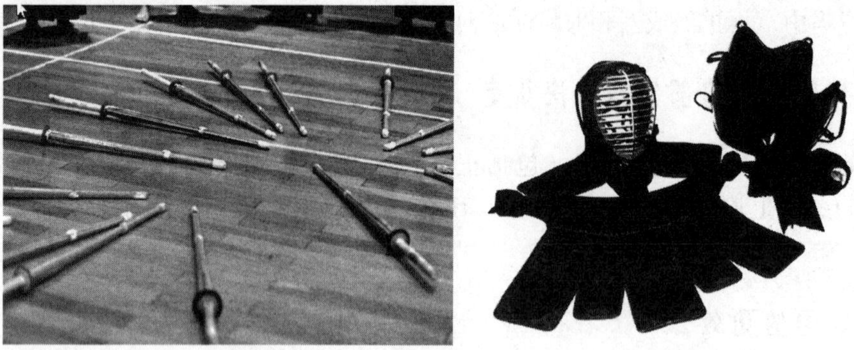

图 6.2.1

二、剑道基本步法的介绍

在剑道中最基本的脚步移动方式是俗称滑步的“折足”（Suri Ashi），其要点是向滑行一样地移动脚步，脚贴地面。这种移动方法可以最大限度地减少身体在移动中的晃动，防止不必要的姿势改变，使练习者在下半身稳定的同时，有能力自由地移动上半身并做出必要的技术动作。在剑道的 4 种基本步法——步足（Ayumi Ashi）、送足（Okuri Ashi）、继足（Tsugi Ashi）、开足（Hiraki Ashi）中，折足是非常重要的基本移动方式。

（一）步足

在使用步足的步法时，除了要用折足的方式滑行移动外，双脚的移动顺序和落地位置与我们平时走路的方式相同。步足可以理解为用滑步的方式走路。练习时注意身体保持正直，不可前后左右摇晃。步足通常用于远距离的快速前进或后退，其步法如图 6.2.2 所示。

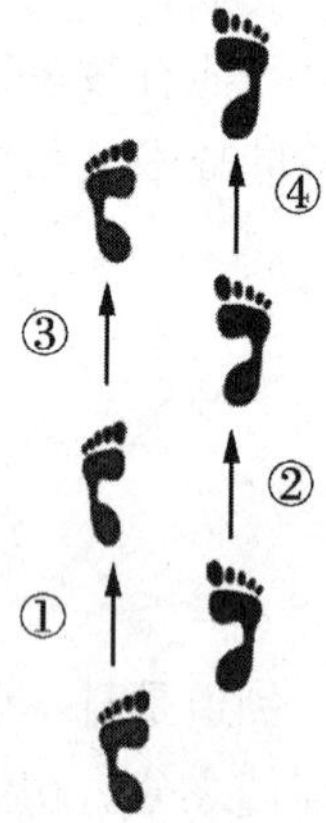

图 6.2.2

（二）送足

送足是最重要的剑道步法，也是初学者感觉难度最大的一种，所以需要特别重视。如图 6.2.3 所示，在初始位置，右脚为前脚，左脚为后脚，左脚跟微微抬起，但切忌过高，通常的做法是左脚跟抬起的高度达到能容下一张纸插入就可以。

开始向前移动的时候，先移动前脚步足；开始后退移动时，先移动后脚。

总结一下，在基本的前后送足练习中，前进时先迈出右脚，后退时先迈出左脚。

左右移动时，向右则先迈右脚，向左就先迈左脚。

斜向的送足移动时，在移动方向上的脚先迈出，特别注意向左前和右后的移动，不要做成交叉步。

注意：在送足的练习中，无论后迈出的脚是左脚还是右脚，后迈出的脚都永远不能在移动的方向上超过先迈出的脚。

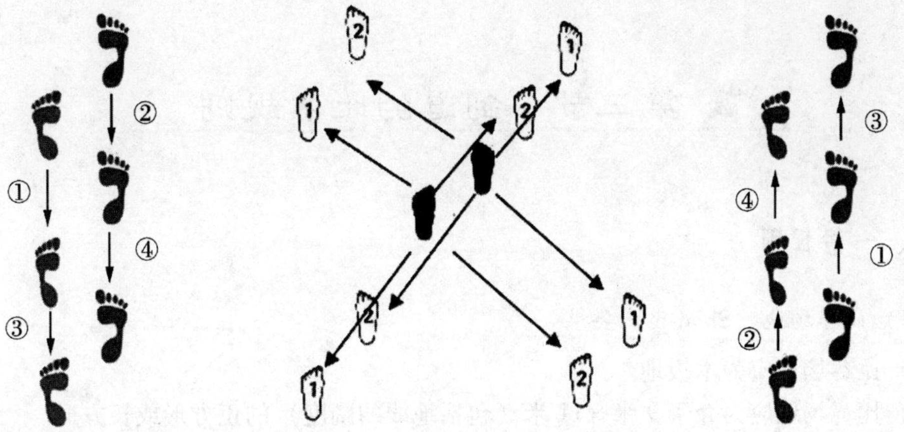

图 6.2.3

（三）开足

开足的步法主要用于斜向或侧向转动身体以攻击或防御，如图 6.2.4 所示。

（四）继足

在送足的练习中，向前移动时，必须先移动前脚。而在继足的步法中，后脚先移动到接近前脚的位置，但移动停止的位置不超越前脚（这一过程也称为“偷步”，因为可以借助裤裙的掩护，在不让对手发现的情况下，缩短和对手的距离，方便打击），然后前脚大步向前（图 6.2.5）。

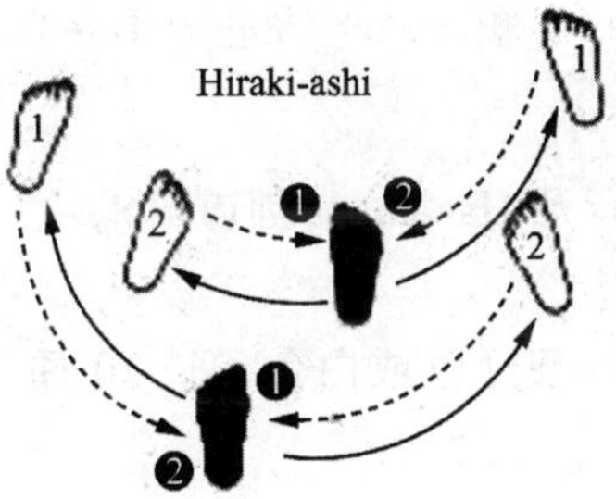

图 6.2.4

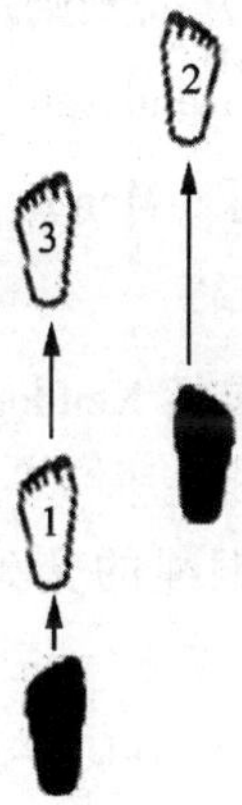

图 6.2.5

注意：继足只用于向前移动，特别是从远距离打击对手时采用，是一种相对比较高级的步法。

第三节　剑道的比赛规则

一、一般规则

（一）比赛场地（Shiai-jo）要求

（1）比赛场地应为木板地。

（2）比赛场地应为介于9米×11米（包括地线的阔度）的正方形或长方形。

（3）一个交叉划在场中央，两条开始线（Kaishi-sen）划在交叉的两面，与交叉距离相等。

（4）比赛场边以外应有1.5米宽的空间。

（5）地线应是5—10厘米宽的白线。

（二）竹剑（Shinai）要求

比赛的竹剑只可是由竹或经日本剑道大联盟批准的纤维造成。要注意的是：

（1）剑内不可藏有Sakigawa（固定剑尖）和Chigiri（连接4片竹子的铁片）以外的东西。

（2）竹剑的规格依照大会规定。

（3）剑锷（Tsuba）要是圆形的，其直径不可超过9厘米。

（三）剑道装备（Kendo-gu）要求

剑道装备应包括面（Men）、甲手（Kote）、胴（Do）及垂（Tare）。

（四）剑道服装要求

（1）剑道服装应包括Kendogi（剑道衣）及Hakama（剑道裙）。

（2）姓名标签应放在垂（Tare）的外面。

（3）比赛者应在铜绳的交叉点上戴上一条红色或白色，长70厘米、宽5厘米的布（Mejirushi）。

（五）比赛（Shiai）时间要求

一场常规的比赛应是3分钟或5分钟，加时3分钟。主裁判（Sushin）宣告有效得分（Yuko-datotsu）及暂停比赛的时候将暂停计时。

（六）如何裁定胜负

（1）比赛多是3分比赛（Sanbon-shobu），但有时由于时间关系，也可能是1分比赛（lppon-shobu）。

（2）在3分比赛中，先得2分者胜出；另外，若一方先得1分，其后对手并未能得分，得1分者将胜出。

（3）如在法定时间内双方未能分出胜负，在加时赛中，谁先得分便胜出。如果没有加时，胜负将由裁判决定（Hantei）或抽签（Chusen），或是宣布平手（Hikiwake）。

二、团体比赛规则

哪一队的胜出者较多则哪一队为胜方，如胜出者数目相同，得分多的一方将胜出。如得分也相同，双方将各派出一名代表来决出胜负。

若比赛是依 Kachinuki 方法，双方对打的时候，胜出的一位可继续打下一场，直至其中一队先把对方所有对手击败为止。

三、开始、终止及暂停比赛规则

（一）总则

（1）主裁判应宣布开始、暂停、继续及停止比赛。

（2）任何裁判均可宣告暂停比赛，之后由主裁判宣告继续。

（3）如比赛者因意外原因不能继续比赛，比赛者可举手示意裁判，讲出原因，并要求暂停。

（二）具体比赛规则

1. 暂停（Yame）

当裁判叫暂停时，比赛者应返回起点线，等待裁判指示。

当裁判暂停比赛用来商议如何判决的时候，比赛者须返回场中央的两端坐低（son-kyo）。

2. 分开（Wakare）

这是裁判在比赛者交剑（或缠斗）过久时，叫他们分开的用语。当裁判叫分开时，比赛者应立即分开，返回中间，做中段架式。

3. 有效打突（Yuko-datotsu）

用竹剑打击有效的部位（Datotsu-bu），打击有效点，击中后有残心（Zanshin），谓之有效打突（Yuko-datotsu）。

竹剑用来打击的部位应是物打（Monouchi）的刀锋，物打大约是由剑尖（Kensen）至中结（Nakyuki）那部分，谓之有效打击部位。

有效打击点有面（Men）、小手（Kote）、胴（Do）及突部（Tsuki）。

当比赛者打出有效打突时，裁判会叫“men/kote/do/tsukiali”，这时比赛者应返回场中央做中段架式，待裁判宣布得分及继续比赛。

第七章 体操和健美操运动

体操和健美操是职业院校体育教学内容的重要组成部分。体操内容丰富，项目和动作多、变化多样，主要是通过动作、形体、音乐、服装、精神面貌等表现出来，给人以美的享受。健美操是在节奏强烈、旋律明快的音乐声中展现力与美。

第一节 体 操

一、体操概述

体操是指以徒手，持轻器械或在器械上按规定完成的具有一定艺术性的身体操练。

（一）体操的内容和分类

1. 体操的内容

体操的主要内容，早在18世纪已基本形成，随着社会的发展，练习内容和形式又有了新的发展。

（1）队列队形练习。

队列队形包括原地动作和行进间动作，有图形行进、队形变换等，是体育教学和军事训练中的主要练习形式和内容。

（2）徒手体操。

徒手体操是根据人体各部位的特点，通过一系列徒手动作，以不同的方向、路线、幅度、频率和节奏，按照一定顺序所组成的练习。

（3）器械体操（含轻器械）。

器械体操是在徒手操的基础上，通过利用竞技性器械（单杠、双杠、跳马、平衡木、吊环等）和实用性器械（哑铃、实心球、肋木等）进行的练习。

（4）跳跃。

主要是以下肢为主的跳跃和上、下肢结合的支撑跳跃。

（5）自由体操。

主要是由徒手体操、技巧的翻腾和各种跳跃平衡及力量性动作组成的成套动作练习。

（6）艺术体操。

主要是由徒手或持轻器械（绳、圈、棒、带、球等）在音乐伴奏下进行的身体练习。

（7）实用性体操。

主要是进行跑、跳、投、攀爬、平衡和翻越障碍的练习。

2. 体操的分类

体操的内容丰富而多样，项目众多，锻炼的作用也各有侧重，可依据不同的原则分类。下面按体操内容所要完成的主要任务进行分类介绍。

（1）基本体操。

基本体操是指为了增强体质，促进身体发展与提高基本活动能力所采用的体操练习，它包括队列队形练习、徒手操、健美操、轻器械体操和实用性练习等。

（2）竞技性体操。

竞技性体操是指通过长年科学系统的训练，为达到高超的技术水平，以争优夺胜为目的，有特定的竞赛规程和评判标准的一类体操，它包括竞技体操、竞技技巧和艺术体操。

（3）团体操。

团体操是以体操为主的群众性表演项目。通过徒手操、持轻器械体操、技巧、舞蹈、队列队形变化（组字、图案、造型）等配以音乐、服装、道具、背景等艺术装饰，反映一定主体思想。这种表演项目不受人数的限制，具有宣传教育和锻炼身体的效用，在一些大型的体育比赛和重大活动中被广泛采用。

（二）体操的特点

体操与其他运动项目相比较，有自己不同的特点，了解和掌握体操的特点，有助于更好地发挥体操的作用。

1. 内容丰富，形式多样，易于普及

体操不受年龄、性别、职业等限制，每个人都可根据自身的实际情况，选择合适的练习内容，以达到锻炼的效果。

2. 全面和有重点地锻炼人体

体操内容丰富，项目和动作多、变化多样，可以全面和有重点地锻炼人体的各个部位。

3. 教学训练中广泛采用保护帮助

体操有众多项目是在器械上完成的，动作多在“反常”状态下进行，具有一定的危险性，必须给予保护与帮助。

4. 有一定的艺术要求

体操是健、力、美的体现，运动员要通过动作、形体、音乐、服装、精神面貌等表现出来，给观众以美的享受。

5. 要不断创新

“发展才是硬道理”，体操运动要发展，就要不断创新（动作的难度、动作的质量、动作的编排等），只有这样，才能推动体操运动不断前进。

二、基本体操

基本体操是体育锻炼的最基本内容之一，是学校体育教学的主要内容和训练的辅助手段，可以促进青少年的身体正常生长发育，全面提高身体素质，获得必要的实用技能。下面着重介绍徒手操和轻器械体操。

（一）徒手操

徒手操根据练习形式不同，分为单人动作、双人动作、多人动作。单人动作根据人体解剖结构，又分为头颈动作、上肢动作、下肢动作、上体动作及全身动作。

1．单人动作内容及分类

（1）头颈动作。包括屈、转、绕和绕环。

（2）上肢动作。包括举、振、屈、伸、绕和绕环。

（3）上体动作。包括屈、转、绕和绕环、倾。

（4）下肢动作。包括举、踢、屈、伸、弓步、蹲、跳、绕和绕环。

（5）全身动作。包括立、撑、卧、坐。

2．双人、多人动作内容及分类

双人、多人动作是根据单人动作通过互相协调配合共同完成的动作练习，按用力性质的特点，分为助力性、协调性和对抗性3种动作。

助力性动作，即一个帮助另一个做动作。协调性动作，即两人互相借助对方配合做动作。对抗性动作，即两人相互对抗用力做动作。

（二）轻器械体操

轻器械体操是在徒手操基础上，通过手持哑铃、实心球、体操棍等轻器械，利用器械的特点进行练习，以达到锻炼身体目的的练习形式。下面主要介绍空心球和体操棍的练习。

1．实心球练习

实心球（橡胶）按质量分为0.5千克、1千克、2千克等规格，直径约为10—20厘米。实心球是一种安全实用的发展力量素质的轻器械，它的练习方法多种多样。

（1）向前掷球练习（图7.1.1—图7.1.2）。

方法：站姿，双手或单手持实心球于肩后，正面助跑2—3步向前上方掷球。

图7.1.1

图7.1.2

（2）抛球练习（图7.1.3）。

方法：面对或背对掷球方向，屈膝站立，双手持球在体前，蹬腿，全身用力向前上方或后上方掷球。

图 7.1.3

（3）向圆内掷球练习（图 7.1.4）。

方法：在 10—15 米处地面上画直径不大于 1 米的圆，用单手或双手向圆内掷球。

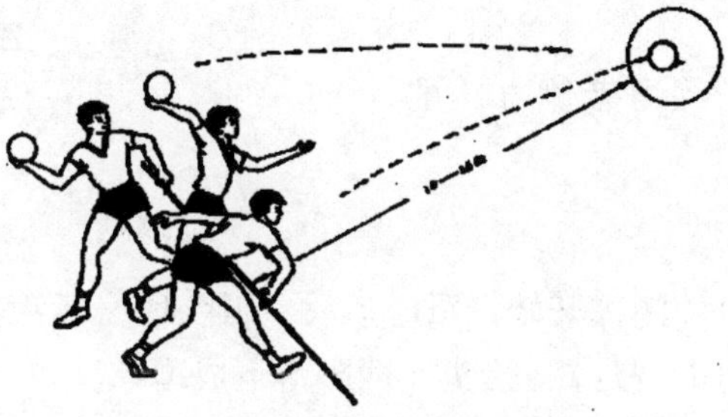

图 7.1.4

（4）简易保龄球练习。

方法：在 10—15 米处地面上（平整的）画一等边三角形（边长 50 厘米以上），三角形内摆放 10 个手榴弹（或装沙的塑料可乐瓶），用单手或双手地滚球击打目标，击倒目标多者为优胜。

2. 体操棍练习

体操棍是木质圆形棍棒，长 1—1.2 米，直径为 2—2.5 厘米。以棍为限制物，通过各种练习来加大动作的幅度和强度，增强各关节的灵活性和柔韧性。

体操棍的握法有正握、反握、翻握，持棍端或棍中间等。动作分单人和双人。

三、技巧

技巧动作俗称垫上运动，是学校体育教学的主要内容之一，它内容丰富、形式多样，既有竞赛性、表演性，又有广泛的群众性，深受广大青少年的喜爱。

技巧动作分动力性动作和静力性动作两大类，是竞技体操中自由体操项目的核心内容。技巧练习对发展力量、灵敏、柔韧、协调等素质，增强关节、韧带和提高器官的平衡能力有显著的作用。通过技巧练习，可以培养勇敢、果断、顽强、不畏困难等优良品质。

（一）俯平衡

动作方法（图 7.1.5）：直立，单腿后举，上体慢慢前倒，成单脚站立，挺胸抬头，两臂侧举，保持平衡。

技术要领：先举腿后倒体，支撑腿伸直，及时调整重心。

保护帮助：站在练习者侧方，一手托其后腿，一手扶其上臂。

图 7.1.5

（二）前滚翻

动作方法（图 7. 1. 6）：蹲撑开始，提臀，身体前移脚蹬地，同时屈臂低头，含胸，用头的后部、颈、背、腰、臀依次触垫，当背腰触垫时，屈膝抱腿，上体前倾成蹲立。

技术要领：（1）滚动时，头、颈、背腰、臀要依次触垫。（2）上体向前跟进要主动，与抱小腿协调一致。

保护帮助：单腿跪于练习者侧方，推背帮助起立。

图 7. 1. 6

（三）后滚翻

动作方法（图 7. 1. 7）：蹲撑开始，重心后移，低头团身后滚翻，同时双手置于肩上，当滚至肩头着垫时，两手用力推撑，抬头，两脚落下成蹲撑。

技术要领：（1）后滚要有一定速度、团身紧。（2）当身体重心超越头颈上方时，要及时推手。

保护帮助：单腿跪在练习者侧后方，一手托肩，一手推背，助其翻转。

图 7. 1. 7

（四）鱼跃前滚翻

动作方法（图 7. 1. 8）：半蹲，两臂前摆，同时两脚用力蹬地向前上方跃起，身体在空中保持稍屈体姿势，手撑垫时屈臂低头、圆身前滚翻起。

图 7. 1. 8

技术要领：（1）蹬地、摆臂配合协调，身体腾起保持大弧形姿势。（2）臂要有控制地弯曲，撑地不可过近或过远。（3）手撑地后，腰不要松，滚至腰背时迅速团身。

保护帮助：站在练习者起跳点侧方，托其大腿，顺势前送。

（五）肩肘倒立

动作方法（图 7.1.9）：坐撑，上体后倒，两腿上举，两臂压垫同时上伸，迅速屈肘内收，手撑背部，髋关节充分挺开。脚面绷直向上方蹬，呈肩颈和上臂支撑的倒立姿势。

技术要领：（1）伸腿方向应沿眼睛向上的垂直方向。（2）至倒立部位时，应尽力上伸，紧身、展髋。

保护帮助：站在练习者侧方，两手握小腿上提，一膝顶腰助其充分展髋。

图 7.1.9

（六）头手倒立

动作方法（图 7.1.10）：蹲撑，两手在体前撑垫与肩同宽，用头的前额上部，在手前约等边三角形处顶垫。先将臀部抬起，再一脚蹬地，另一腿上摆，并腿上举成倒立。

图 7.1.10

技术要领：（1）头手撑垫的位置要准确，双肘内夹。（2）先提高身体重心再蹬地摆腿。（3）并腿上伸时，注意调整身体重心。

保护帮助：站在练习者侧方，扶其腿部帮助控制平衡。当感到重心向前无法控制时，迅速低头团身前滚起。

（七）侧手翻

动作方法（图 7.1.11）：侧向站立，两臂侧举，左腿蹬地，上体侧倒，右腿向侧上摆，两手左、右依次撑垫，成分腿手倒立，两臂依次左、右推起呈分腿站立，两臂侧平举。

图 7.1.11

技术要领：（1）摆腿要向侧，髋要打开。（2）倒立时要顶肩、立腰、大分腿。（3）腿的蹬摆与手的撑顶要协调配合。

保护帮助：站在练习者背后，两臂交叉抓住练习者腰部，随动作顺势提拨，助其翻转。

四、单杠

单杠是男子竞技项目之一，以悬垂摆动为基础，进行各种支撑，悬垂屈伸，回环，摆动、摆越、转体练习。通过单杠练习能增强上肢、肩带、躯干肌肉群的力量和柔韧性，提高身体的协调性和平衡能力。

（一）单脚蹬地翻上成支撑

动作方法（图7.1.12）：两手屈臂握杠站立，一腿向上摆起，一腿用力蹬地，同时屈臂倒肩使腹部贴杠，当两腿并拢翻转至杠后水平部位时，翻腕抬头挺身成支撑。

技术要领：(1) 用力屈臂引体，摆腿，腹部要早靠杠。(2) 上体翻至杠前水平部位要制动腿。

保护帮助：站在杠前侧方，一手托肩，另一手托臀助其翻上，抬头翻腕时，换成一手托肩，一手托大腿使其成支撑。

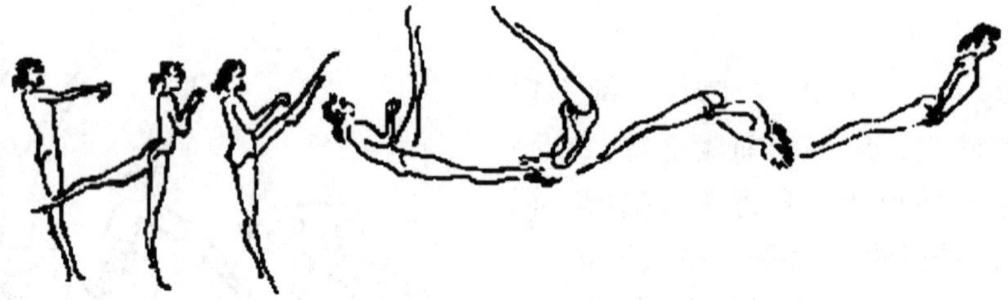

图7.1.12

（二）支撑后摆下

动作方法（图7.1.13）：由支撑开始，两腿先前摆，接着用力后摆，肩稍前倾，两臂伸直撑杠。当后摆接近极点时，稍微含胸并制动两腿，接着两臂伸直迅速用力顶肩推杠，抬上体后挺身落下。

技术要领：(1) 两腿前摆时，肩稍微前倾。(2) 后摆接近极点时，要用力顶肩推杠。

保护帮助：站在杠后侧方，一手托其腹部，另一手托其腿部帮助后摆，然后扶持其身体落地。

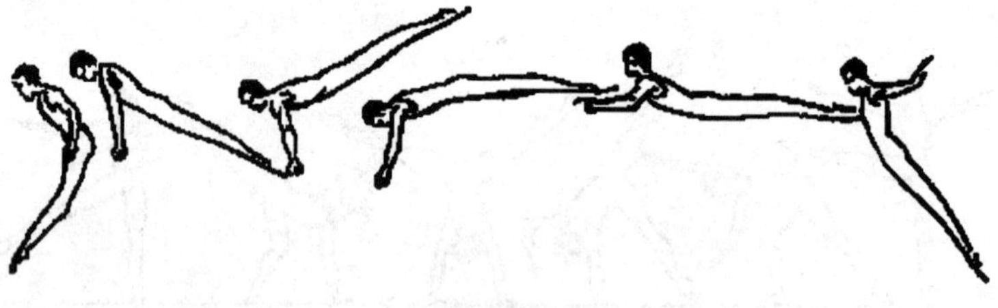

图7.1.13

（三）骑撑前回环

动作方法（图7.1.14）：右腿骑撑反握杠开始，两臂伸直撑杠，稍提高重心，左大腿上部靠杠，右腿举起向前跨出，同时上体挺直迅速前倒，当上体回环至杠后水平部位时，右腿向前下伸压杠，同时展髋、左腿继续后摆，积极跟上体、立腰，两臂伸直拉压杠翻腕成骑撑。

技术要领：(1) 上体前倒时，保持正直，腿伸直。(2) 当上体回环至杠后水平部位时，骑撑腿积极前伸压杠，另一腿继续后摆，上体跟上。

保护帮助：站在杠前右侧方，当回环肩过杠下垂直部位时，内侧手从杠下托背，另一手扶压摆动大腿帮助下成骑撑。当回环惯性大于上体继续前倒时，外侧手托肩。

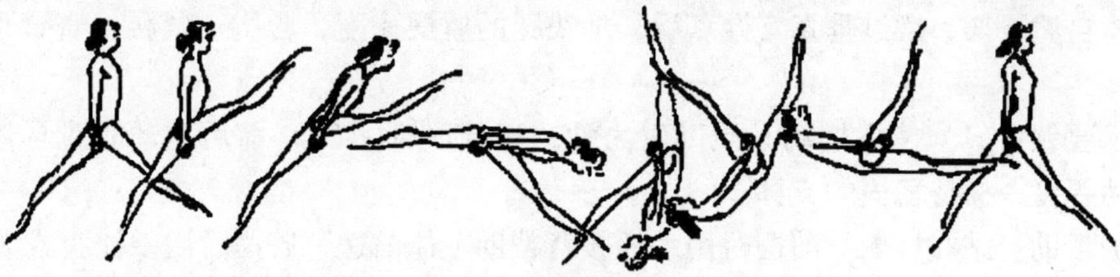

图 7.1.14

(四) 骑撑后腿摆越转体 180°成支撑

动作方法（图 7.1.15）：由右腿骑撑，右手反握开始，左手顶杠，身体重心移向右臂上体向右方倒，同时以右臂为轴，用头和上体带动左腿摆越杠，向右转体 180°，左臂撑杠，两腿并拢成支撑。

技术要领：(1) 上体敢于侧倒，靠紧支撑臂。(2) 转体时髋关节要展开，保持平衡。(3) 转体后保持挺身姿势。

保护帮助：站在正前方，握住练习者前脚，助其转体成支撑。

图 7.1.15

五、双杠

双杠是竞技体操比赛项目之一，由动力性动作和静力性动作两大类组成。

双杠练习可以发展人体的上肢、躯干和肩带肌肉群的力量和柔韧性，提高身体的灵敏度和协调能力，培养勇敢、坚强的意志品质。

(一) 杠端跳起成分腿骑坐

动作方法（图 7.1.16）：杠端站立，跳起双手压杠成支撑，身体前摆至臀部超过杠面时，迅速分腿，以大腿后部压杠成分腿坐。

技术要领：前摆成分腿坐时，双手尽量靠近。

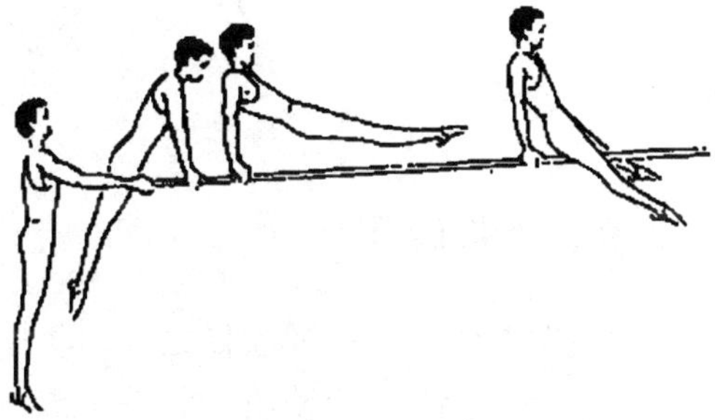

图 7.1.16

保护帮助：站立杠侧，一手握练习者上

臂一手托送腰部。

（二）支撑摆动

动作方法（图 7. 1. 17）：从后摆最高点开始，直体自然下落，摆过支撑垂直部位时屈髋，并迅速前摆，同时肩稍后移直臂顶肩，拉开肩角，梗头，眼看脚尖，身体伸直。后摆时，身体自然下摆，摆过垂直支撑点后，加快腿的后摆速度，含胸、紧腰，直臂顶肩，拉开肩角。

技术要领：（1）支撑摆动必须以肩为轴，直臂顶肩。（2）前后摆动时应尽量减小肩部的移动幅度，保持稳固的支撑。

保护帮助：站在杠侧，前摆时用手托腰背帮助上体前送，后摆时用手托腹或大腿。

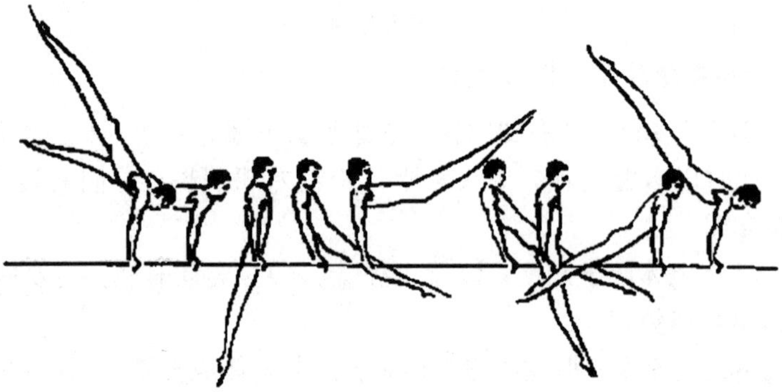

图 7. 1. 17

（三）支撑后摆挺身下

动作方法（图 7. 1. 18）：由支撑摆动开始，当后摆超过肩水平位置后左手迅速推离杠换握右杠，同时身体右移出杠，右手推杠侧上举，保持挺胸紧腰姿势落地。

技术要领：推杠用力，换握及时。

保护帮助：站在练习者落地点侧前方，一手握其上臂，一手托腹部。

图 7. 1. 18

六、支撑跳跃

支撑跳跃是竞技体操项目之一，动作少，时间短是它的动作特点。支撑跳跃分助跑、踏跳、推手、落地 4 个阶段。

支撑跳跃练习可发展跳跃、支撑、平衡能力，增强上肢肌肉的爆发力，培养勇敢顽强、敏捷果断的意志品质。

（一）纵马（箱）分腿腾越

动作方法（图 7.1.19）：快速助跑，上板迅速，踏跳有力，领臂含胸向前上方腾起。两臂主动前伸撑器械远端，并向前下方用力推手顶肩，同时向两侧分腿，接着两臂上领抬上体，挺身并腿落地，屈膝缓冲。

技术要领：踏跳要有力，起跳后敢于摆臂前伸撑远端。

保护帮助：站在器械的前侧方，一手握臂上提，帮助越过器械。

图 7.1.19

（二）横箱（马）分腿腾越

动作方法（图 7.1.20）：助跑，双脚用前脚掌踏跳，双臂前摆撑器械，含胸、提臀分腿，直臂顶肩，用力向前下方推手，上体抬起，展髋挺身并腿落地。

技术要领、保护帮助类同纵马（箱）分腿腾越。

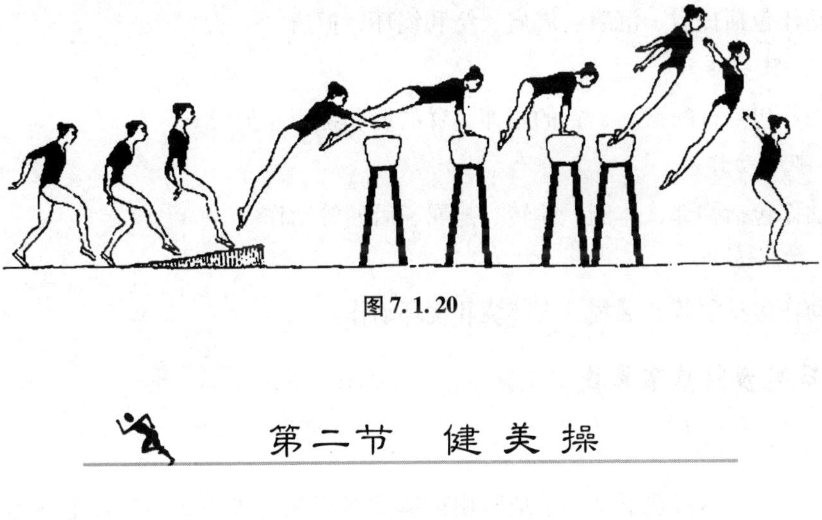

图 7.1.20

第二节　健美操

健美操是以人体为对象，以健美为目标，以身体练习为内容，以艺术创造为手段，融体操、舞蹈、音乐为一体的一项新兴的体育运动项目。

健美操运动源于 20 世纪 70 年代末，英文原名“Aerobics”，意为“有氧运动”“健身健美操”。1981 年美国健身、影视明星简·方达根据自己的健身经验和体会，编写出版了《简·方达健美术》，引起了世界的轰动，这对健美操运动在全世界的发展起到了积极的作用。健美操运动于 20 世纪 80 年代初传入我国。我国于 1987 年 5 月在北京举办了首届

"长城杯"健美操邀请赛，受到了人们广泛的欢迎。

一、健美操基本动作

基本动作是健美操练习和进行群众性健身锻炼的基础。通过基本动作练习，可以掌握正确的动作技术，加大动作幅度，培养良好的动作形态。基本动作练习是按人体生理解剖结构分部位进行的，是一项专门性的练习，练习者根据需要加以选择。

（一）手型

手型包括五指并拢的掌、五指分开的掌、芭蕾舞手式、拳式、屈指掌、西班牙舞手式，如图 7. 2. 1 所示。

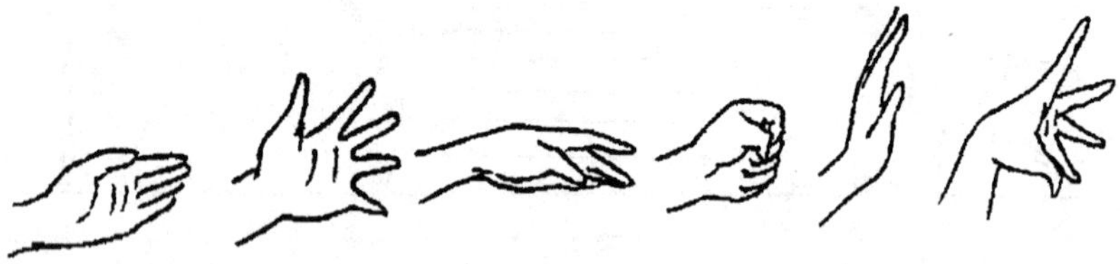

图 7. 2. 1

（二）头颈动作

头颈动作包括屈（前屈、后屈和侧屈）、转（向左、向右转）、绕和绕环。

（三）肩部动作

肩部动作包括提肩、沉肩、展肩、绕和绕环、振肩。

（四）上肢动作

上肢动作包括臂的摆动、臂的屈伸、臂的绕和绕环、振臂。

（五）躯干动作

躯干动作包括胸部、体侧、体转、前屈、后屈等动作。

（六）髋部动作

髋部动作包括顶髋、摆髋、髋部绕和绕环动作。

二、健美操的基本步伐

（一）踏步

大腿抬平，小腿自然下垂，落地时用前脚掌过渡到全脚掌，两臂屈肘前后自然摆动，身体保持正直，抬头挺胸。同属踏步类的还有点踏步、交叉步、V 字步。

（二）开合跳

跳起分开落地，髋部、脚尖外开，膝关节在同方向弯曲。蹬地还原时，脚跟并拢，膝缓冲。动作要起伏、连贯、有弹性。

（三）弹踢腿跳

动力腿屈膝后摆，两膝之间要靠拢，前弹时不要过分用力，膝关节、髋关节运动伸展要有控制。然后换另一腿做。

（四）后踢腿跳

一腿屈膝后摆，髋和膝在一条线上。跑跳过程中，膝、踝关节充分缓冲，手臂可自然摆动。

（五）吸腿跳

膝抬起，大腿平行于地面，小腿垂直于地面，脚面绷直，落地时由脚尖过渡到脚跟。两腿交替进行。跳起时，脚离地，身体保持正直。

（六）踢腿跳

一腿前踢，腿要抬得更高，膝盖伸直，收腹立腰。落地还原到位，两腿交替进行。

（七）弓步跳

一腿后摆，由脚尖过渡到前脚掌（脚后跟不需要着地），脚尖方向向前。身体稍前倾，立腰收腹。还原时屈膝缓冲。换另一腿做，方向相反。

三、大众健美操成套动作（五级）

（一）组合一（8×8 拍）

1×8 拍（图 7.2.2）：

1—4 拍：右脚开始两次侧并步。

5—8 拍：左脚开始两次侧并步。

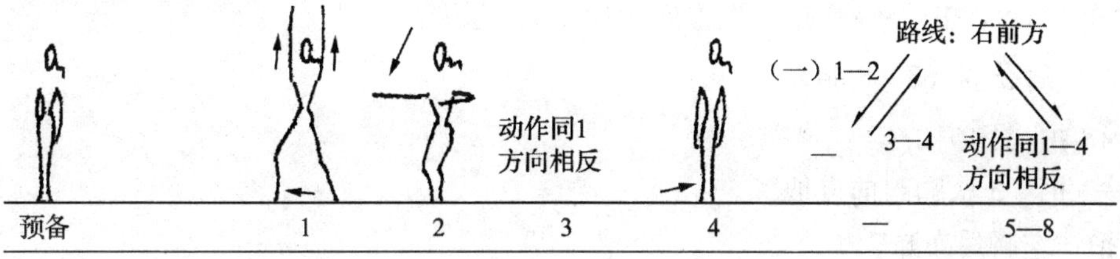

图 7.2.2

2×8 拍（图 7.2.3）：

1—6 拍：两次三拍漫步。

7—8 拍：两次踏步转体 360°。

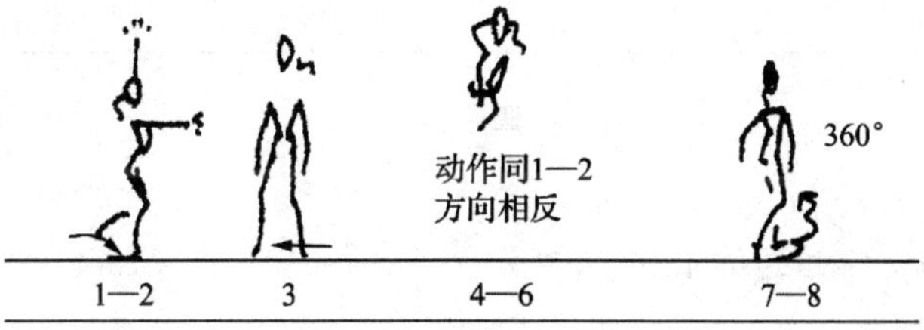

图 7.2.3

3 ×8 拍（图 7.2.4）：
1—4 拍：两次开合跳。
5—8 拍：慢速开合跳。

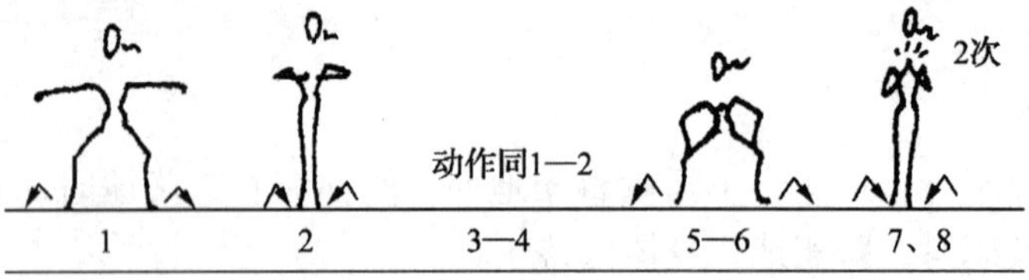

图 7.2.4

4 ×8 拍（图 7.2.5）：
1—4 拍：右脚开始侧交叉步侧跳。
5—8 拍：左脚向右侧漫步转体 270°。

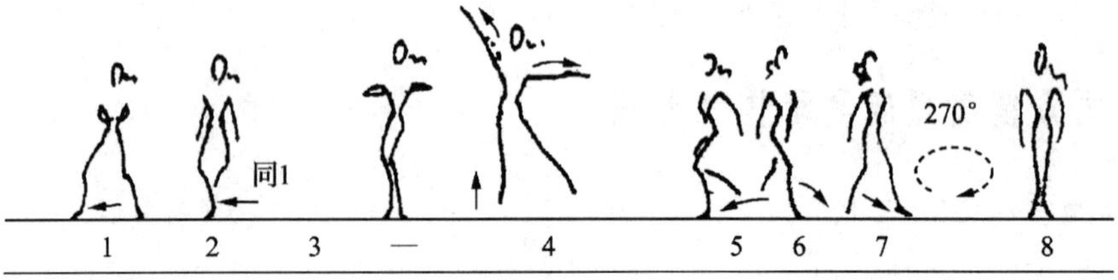

图 7.2.5

5 ×8 拍至 8 ×8 拍：
动作同 1 ×8 拍至 4 ×8 拍，但方向相反。

（二）组合二（8 ×8 拍）

1 ×8 拍（图 7.2.6）：
1—3 拍：3 次脚跟前点地跳。
4 拍：左脚后屈腿。
5—8 拍：左脚漫步。

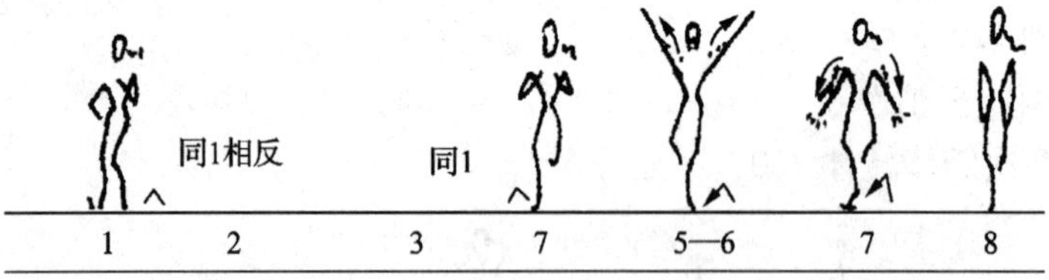

图 7.2.6

2 ×8 拍（图 7.2.7）：
1—4 拍：左脚 V 字步转体 180°。
5—8 拍：A 字步。

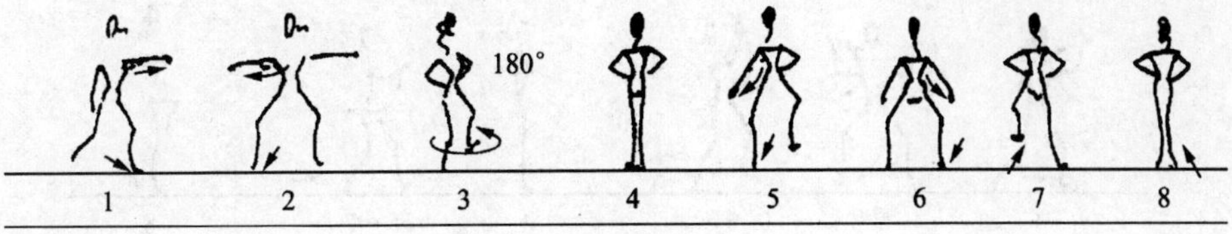

图 7.2.7

3×8 拍（图 7.2.8）：

1—2 拍：左脚前并步。

3—4 拍：右脚漫步转体 180°。

5—6 拍：向右举腿跳。

7—8 拍：半蹲。

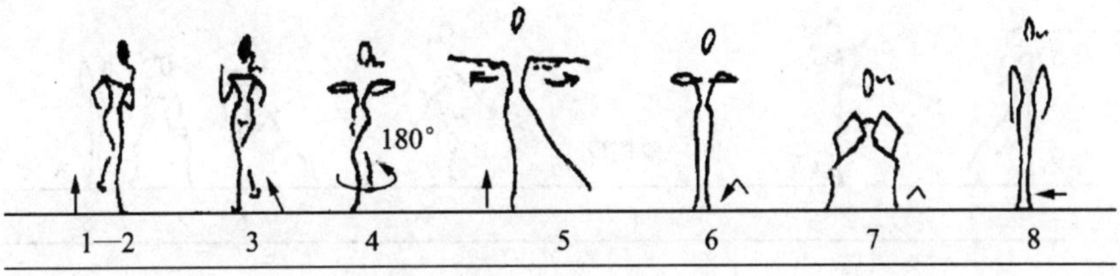

图 7.2.8

4×8 拍（图 7.2.9）：

1—4 拍：左脚斜前方上步后屈腿。

5—8 拍：同 1—4，方向相反。

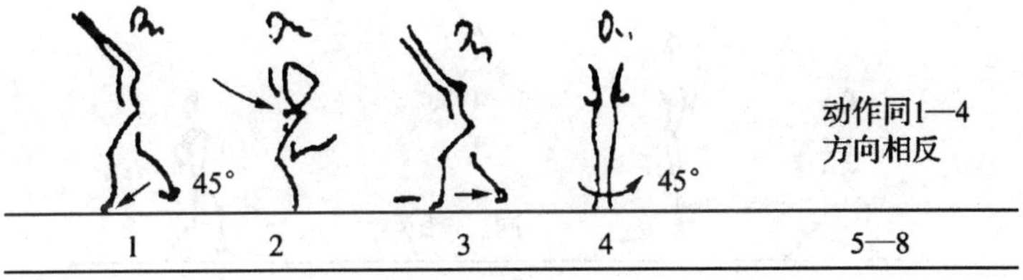

图 7.2.9

5×8 拍至 8×8 拍：

动作同 1×8 拍至 4×8 拍，但方向相反。

（三）组合三（8×8 拍）

1×8 拍（图 7.2.10）：

1—4 拍：V 字步转体 90°。

5—8 拍：向前走 3 步提膝。

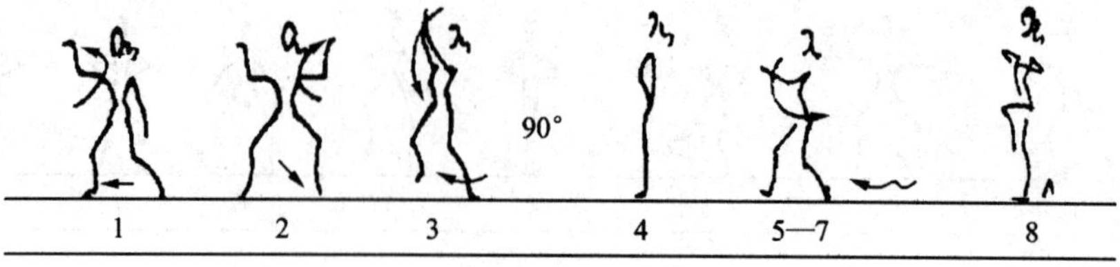

图 7. 2. 10

2×8 拍（图 7. 2. 11）：
1—4 拍：2 次左脚开始向后弹踢腿。
5—6 拍：先右后左弓步。
7—8：半蹲，并腿。

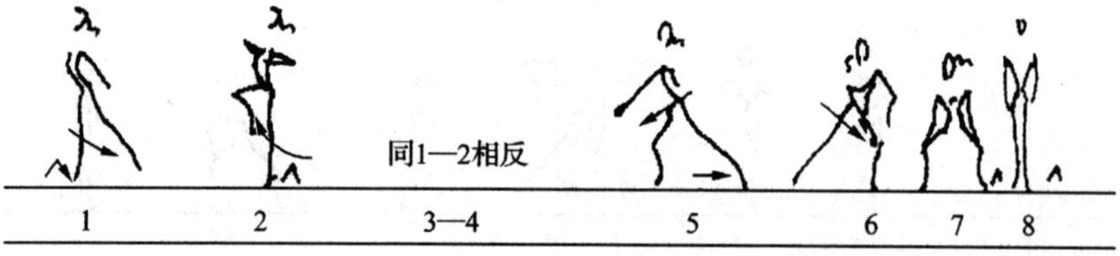

图 7. 2. 11

3×8 拍（图 7. 2. 12）：
1—4 拍：2 次并步跳，向右、左前。
5—8 拍：右脚开始向右走一圈。

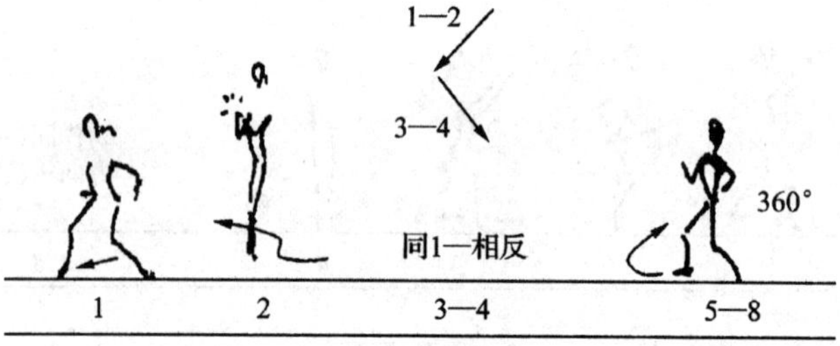

图 7. 2. 12

4×8 拍（图 7. 2. 13）：
1—4 拍：右脚上步提膝。
5—8 拍：左脚连续两次侧点地。

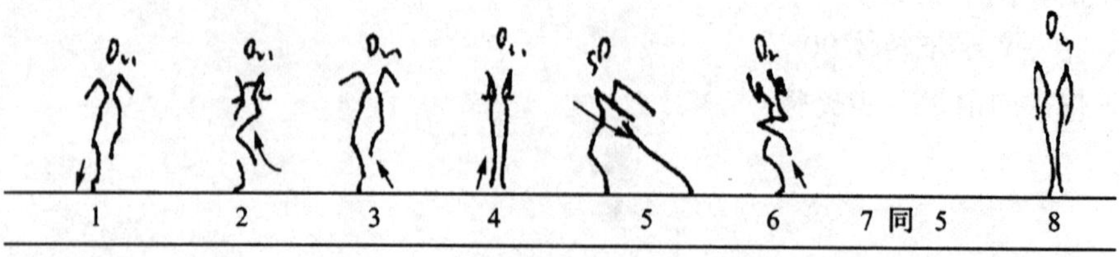

图 7. 2. 13

5×8 拍至 8×8 拍：动作同 1×8 拍至 4×8 拍，但方向相反。

（四）组合四（8×8 拍）

1×8 拍（图 7.2.14）：

1—4 拍：十子步。

5—6 拍：右脚 1/2 漫步。

7—8：走两步，同时右转 360°。

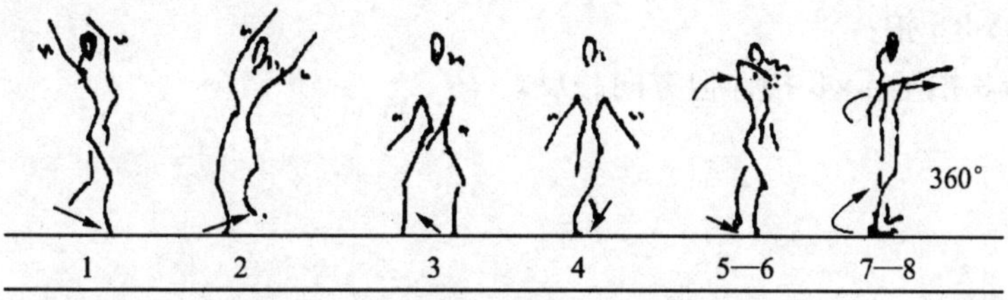

图 7.2.14

2×8 拍（图 7.2.15）：

1—2 拍：右脚向后 1/2 漫步。

3—4 拍：走两步，同时左转 360°。

5—6 拍：开合跳，右脚在前交叉。

7—8 拍：左脚向左侧滑步。

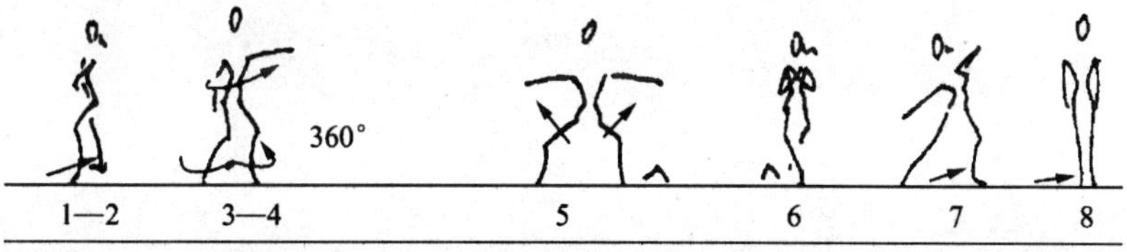

图 7.2.15

3×8 拍（图 7.2.16）：

1—2 拍：左脚吸腿跳。

3—4 拍：左脚弹踢腿跳。

5—8 拍：同 1—4，方向相反。

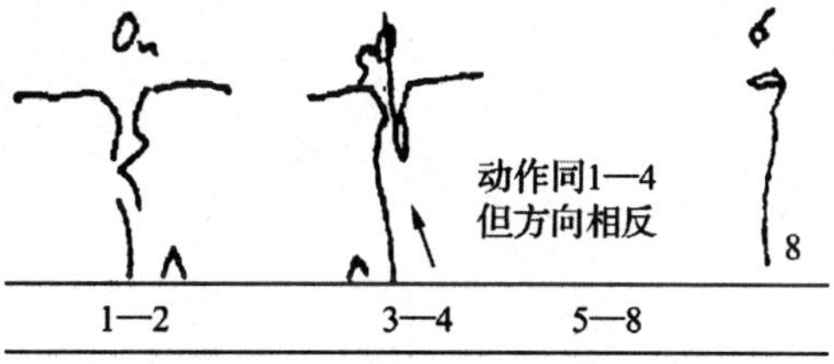

图 7.2.16

4×8 拍（图 7.2.17）：

左脚开始 4 次连续大踢腿，转体 360°。

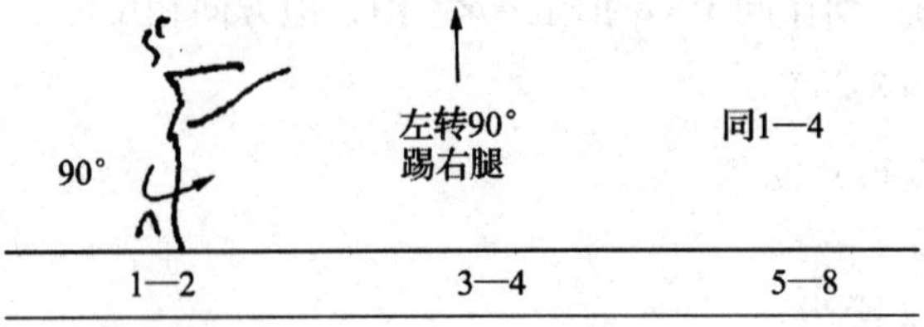

图 7.2.17

5 ×8 拍至 8 ×8 拍：

动作同 1 ×8 拍至 4 ×8 拍，但方向相反。

第八章

游泳运动

经常参加游泳锻炼能改善神经系统的机能，增强心肌的收缩能力，增大肺活量，促进肌肉、骨骼和其他内脏器官的发育，全面增强人的体质。如果坚持较长时间的冬泳还可以增强人的抗寒能力，更能锻炼人的坚强意志。

第一节　游泳基本技术

一、熟悉水性

不会游泳的人，初次下到齐胸深的水里，往往会感到呼吸急促、心跳加快、站立不稳和行动困难，身不由己地漂浮起来，甚至会产生怕水的心理，这是因为水有阻力、压力和浮力的缘故。所以，开始学习游泳时，首先要熟悉水性。熟悉水性是快速学会游泳的关键。熟悉水性就是和水很好地交流，在水面保持平衡。通过熟悉水性的练习，可以消除怕水心理，掌握水中呼吸、漂浮和滑行的方法，为学习和掌握各种游泳姿势打下初步的基础。

（一）水中行走

练习要领：练习者站在齐腰深的水里，行走时，身体稍向前倾，两腿自然放松，微屈膝，用脚的前掌着地，同时两臂在体侧划水，以保持身体平衡，便于推动前进。水中行走应由浅入深，由慢到快。如一人行走有困难，可先3—4 人或更多的人在一起手拉手行走。然后再一个人行走摸索规律。

练习目的：主要使初学者体会水的阻力、压力和浮力对人体的作用。

（二）水中闭气

练习要领：一人单独或两人面对面，手拉手站在齐腰深的水里，先深呼吸一口气，然后闭气闭眼，慢慢下蹲，把头浸没在水中，保持一段时间后，站起来换气（图 8. 1. 1、图 8. 1. 2）。起立时，应抬头，用嘴或鼻向外呼气，这样不容易呛水。闭气的时间应逐渐延长。如一人单独练习，起立时，不要慌张，两手向下压水帮助身体站起。

练习目的：主要体会水的压力。

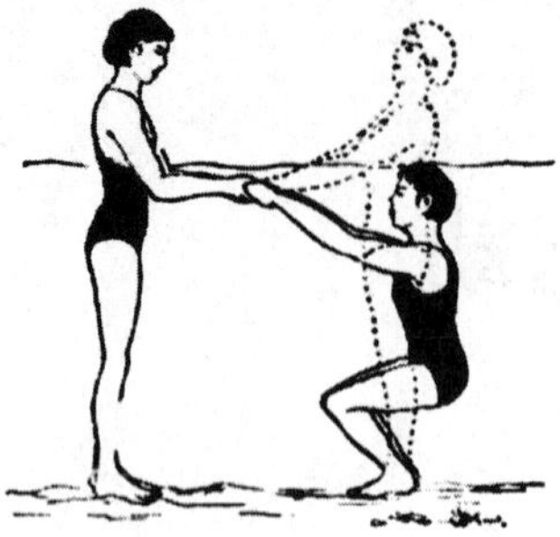

图8.1.1

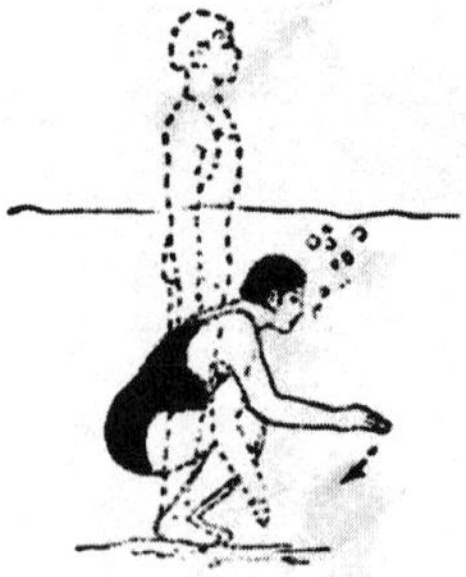

图8.1.2

（三）浮体和站立

练习要领：

（1）站在齐胸深的水里，深吸气后，闭气下蹲，低头，两手抱小腿，两膝尽量靠近胸部，全身放松，身体就会自然浮起，背部露出水面（图8.1.3）。背部露出水面时，往往稍有晃动，不必惊慌。站立时，两手松开，向前伸出，接着向下划水抬头，同时伸腿，两脚着地站起来；头露出水面后，立即张嘴换气。

（2）站在齐胸深的水里，两手前伸，吸足气后，闭气低头浸入水中，两脚蹬离水底，两腿自然伸直，身体就慢慢浮起；或在抱腿浮体的基础上，将手和腿伸直进行浮体（图8.1.4）。站立时，收腹屈膝，同时两手用力压水，并抬头，使身体站立起来。

练习目的：主要体会身体在水中的沉浮，学会在水中控制身体平衡和浮体后的站立。

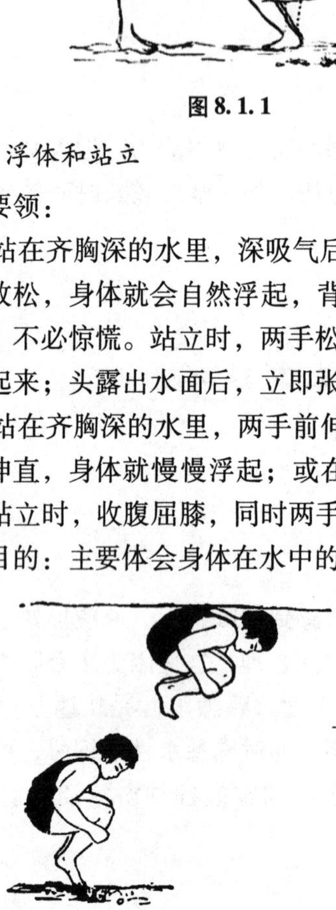

图8.1.3

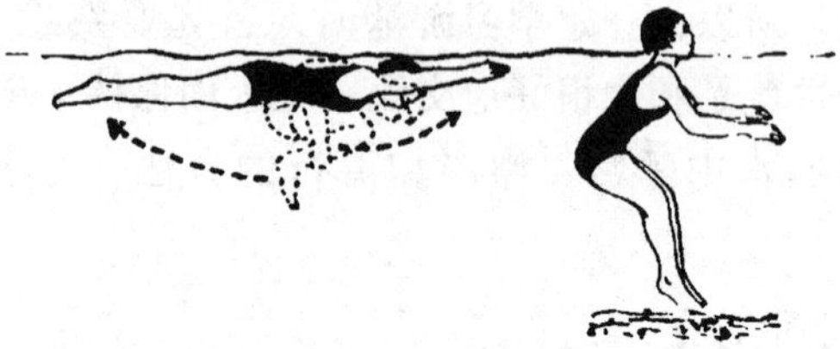

图8.1.4

（四）蹬底滑行

练习要领：站在齐胸深的水里，两脚并拢，半蹲，上体前倾，两臂向前平伸（掌心向下）深吸气后，低头浸入水中，两脚用力蹬离水底，将身体向前上方一耸，使身体伸展前进（图8.1.5）。滑行时，挺胸，收腹，头夹在两臂中间，身体平直，保持背部肌肉有适应的紧张度。站立时，两臂向下划水，抬头，两腿前收，两脚触地，站立。头出水面后，立即换气。

练习目的：主要体会人在水中运动时身体的位置，提高在游泳时控制身体的能力。

图 8.1.5

如在江河中做上述练习，最好在风、浪较小的浅水区或流速较慢的水域进行。而且，保护者一定要站在游泳者的下游，以便及时救护（图 8.1.6）。

图 8.1.6

二、游泳的呼吸

呼吸是掌握游泳技术的一个关键。游泳时，呼吸掌握得好，就能保证人体运动时需要的氧气的供给，就能游得持久。

（一）水中闭气、抬头、抬头吸气

刚开始初学者可以站在齐胸深的浅水里，上体前倾，两臂前伸浸入水中，或屈膝半蹲，两手扶膝，头露出水面。开始时，用嘴深吸一口气，将鼻和嘴浸在水中，稍闭气后，鼻和嘴同时用力吹前面的水，边吹边抬头使鼻嘴露出水面。这样反复练习多次，体会在水中闭气以及鼻嘴露出水面时，把鼻腔、口腔中的水排出和把前边的水吹开的动作。

达到一定程度后，可以将闭气和水上呼吸相结合。同样是用嘴吸一口气，头浸入水中，稍闭气后，用嘴和鼻（以嘴为主）慢慢呼气，边呼边慢慢抬头，在嘴出水面的同时，用力将气吹完，接着把嘴张大，迅速吸气。再把头浸入水中，这样反复循环练习，逐步掌握吸气后通过闭气转入慢慢呼气的规律。

初学者不习惯用口吸气，可采用捏鼻或带鼻夹强制用口吸气。

（二）注意事项

（1）用嘴吸气，动作要快而深。

（2）呼气是用嘴和鼻（以嘴为主）同时进行，开始呼气时要慢。

（3）呼得尽，吸得足。

（4）快吸气后稍闭气。

三、蛙泳

蛙泳是模仿青蛙动作的一种游式。游时，较省力、耐久、呼吸方便，且能负重、声浪小、易隐蔽、便于观察，是渡江、长游、武装泅渡和救护中拖带游的基本姿势。

（一）身体位置

蛙泳时，身体平俯在水面上，两臂并拢向前伸直，两腿自然地向后并拢伸直；稍抬头，眼眉在水平面处，后脑始终露出水面，微收腹，胸部的一部分、腹部和大腿在水中保持平直姿势，使身体纵轴与水平面成5°—10°角。（图 8. 1. 7）

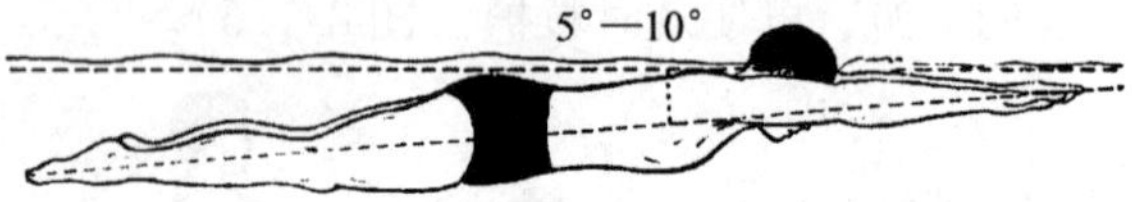

图 8. 1. 7

（二）腿部动作

腿是蛙泳的基础，是推动身体前进的主要动力。因此，必须学好腿的动作。为了便于学习，把腿的动作分为收腿、翻脚、蹬夹、滑行 4 个阶段。

1. 动作要领

（1）收腿。

收腿前，两腿自然并拢伸直；收腿时，大腿向腹部收起，带动小腿，两腿边收边分开；收腿结束时，两膝相距 20—25 厘米（约与肩同宽）（图 8. 1. 8）。大腿与上体成110°—130°角。（图 8. 1. 9、图 8. 1. 10 之 1—3）。

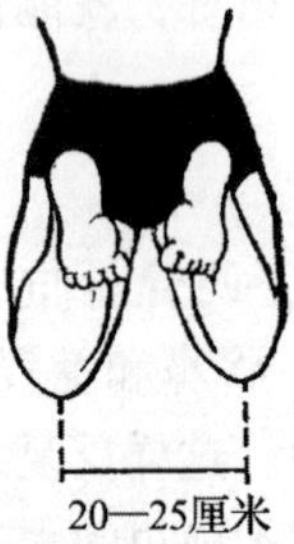

图 8. 1. 8

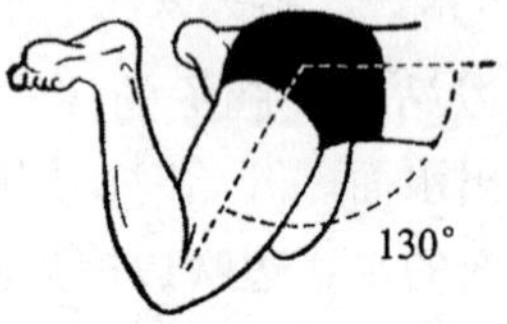

图 8. 1. 9

（2）翻脚。

当收腿的动作快结束时，小腿和两脚跟继续向臀部收紧，两膝向内压，两脚分开比膝稍宽，勾足尖，两脚掌向外侧，使脚内侧和小腿内侧对准后蹬方向（图 8. 1. 10 之 4）。

（3）蹬夹。

翻脚后，两脚掌和小腿内侧向侧后方呈弧形用力迅速蹬夹（图 8. 1. 10 之 5—9）。

（4）滑行。

蹬夹腿后，两腿要伸直并拢，给予一定短时间的漂浮滑行（图 8. 1. 11）。

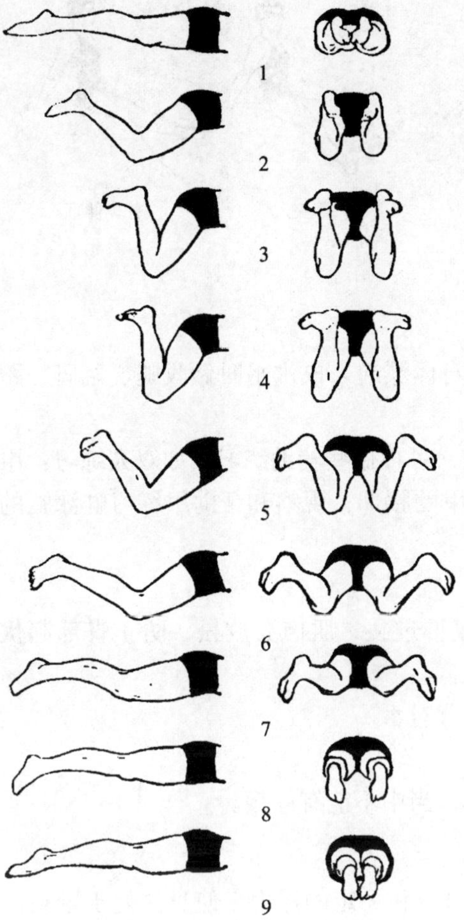

图 8.1.10

1. 两脚不做蹬水动作时应完全伸展，保持流线型，紧挨水面。两脚应自然伸直（足跖屈）。

2. 开始收腿时，髋关节和膝关节应弯曲。

3. 当脚跟接近臀部时，两脚开始翻起（足背屈），脚跟和膝盖稍稍分开。

4. 膝关节和髋关节弯曲达最大限度时，两脚向外转，上体和大腿间成110°—130°角。

5. 腿向后蹬的最初几厘米是没有推进力的，是用来准备使腿加快速度和使用脚调整好姿势，以便有效地利用脚步侧和脚底蹬水。这时，腿已经做好“对水”动作，使蹬腿有效。

6. 伸膝关节的同时，两脚向外向后蹬去。由于伸髋肌有力的动作，大腿被抬向水面，脚仍保持背屈，用外翻的脚掌来推水。

7. 当两腿的膝关节继续伸展时，两腿也要逐渐合拢，大腿继续向上抬。

8. 当两脚相距只有几厘米时，膝关节几乎完全伸直。

9. 蹬腿结束时，两脚自然伸直（足跖屈）。运动员在短时间内应保持滑行姿势。两脚升起直到脚跟几乎露出水面。

图 8.1.11 展示了蛙泳窄蹬腿的正确技术（用打水板练习时的正确技术）。

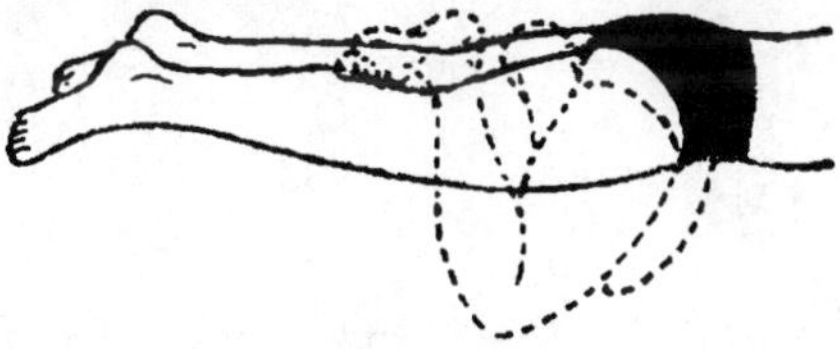

图 8.1.11

2. 练习方法

(1) 陆上蛙泳腿的模仿练习。

目的：在陆上建立和体会蛙泳腿的动作，为水中练习做好准备。

方法：① 坐在岸边或池边，上体后仰，两手放在身后支撑身体，两腿伸直并拢，然后腿做蛙泳动作（图 8.1.12）；② 俯卧在岸（池）边上，做收腿蹬夹的动作。

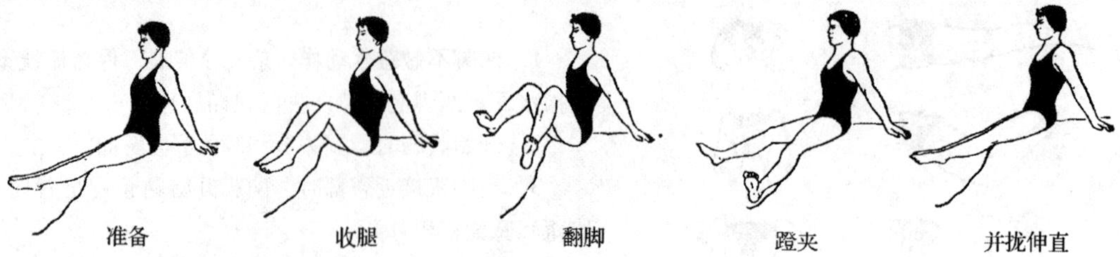

图 8. 1. 12

（2）水中滑行蹬夹腿练习。

目的：在水中掌握正确的蛙腿动作。

方法：身体姿势与滑行相同，当两脚蹬离地和身体漂起来成水平时做收腿、翻脚、蹬夹腿和滑行动作。

如果蛙泳腿动作（滑行蹬夹腿练习）做不正确，可再做些辅助练习。如双人练习：甲（学生）扶住乙（帮助者）的腰部，乙用一手托住甲的腰部，观察和帮助甲练习蛙泳腿的蹬水动作是否正确。

3. 注意事项

（1）收腿时，两膝不能分得过开，大腿不能收得过猛，肌肉要放松，防止臀部起伏过大。

（2）蹬腿前，一定要翻好脚，不能用脚尖、脚背对水。

（3）收腿、蹬腿时，脚不能露出水面。

（4）收腿、翻脚、蹬夹是一个完整的连贯动作，当中不能有停顿。

（三）臂部动作

蛙泳的手臂动作（图 8. 1. 13），能产生较大的引力和一定的浮力，使身体处于较高的位置，并同时配合腿的动作，保持匀速运动。臂部动作主要分为抱水、划水、收手、前伸四个组成部分，连贯起来进行。

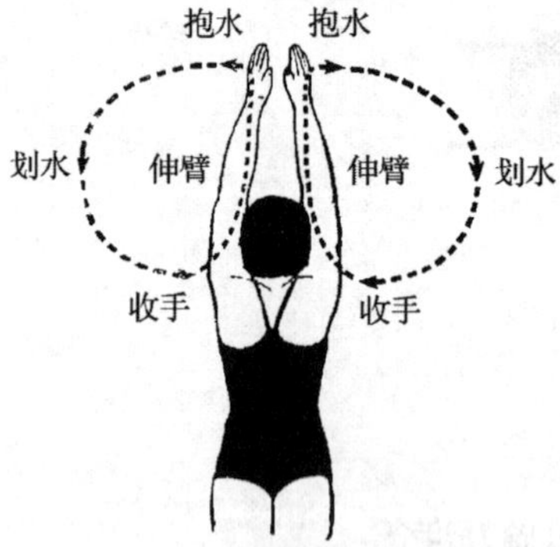

图 8. 1. 13

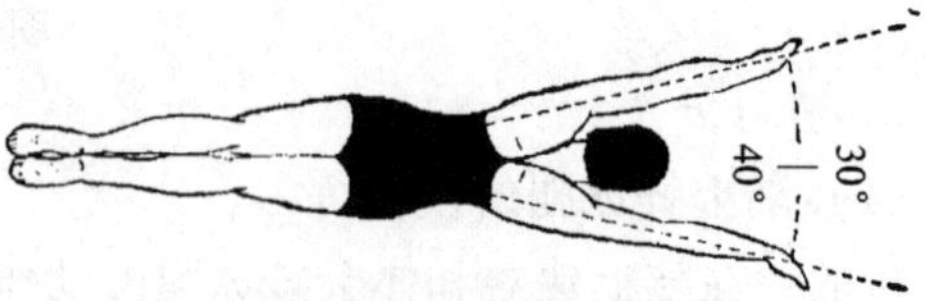

图 8. 1. 14

1. 动作要领

（1）抱水。

手指自然并拢，先两臂伸直向两侧分开；然后，手与前臂向斜下方划，提肘屈臂做抱水动作，造成手掌、前臂向后方对水。这时，两臂之间约成 30°—40°角（图 8. 1. 14），手与水面的距离 25 厘米左右。

（2）划水。

在紧接着抱水动作后，以肩带肌群的力量，带动手臂向后划动。当手臂接近肩的垂直线时，更要用力快划，同时手臂向内弯曲，划至与肩垂直时结束（图 8.1.15）。这时大臂与水面成 40°左右角，小臂与水面成 70°左右角，大臂与小臂之间的角度由 140°逐渐减小到 120°左右。

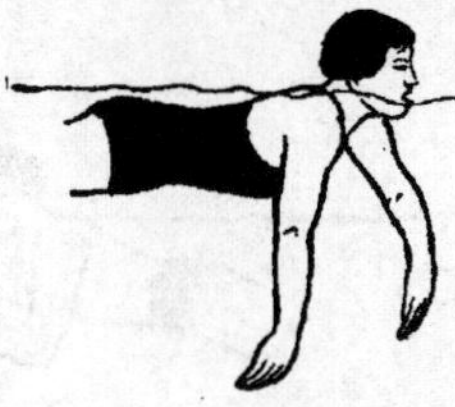

图 8.1.15

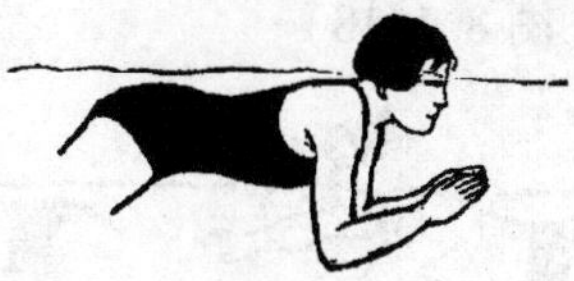

图 8.1.16

（3）收手。

划水结束后，由上臂带动肘部，前臂和手向中间收。收手时，手掌先向内转，大拇指向上，两手掌向胸部靠拢，同时降肘。（图 8.1.16）

（4）前伸。

收手后，两手由下颏向前伸去，随着手的前伸动作，手掌逐渐转向下方，两臂伸直，恢复到原来的滑行姿势。（图 8.1.17）

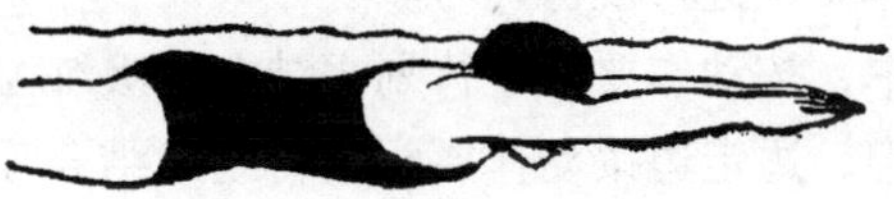

图 8.1.17

2. 练习方法

（1）陆上模仿练习。

目的：在陆上建立蛙泳臂的动作概念，为水中练习做准备。

方法：两腿平行开立与肩同宽，两臂向前平举，按蛙泳臂的动作要领进行练习。可按口令做：一做滑下，二做屈臂划水和收肘，三做两臂前伸。

（2）水中臂的划水练习。

目的：在水中正确掌握蛙泳臂的动作。

方法：站在齐腰深的水里，两脚前后开立，两臂前伸，上体前倾俯在水中，头浸入水中或抬出水面，按蛙泳臂的动作要领进行练习。这个练习可站在原地做，也可以向前边走边做。

3. 注意事项

（1）划水时，两臂不宜过早用。划水范围要适宜，过大（向后超过了肩的垂直线），容易破坏整个动作的节奏；过小，缩短了划水路线，降低划水效果；过浅（太靠近水面），不能充分发挥臂的作用，影响前进速度。

（2）收手时，动作要迅速，由慢到快；两肩不要下沉。

（3）收手与前伸之间动作不能停顿。

（4）前伸时，要尽量向前伸肩并自然挺胸。结束时，两手靠拢，两臂自然伸直。

（四）呼吸动作

目前，蛙泳多数采用中晚吸气，它的动作是与臂的动作配合进行的。

1. 动作要领

划水将结束时，稍抬头，嘴露出水面，用力完成呼气动作，并立即用嘴进行强而深的快速吸气动作。收手和臂前伸时，头放平，稍闭气后，用鼻和嘴慢慢呼气，再开始第二次呼吸的循环动作（图 8. 1. 18）。

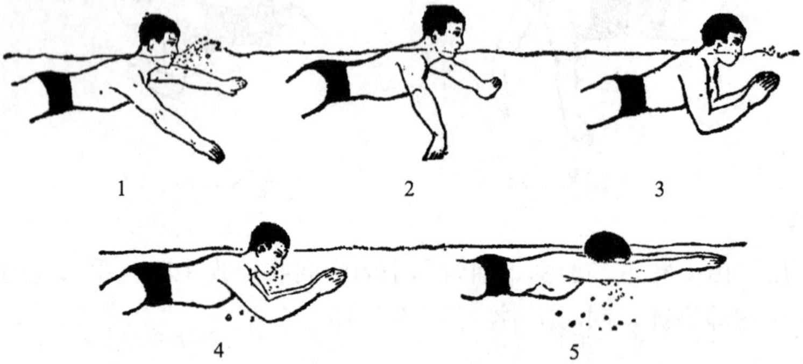

图 8. 1. 18

2. 练习方法

（1）站在陆上，按动作要领进行模仿练习。

（2）站上齐腰深的水中，按动作要领进行划水结合呼吸练习。

（3）站在齐腰深的水中，边走边按动作要领进行划水结合呼吸练习。

（4）平俯在水中，由同伴在侧面托住或在后面夹住两腿，使身体浮起，进行划水结合呼吸练习。可在原地或向前走动。

3. 注意事项

（1）身体位置不宜太低，以至抬了头，嘴还出不了水面，不仅吸不到气，反而造成呛水或吃水。

（2）头在水里时，要慢慢呼气；头抬出水面前，要将气呼完；嘴出水后，立即吸气。

（3）抬头不要太猛、太高、起伏过大，以免造成下肢下沉。

（五）腿、臂、呼吸动作的配套

蛙泳腿、臂、呼吸的配合，一般采用两臂同时划水一次，两腿蹬夹一次，呼吸一次的方法。腿、臂、呼吸动作的配套，如图 8. 1. 19 所示。

（1）在滑行中，身体成水平位置。头大约百分之八十浸入水中，眼睛稍向前看，两臂伸直，两掌斜向外。

（2）抱水，约在水下 17—22 厘米时开始划臂，手向两侧划水。这时，开始从鼻和嘴中呼气。

（3）头开始稍微抬起，上臂也转动，开始屈臂。

（4）当两臂分开达到最大宽度时，屈臂，上臂和前臂形成 110°角。这时两肘明显提高。

（5）头继续向上抬起，嘴开始露出水面把最后一口气呼出。手开始向里收，完成划臂动作的最后有效推进部分。

（6）在两臂准备前伸时吸气。这时开始屈膝，收腿。

（7）吸气完成后嘴闭拢，手开始前伸，继续收腿。

（8）低头，使头浸入水中。肘关节伸展，两臂继续前伸，两脚收到靠近臀部。

（9）肩颈部弯曲，头继续低下。后蹬开始，同时两足跖屈，两臂前伸接近完成。

（10）两臂完全伸直，两手稍低于肩，腿蹬水接近完成。

（11）蹬水完毕，集中精力使身体伸直成水平，要短暂地保持一下这一滑行姿势，在感到游泳速度慢下来时，再做第二次划水。

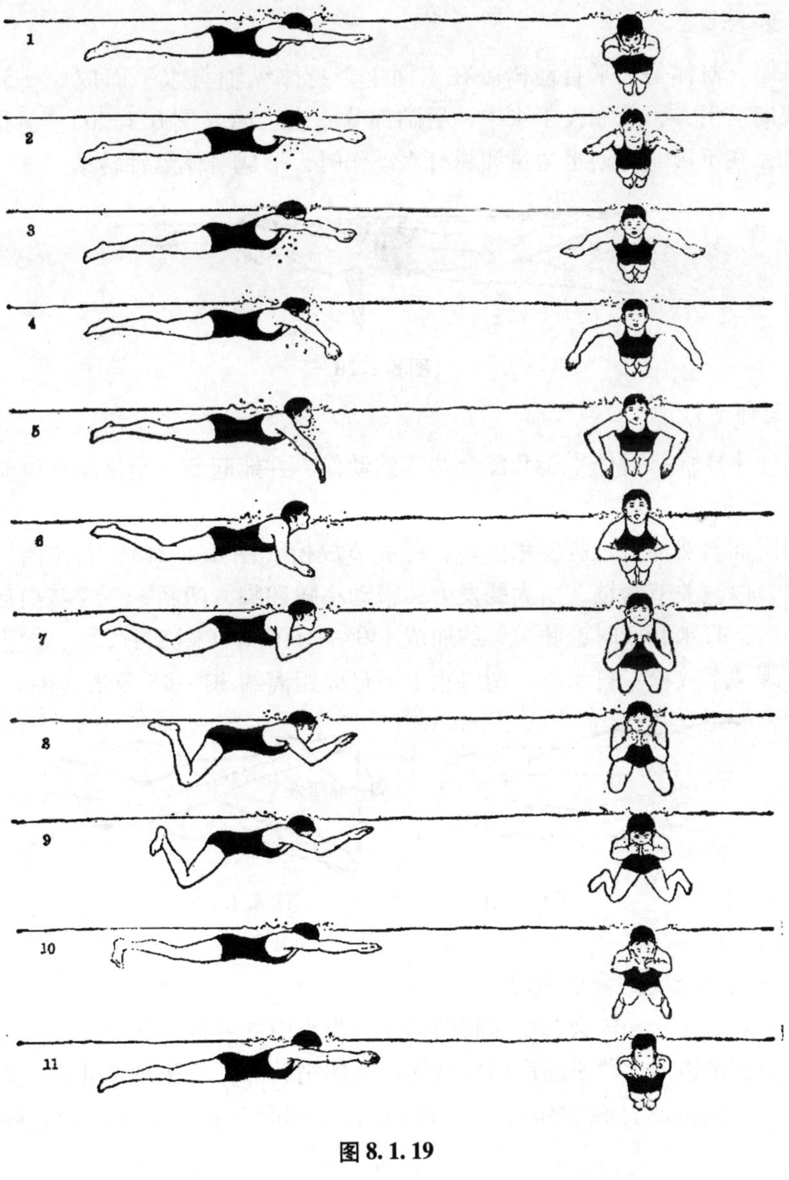

图 8.1.19

四、自由泳

自由泳时，身体俯卧在水面上，两臂轮流不断地在体侧向后划水。两腿快速地做上下打水，使身体前进。这种姿势，游起来所受的迎面阻力最小，划水效果好，动作配合自如，既省力又能发挥最大的速度，是游泳中速度最快的一种姿势。在战争中强渡江河，需要快速到达对岸时，在抗洪抢险、救护弱者要快速游近目标时，一般都采用自由泳。自由泳虽然技术简单易学、速度快，但是由于在游进时是连续地划水、打水，体力消耗较大，因而对意志和身体素质的要求较高。在平时训练中，必须加强意志品质的培养和身体素质的全面训练。

（一）身体位置

自由泳时，身体是较平直地俯卧在水面上，身体纵轴与水平面成3°—5°角，头部放平，两眼视向前下方，前额没于水中，后脑部分露出水面（图8.1.20）。游进时，随着两臂交替划水，在不影响臂划水力量和腿打水动作时，形成身体纵轴转动。

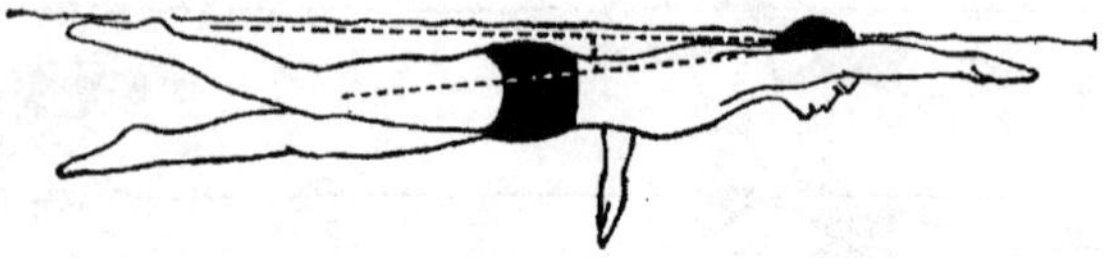

图8.1.20

（二）腿部动作

腿的动作主要保持身体平衡和配合两臂的动作，并能起到一定推动身体前进的作用。

1. 动作要领

两腿和脚面自然伸直，脚尖稍内转，踝关节放松（图8.1.21）。打水时，两腿的动作基本上一样，以髋关节为轴，由大腿发力，带动小腿和脚，两腿上下交替向后下方做鞭状打水动作。向下打水开始时，膝关节约屈成140°—160°角（图8.1.22）；向上打水时，膝关节伸直，踝关节放松。打水时，两脚跟上下最大距离约30—45厘米（图8.1.22）。

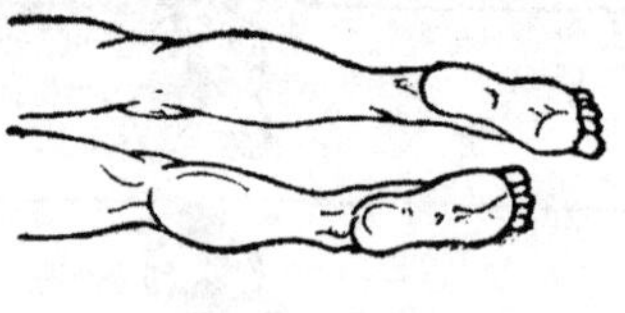

图8.1.21

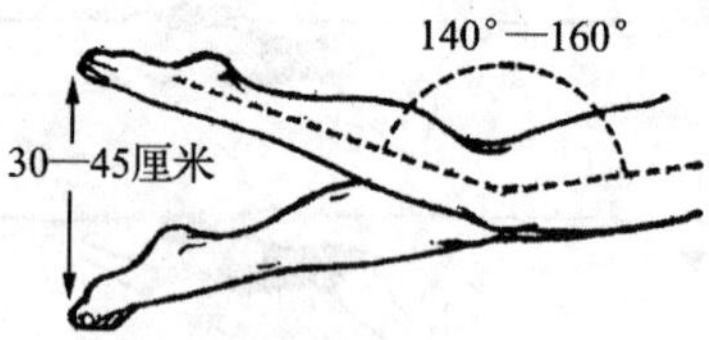

图8.1.22

2. 练习方法

（1）陆上自由泳腿的模仿练习。

目的：在陆上建立和体会自由泳腿的动作，为水中练习打下基础。

方法：坐在岸边上，两手向后撑住身体，上体稍后仰，两腿自然伸直，脚背挺直稍向内弯，做模仿自由泳的打腿动作（图8.1.23）；或仰卧坐在池边上，做直腿打水的模仿练习。

（2）水中自由泳腿的练习。

目的：在水中掌握正确的自由泳的动作。

方法：在浅水处，两手撑池（河）底，做直腿打水练习（图 8.1.24）。

图 8.1.23

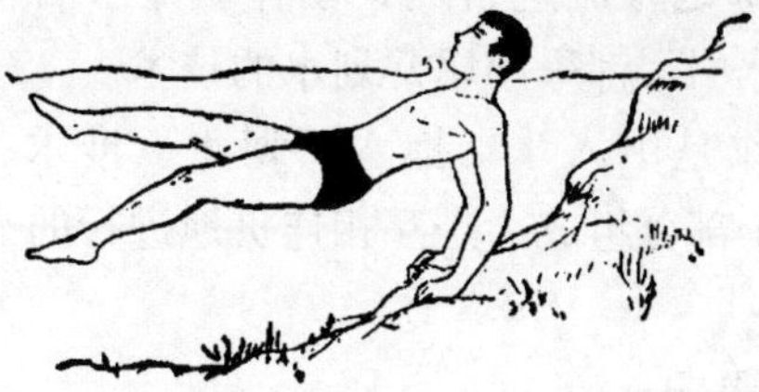

图 8.1.24

（3）注意事项。

① 打水时，膝关节不要过于弯曲，踝关节放松，脚面要伸直，防止光用小腿打水。两脚不要打出水面。

② 向下打时，要快而有力；向上打时，要放松自然。

（4）扶板打水练习（图 8.1.25）。

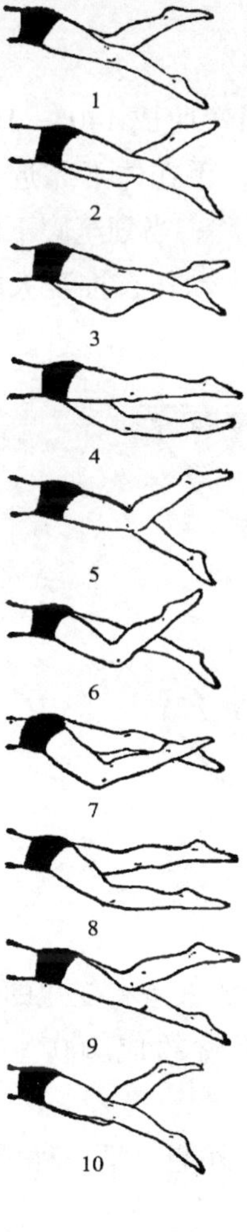

1. 打腿时两脚间最大距离约为 45 厘米。左腿达到向下打水的最低点，右腿达到向上打水的最高点。

2. 左腿伸直开始向上打水。右腿开始向下打水，要用大腿向下压水，同时屈膝，脚部位置基本与上图相同。

3. 左腿继续向上打水，仍不屈膝。右腿开始自大腿用力向下打水，膝盖开始伸直；当右脚经过左脚时，脚背和脚踝成一直线。

4. 左腿接近向上打水的顶点，开始稍屈膝；此时右腿已接近完成向下打水的运作。右膝实际已达到动作最低点，从这点开始大腿将开始向上打水，而右脚仍继续向下打水。

5. 左腿大腿开始向下打水，而左脚仍继续向上打水。右腿已达到向下打水的最低点，膝完全伸直。

6. 左膝屈到最大限度，准备开始向下打水。左腿完全伸直，开始向上打水。

7. 左腿进入产生最大推进力的阶段。右腿继续伸直向上打水。

8. 左腿区接近全部完成推进阶段。左膝稍屈。

9. 当右膝加大屈度时，左膝接近完全伸直。

10. 而脚再度上下分到最大距离。另一腿周期开始。

图 8.1.25

（三）臂部动作

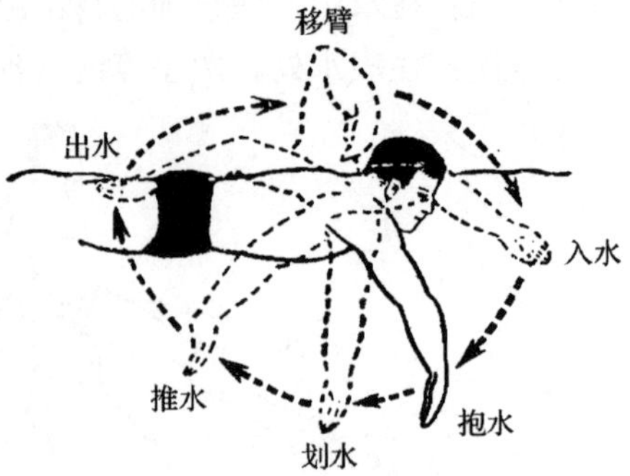

图 8.1.26

臂的动作是推动身体前进的主要动力。自由泳时，两臂划水是轮流进行的，动作基本一样。目前，在自由泳中，都采用屈臂划水的技术。

臂的动作是由入水、抱水、划水、推水、出水、移臂六个部分组成，是互相连贯地进行的（图 8.1.26）。

1．动作要领

（1）入水。

空中移臂后，上臂在肩线前稍靠外处迅速自然插入水中。入水时，肘关节稍高，小臂微屈，大拇指向下，掌心稍向外转，按手、前臂、上臂和肘的顺序入水。

（2）抱水。

臂入水后，手腕迅速微屈，前臂内旋提肘，同时向前下方伸肩，使臂与水面构成 40°角左右。向外提肘屈臂使手臂处于有利位置。

（3）划水。

如图 8.1.27 所示，抱水后立即划水，这时，上臂与前臂之间弯曲成 140°—160°角，前臂划动速度快于上臂；当划至肩下方时，整个臂部与水面垂直，手在体下靠近身体中线，屈肘成 120°角左右，这时，前臂与上臂同时向后划动，肩部后移；当划至腹下时，屈肘成 100°角左右，这时，前臂向后划动速度快于上臂，做快速推水动作，推至大腿侧下方，结束划水。

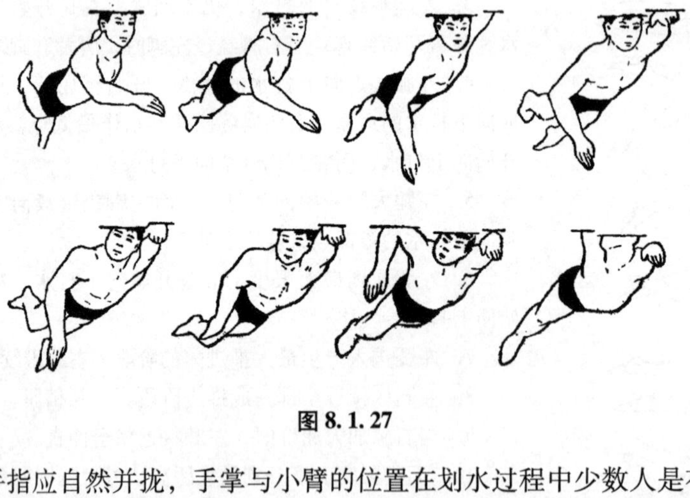

图 8.1.27

划水时，手指应自然并拢，手掌与小臂的位置在划水过程中少数人是有变化的。开始划水时，手掌与小臂几乎成一直线，在推水结束时，手掌与小臂约成 200°—220° 角（图 8.1.28）。

划水时，手型和手的移动路线，是由肩前经肩下到腹下到大腿外侧，呈一种“S”形（图 8.1.29），它是屈臂划水而自然形成的。

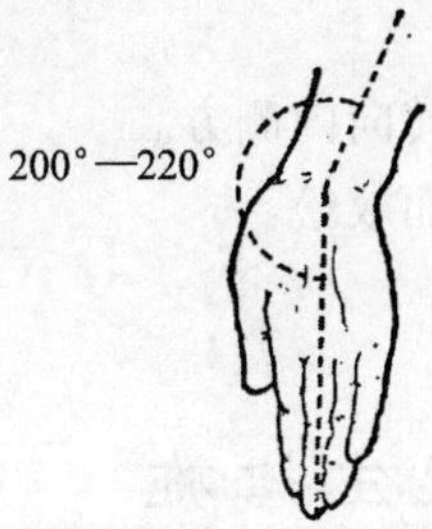

图 8.1.28

图 8.1.29

（4）出水。

划水结束后，利用推水时所产生的惯性和肩部肌肉收缩的力量，迅速将臂提出水面。

（5）移臂。

臂出水后，以肩带动臂，屈肘，手从空中沿着水面向前方移动，如图 8.1.30 所示。

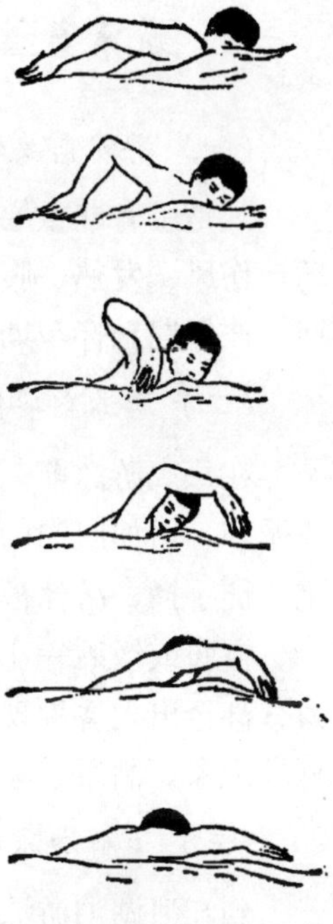

图 8.1.30

（6）两臂配合。

自由泳的两臂划水是轮流进行的，其配合的形成一般称为“交叉”。当一臂完成空中移臂入水时，另一臂划水至胸肩下垂直部位，与水平面构成 90°角，叫“中交叉”；或者另一臂已划水至腹部下方在做推水动作，与水平面构成 120°左右角，叫“后交叉”。现在大多数运动员采用“中后交叉”，即一臂完成空中转臂入水时，另一臂划水至胸腹下与水平面构成 120°左右角。

2. 练习方法

（1）陆上自由泳臂的模仿练习。

目的：在陆上建立自由泳臂的动作概念，为水中练习打下基础。

方法：两脚开立，上体前倾做直臂的单臂或两臂轮流划水、移臂的模仿练习。在上述练习的基础上再用屈臂做划水、移臂动作。

（2）水中练习。

目的：在水中正确掌握自由泳臂的动作。

方法：如图 8.1.31 所示，站在齐腰深的浅水中，上体前倾做臂划水练习，或者由同伴抱住两腿做臂划水练习。

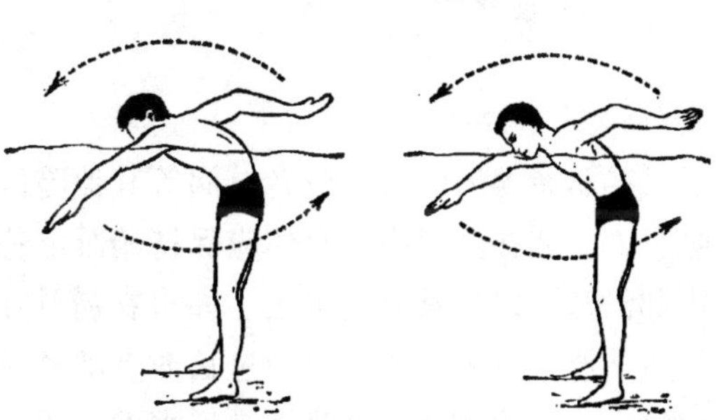

图 8.1.31

3. 注意事项

（1）臂的整个循环动作要有节奏，不能停顿。

（2）入水动作要自然，抱水动作要逐步加快，练习抱住水。

（3）划水要用力，动作速度不断加快

并有一定的紧张程度。

（4）出水时，利用惯性，臂和手应尽量放松，手掌稍转向内侧方。

（5）移臂时，肘部始终保持比肩高的位置，动作要快而放松。

第二节 游泳的安全卫生措施

一、游泳安全知识

（一）游泳前要进行身体检查

凡是患有严重心脏病、癫痫病、皮肤病、中耳炎和其他传染病者都不能参加游泳活动。伤风、发热、腹泻、红眼病最好不要勉强下水游泳，否则只会加重病情。妇女月经期、产假期和怀孕期也不宜参加游泳。

（二）游泳前要做好准备活动

在每次游泳前，应在陆上认真做好准备活动，目的是提高神经系统的兴奋性，促进血液循环，增加肌肉的弹性，加大关节活动范围，防止肌肉痉挛和拉伤。一般准备活动做慢跑、徒手操、游泳模仿等各种活动。

空腹或饭后一小时内不宜游泳。空腹游泳容易使人体血糖降低，产生头晕、四肢乏力，甚至出现昏厥现象。饭后游泳不仅加重心脏负担，而且容易引起胃痉挛，出现腹痛和呕吐现象。酒后游泳，在水中极容易发生危险，因而酒后不宜游泳。

（三）了解游泳水域情况

到江河湖泊游泳首先要勘察水情，选择水低平坦，无淤泥、水草、桩柱以及水质无污染、无急流漩涡的水域，并把浅水区、深水区划分清楚，做出显著标记，最好结伴进行，以便相互照顾，防止意外发生。游泳时间不宜过长，人在水中身体感到不适，就应马上起水，擦干身体，及时穿上衣服。如遇到雷雨，应迅速上岸停止游泳，切不可在大树底下躲避或更衣。

二、急救

（一）自救

初学者误入深水区或者漩涡等其他险区，首先要镇定，不要慌乱，放松漂游，力争呼吸自如。如在漩涡中，身体应保持俯卧姿势，逆漩涡方向游出险区或向人呼救，切不可踩水和潜泳，以免被漩卷进去。如果在游泳中被水草纠缠住，首先身体成卧姿势进行解脱，然后从原路返回。游泳时间过长或者准备活动不充分，常常会引起大腿、小腿或脚趾等部位痉挛，消除方法是使身体漂浮水面，用痉挛腿对侧的手，拉住痉挛腿的脚趾，用力向身体方向扳拉，另一手压痉挛腿的膝盖，使小腿伸直。大腿痉挛，可用两手用力抱住小腿贴近大腿，反复振压直至解脱。如果痉挛严重，无法消除，应向人呼救。

（二）水中救护

在实施救护时，尽可能使用救生圈、竹竿、木板等器材抛给溺水者进行间接救护。如果在没有任何救生器材的情况下，必须实施直接救护时，救护者首先要沉着、冷静、迅速观察周围环境，辨别水流，然后在溺水者上游的斜上方水域入水，但对不熟悉的水域应脚先入水，用抬头自由泳或蛙泳接近溺水者。当游到离溺水者 2—3 米处，潜入水中，从溺水者背后用两手托住溺水者的下颌或腋下，用反蛙泳进行拖带，或者一手从溺水者的胸前握住对方腋下用侧泳进行拖带。不管哪一种拖带方法必须使溺水者成仰卧姿势，口鼻露出水面，呼吸空气。若被溺水者抓住或者抱住时，应设法解脱。解脱方法一般有虎口解脱法、扳指解脱法、扭转解脱法和托肘解脱法等。

第九章 快乐体育运动

娱乐是体育本身所具有的独特属性。体育中的诸多项目如田径、球类、体操、舞蹈等都是由游戏演变而来的，具有娱乐性。近年来，由于学校体育教学以增强学生体质和发展运动技能为目的，使教学内容变得更加正规化与竞技化，以运动技能为主线的体育课逐渐使学生掌握一些技术，但学生们缺乏从内心去感受体育带来的快乐。

所谓快乐体育，是指从终身体育和个人发展需要出发，从情感入手，对学生进行以健全的人格教育、身体教育为目标的一种体育教学思想。快乐体育形式上是以快乐地从事体育学习为目标，但本质含义是寓教于乐，对学生进行完整的人格教育、体能教育等，使学生能够在学习中认识体育、接受体育，从而达到一定的目标。

第一节 体育游戏

体育游戏是一种有目的有意识的活动。任何一种体育游戏总是具有一定的目的，或是为了传授生活和劳动的技能，或是为了发展游戏者的体力和智力，或是为了娱乐。由于体育游戏是人类有意识的活动，因而在游戏活动的过程中，人们可以创造性地发展游戏的内容，制定游戏的规则，传授游戏的经验，以及不断地创造出新的游戏。

体育游戏按其内容，可分为奔跑游戏、跳跃游戏、投掷游戏、对抗与负重游戏、球类游戏；按其发展身体素质的侧重点可分为力量型游戏、耐力型游戏、速度性游戏、灵巧性游戏；按游戏组织形式分为不分队游戏和分队游戏等。

一、几种实用的体育游戏

（一）活动性游戏

1. 托球跑

参赛办法数：每个团体报 2 组，可以男女混合，每组 8 人，分两次进行。每次每团体只允许 1 组参加。

器械：乒乓球。

比赛规则：乒乓球必须放在乒乓球拍的中间，不得用手固定，每个人每次只能托一个球，从起点到终点（10 米）的过程中以球不掉在地上并放入指定位置算有效球，另外一人再从筐中捡起球进行接力。如果球在托送途中掉到地上，选手必须回到起点重来，以 8 位选手全部运送完球，所用的时间最少的组为获胜组。

2. 单足跳接力

参赛办法：男女各 5 人为一队。

器械：接力棒。

比赛规则：学生成一路纵队站立在起跳线后，距离起跳线 20 米处放一标志物，教师发令后，排头用单脚连续跳，绕过标志物跳回，拍第二人的手，自己站到排尾。如此依次进行，以先跳完的队为获胜队。

3. 运球上篮比赛

参赛办法：男生 5 人为一队。

器械：篮球。

比赛规则：学生成一路纵队站在篮球场底线，教师发令“开始”，排头先运球到对面的篮筐进行投篮，投篮方式不限，如球未投中，需把球捡回再投，投中后方可运球折回投另一个篮筐，投中后将球传给第二人。如此依次进行，以先完成的队名次列前。

（二）追逐游戏

双杠追逐跑

参赛办法：男生 5 人为一队。

器械：双杠。

比赛规则：学生手握双杠一端站好，教师发令“开始”，学生手撑双杠做前摆挺身下，跑向另一端再做。如此依次进行，最后在规定时间内以各队所做总数判定名次。

（三）角斗游戏

1. 拔河

参赛办法：男女各 12 人为一队。

器械：拔河绳。

比赛规则：在场地上画 3 条平行的短线，间距 1.5 米，中间的为中线，两边的为“河界”。拔河绳中间系上一根红带子为标志带。将拔河绳垂直于中线，放在场地的中间，并使标志带对准中线，双方队员分别站在“河界”后拔河绳两侧，对面间隔站立。裁判鸣哨后双方一起用力拉，最终把标志带拉过本队“河界”的为获胜队。

2. 抢棒棒糖

参赛办法：每团体 8 人，男女各占一半，可多组进行。

器械：四根绳子，棒棒糖若干。

比赛规则：两个男（女）生背靠背挽住对方，每个男（女）生前面 1 米左右站着一个女生，手拿一个棒棒糖，裁判员发令后男（女）生反向用力以吃到对面女（男）生手里的棒棒糖，先吃到者获胜。

（四）集体竞赛游戏

1．多足虫

参赛办法：男女各 8 人为一队。

比赛规则：参赛队员成一路纵队，后面队员将双手放在前面队员的肩上。比赛开始，全队协同一致交替迈步向前，以排尾通过终点线为比赛结束，用时少的队为胜。

2．二人三足跑

参赛办法：2 人为一组。

器械：绳带。

比赛规则：参赛者并排站在起跑线后，用绳子将二人的内侧腿捆好。比赛开始，二人向前跑出，以先到达终点者为胜。

细则：必须向前走跑，不得跳跃。

3．协同作战

人数：2 人为一组，组成几个纵队。

器械：排球。

比赛规则：参赛者背对背，互相挽住对方的手臂，中间夹一排球，站在起跑线后。比赛开始，二人迅速侧身向前跑，绕过标志物跑回将球交给后面的队员。依次进行，以先跑完的队为胜。

细则：不得松开手臂；球若掉下必须拾起重新开始。

（五）专项游戏

1．运球接力

参赛办法：10 人。

器械：篮球。

比赛规则：参赛队员分甲乙两组分别站在起终点线后成一路纵队，比赛开始甲组第一名队员运球至乙组将球交给乙组第一名队员，乙组第一名队员接球后迅速向甲组运球并将球交给甲组第二名队员。依次进行，以先完成的队为胜。

细则：不得抱球跑；不得扔球。

2．排球自垫球

比赛办法：男女各 5 人组成若干队。

器械：排球。

比赛规则：学生每人手持一个排球站好，比赛开始，学生双手垫球（球必须超过头部）。以单位时间内垫球次数多的队为胜。

二、在体育游戏教学中需注意的问题

无论什么游戏，都必须具备参与者、场地、器材和规则等条件，其规则可由教师规定，学生执行，或学生自行商定。无论哪种方式，都能最大限度地培养学生遵守纪律的自觉性。因为在整个游戏过程中，每一个人既不愿自己的行为失误而破坏全队的成绩和名次，又不愿违反规则使全队受罚或取消资格。在体育教学中，运用集体性游戏能够最大限度地培养学生的自觉能力和自律行为，使平时纪律较差的学生能够养成遵守纪律的行为习惯。

根据大学生的身心特点，在体育游戏教学中应注意以下几点要求：

（1）大学生由于身体各器官系统的发育还不够完善，因此在游戏中还不适宜做过多负重的练习、大强度的力量练习、较长时间的静力性练习或耐力练习、较长时间的剧烈运动等。

（2）女孩在月经期间不宜做剧烈的运动。

（3）大学生随着年龄的增长，在智力上已经能适应较为严密的游戏规则。规则的严密既能保证游戏的正常进行、易于评判，也能增加游戏的趣味性，但规则也不能太多太过复杂。

（4）大学生参加体育游戏一般都是从兴趣出发，自己喜欢的游戏常常会不顾一切尽情地去玩，没有自我控制力；而对于自己不喜欢的游戏，则不愿意去玩。老师在组织教学游戏时，应注意这些情况，并采用适当的方法控制游戏的运动负荷量或选用有趣的手段组织学生做好游戏。

第二节　校园拓展运动

校园拓展运动是一项体力与智力、心理和技能相组合的体育运动，它以学生为主体，以“先行后知”“边行边知”“愈怕愈行”等体验式的学习方法，让学生在愉快、积极、刺激的参与中，在大自然中，学习知识，掌握技能，领悟道理。因此，参加校园拓展运动的学生，既能锻炼体力，愉悦身心，又能提高机敏、协调和配合能力。

一、校园拓展运动概述

校园拓展运动以身体活动为手段，根据学生的心理、生理特点，有计划、有目的、有组织地安排练习项目和练习训练课程。

（一）校园拓展运动的特点

1. 时尚性

校园拓展运动适应当今时代完善人格、提高素质和回归自然的需求，符合学校体育所倡导的“到阳光下，到大自然中去活动”的理念。

2. 突破性

校园拓展运动并非体育加娱乐，也不是魔鬼训练，而是对正统体育的一次全面提炼和综合补充，打破常规，产生新的意义。

3. 丰富性

校园拓展运动的所有项目都以体能活动为先导，引发出认知活动、情感活动、意志活动和交流活动等，使短暂的训练充实而丰富。

4. 挑战性

校园拓展运动的项目都具有一定的难度，特别是表现在心理考验上，是对队员体力、能力和心理的极限挑战。

5. 团体性

校园拓展运动实行分组活动，强调团队合作。通过面对共同的困难，可使每一名队员竭尽全力，既增强团队合作的意识，同时又从团队中汲取巨大的力量和信心。

6. 高峰体验

在克服困难、顺利完成课程要求以后，队员能够体会到发自内心的胜利感和自豪感，获得人生难得的高峰体验。

7. 自我教育

教师只是在课前把课程的内容、目的、要求以及必要的安全注意事项向学生讲清楚，活动中一般不进行讲述，也不参与讨论，充分尊重学生的主体地位和主观能动作用的发挥。即使在课后的总结中，教师也只是点到为止，主要让学生自己来讲述，达到自我教育的目的。

8. 回归自然

与大自然互动，通过自然的学习方式，达到自然的个性成长。

（二）校园拓展运动练习流程

校园拓展运动课程是由多个针对不同练习目的的项目组成，这些项目的使用按照不同的训练目的进行排列组合，将不同类别、不同应用层次的项目穿插使用，在安排项目顺序的时候，最好能够做到循序渐进，因势利导。但不管课程的设置如何，整个课程的操作都是由以下六个标准流程组成。

1. 场景布置

按照活动项目的内容特点，合理利用活动环境，准确地布置所需器材，使其具有该项目要表达的真实性。

2. 项目介绍

任何一个子训练项目的开始，都是学生在教师的指引下去经历一种模拟的场景或氛围。在这个过程中，教师要向学生准确描述所要开展项目的名称、目的和要求，让学生明确训练项目操作过程的规划目标。在此过程中，教师除了对项目本身的描述外，不要向学生提供解决的方法和提示。

3. 项目操作

学生根据老师提供的信息完成项目要求的任务，参与挑战的过程是学生们的实战过程，由于校园拓展运动的不定性，体验结果也不尽相同。获得成功者殊途同归；没有成功的，活动过程也各具特点。教师可以在每次活动时安排个别学生做观察员，观察员除了保护队友的安全外，也可以帮助记录活动的进程。当然，教师也应该准确记录，以便在分享回顾时使用。

4. 分享回顾

作为校园拓展运动的重要组成部分，它是在学生体验后，回顾刚才经历的过程，将各自完成任务时的感想，完成后的感受真诚地说出来，结合教师的记录与大家分享得失，求同存异，达成默契。教师在引导分享回顾时要注意以下几个原则：即时性原则，求同存异原则，密切联系原则，追求卓越原则。

5. 引导总结

引导总结是将活动中出现的问题和认知感受进行引导，用符合校园拓展运动理论基础的理念进行科学的总结，使其理论更加严谨与系统化。这个环节主要由教师来做，有时也会出现教师授权给某个学生进行讲解。在这个过程中，教师应根据学生讨论的结果，结合相关的理论知识，进行归纳总结，让学生的知识由感性认识上升到理性认识。引导总结经常会和分享回顾交叉进行。进行适时的引导，做出精辟的点评，讲述网址的故事，不仅能使课堂生动活泼，而且也能让学生牢记在心。

6. 指导行动

在分享回顾和引导总结后，将学生的感悟与理解进行提升，主要运用鼓励与肯定的形式，让其对自己的能力与潜力有一个新的认识，对校园生活及人生发展充满信心，并将这些感悟在生活情景中得以运用，完成认识由实践中来，最终用来指导实践的循环上升的过程。

（三）校园拓展运动注意事项（安全问题）

在校园拓展运动开展的过程中，要时刻保持警惕，以高度负责的态度保证每一个细节的绝对安全可靠，及时消除安全隐患，杜绝不安全行为，控制不安全因素，确保学生人身安全。活动前，必须做好充分的思想、心理和体能准备，了解活动目的、意义和方法，并对活动的器械和装备进行安全性能的检查，做到安全可靠，万无一失。活动中，参与者的注意力必须高度集中，尤其是保护者，必须抱着认真负责的态度，保持严密的组织性、纪律性。

校园拓展运动因其选择的场地、器械的特殊性，活动内容的求知性以及特有的心理挑战等，决定了拓展训练具有一定的风险性。如何获得最大的安全保障，如何让学生在身体、心理上获得安全保障，是拓展训练课程进入学校教学课程中至关重要的一环。为了消除隐患，降低风险，拓展训练安全应遵循四大原则。

1. 双重保护原则

课程设计时所有需要安全保护的训练项目，都必须进行双重保护演练，注意每种保护方法均是以保证在实施操作过程中学生的安全为前提。

2. 器械备份原则

任何需要器械保护之处，都必须安置备份器械。

3. 重复检查原则

所有安全保护器械应合理使用，完成后必须再复查一遍，操作中部分保护要多次检查，消除操作失误的可能性。

4. 安全监护原则

拓展运动教师应对项目进行中可能遇到的安全问题进行全程监护，将任何隐患消除在萌芽中。只有在活动过程中认真讲解，规范操作，将安全问题很好地落到实处，才能使我们享受拓展训练带给我们的快乐与收获。

二、沟通项目

（一）与你同在

人数：将队员分成若干个由15—20人组成的小组。

时间：15分钟。

场地：一块平整的场地。

器材：每组3个网球。

1. 项目目标

每个人能迅速进入团队，相互熟悉，改善团队人际关系，活动团队的现场气氛。

2. 项目程序

（1）选择一块宽阔平整的活动场地，教师和队员们以小组为单位站成一圈，每人相距约一臂长。

（2）教师大声喊出自己的名字，然后将手中的球传给自己左边的队友。接到传球的队友也要如法炮制，喊出自己的名字，然后把球传给自己左边的人。这样一直继续下去，直到球又重新回到教师的手中。

（3）教师重新拿到球后，告诉大家现在要改变游戏的规则。接到球的队员必须要喊出另一个队员的名字，然后把球扔给该队员。

（4）几分钟后，队员们就会记住大多数队友的名字。这时，再加一只球进来，让两只球同时被扔来扔去，活动规则不变。

（5）在活动接近尾声的时候，再把第三只球加进来，其主要目的是让活动更加热闹有趣。

（6）活动结束后，在解散小组前，邀请一个志愿者，让他在小组内走一圈，报出每一个人的名字。

3. 总结与评价

（1）扔球的时候不可用力过猛。教师最初扔球时应当是一个较慢的高球，为后续的扔球队员树立典范。

（2）活动结束后，教师带领学生讨论参与本项目的感受和启示。

（二）集体握手

人数：参加人数30—50人。

时间：20分钟。

场地：一块平整的场地。

1. 项目目标

（1）让队员认识一半以上的其他队员。

（2）体会沟通中微笑、眼神等表情因素的重要作用。

2. 项目程序

（1）请所有人围成两个大圆圈，一个圈在另一个圈里面。

（2）内圈的人转过身来，面对外圈的人。

（3）迅速地彼此进行自我介绍，然后向右移动。

（4）外圈的人持续左移，内圈的人持续右移，直到一个圈的每个人对另一个圈的所有人都做了自我介绍。

3. 总结与评价

（1）内圈和外圈的最佳距离是多少？

（2）在你面对下一个新的面孔的一瞬间，你的第一反应是什么？

（3）有多少人是以微笑开场的？在整个过程中你注意到自己的表情了吗？在说话或聆听时你的目光停留在哪里？

（三）跨越雷区

人数：10 人以下为一组。

时间：30 分钟。

场地：教室或校园中空地。

器材：大号塑料杯 3 个，A4 白纸数张，桌子，每组纸张一块（30 厘米 ×30 厘米），每人一个眼罩。

1. 项目目标

（1）让学员了解在非语言沟通方面需要用到哪些沟通方式与技巧。

（2）体会视觉线索对人的重要意义。

2. 项目顺序

（1）教师在活动赛区内用白纸设置障碍。

（2）在活动区中间放置一张桌子，桌子中间放三个杯子，形成一个塔（底部的杯子正放，第二个杯子倒放，第三个杯子盛水放在第二个杯子上）。

（3）每组有一位已跨越雷区的“幸运队员”，他在雷区的另一边指导他的其他队员跨越雷区。

（4）每个小组“幸运队员”外的队员必须蒙上眼睛，每次只能由一位队员通过雷区。

（5）每个小组的全部队员通过雷区时，要将小组的纸板放在杯塔上，如果杯塔不倒则视为完成任务。

（6）踏中雷区（杯塔倒掉）的组员视为“死亡”，退出活动，并只能在旁边观看。

（7）通过雷区的队员可以解下眼罩，参与指导。

3. 总结与评论

（1）在活动过程中，指导人员是如何和蒙眼队员进行交流的？

（2）蒙眼队员在活动中的感受如何？

（3）我们应该用什么办法来改进沟通？

（四）盲人足球赛

人数：集体参加。

时间：30—60 分钟，参与人数越多，所需时间越长。

场地：校园平整的空地，校园足球场最佳。

器材：眼罩若干（两种颜色），足球 2 个（要用含气量不足的气球，这样每踢一下，球不会滚得太远），哨子 1 个，球门 2 个。

1. 项目目标

（1）建立团队人员的相互信任。

（2）促进队员的相互沟通与交流。

（3）培养团队合作精神。

2. 项目程序

（1）留出 2—3 个人作为监督员，监护员的任务是责任安全问题，同时兼任边裁。把其他的人员分成两个人数相同的队，注意要求每个队的总人数为偶数。

（2）每个队员在自己的队内找一个搭档。

（3）每对搭档中只有一个人带眼罩，另一个不戴（两队人员选择不同颜色的眼罩以示区别）。

（4）告诉大家：“我们即将进行一场别开生面的足球赛。每对搭档中只有戴上眼罩的队员才可以踢球，他的搭档负责告诉他向什么方向走、做什么。”

（5）详细解释活动规则。要求那些戴上眼罩的队员弯曲双肘，手掌向外，手的高度与脸平。负责指挥的队员不允许碰自己的同伴，只能通过语言发出指令。这场球赛中没有守门员，每个队踢进对方球门一个球得一分。任何一队进球后，都要把球拿回场地中间，重新开始比赛。不允许把球踢向空中，在任何时候，球都应当在地面上滚动。如果某个队员踢了高球，裁判会暂停比赛，并把该队员罚下场。如果球被踢出界了，裁判将负责把球踢回场地，除此之外，没有其他的关于出界处理的规则。比赛一共进行 10 分钟，中场休息，交换场地。

（6）宣布完活动规则后，让两个队用投硬币的方法选择场地。场地定好后，把 2 个球放在场地中间，然后吹哨，开始活动。用 2 个球意味着比赛中每个队一个球，各自为多得分而奋斗。

3. 总结与评价

（1）哪些因素有助于最终取得比赛胜利？

（2）蒙眼队员在活动中的感受是什么？

（3）指挥者的指令清楚吗？哪些方面还有待于改进？

（五）进化论

人 数：集体参与。

时 间：30 分钟。

场 地：教室或校园空地。

1. 项目目标

（1）作为练习活动的开场游戏，制造活跃和轻松的气氛。

（2）增加队员对后面活动参与的积极性。

2. 项目程序

（1）活动以猜拳形式进行（石头、剪刀、布）。进化程序：鸡蛋→小鸡→凤凰→人。

不同层次对应的动作为：鸡蛋——蹲下；小鸡——蹲下，手模仿翅膀在身旁拍打；凤凰——站立，两手呈三角形放在头顶上；人——两手叉腰站在一旁。

（2）全体队员先蹲下且被视为鸡蛋。

（3）相互找同一层次的同伴进行猜拳，猜赢后可进化为小鸡。

（4）活动期间各队员需不断与别人猜拳（只跟同一层次的人猜，即是小鸡的只能和小鸡猜，而不能跟鸡蛋、凤凰或人猜），猜赢了便可升一级，猜输了便跌一级，直至变成“人”则停止猜拳。

（5）当再没有人能变成“人”时（如只剩下一只鸡蛋、一只小鸡和一只凤凰），活动便结束了。

3. 总结与评价

（1）活动中你是否能积极地参与进去?

（2）教师带领队员讨论本活动的宗旨。

三、团队协作项目

（一）坐地起身

人数：全体学员一起参与。

时间：30 分钟。

场地：校园一块平整地。

1. 项目目标

（1）增强队员间的爱心和友谊。

（2）增强团队向心力，培养团队合作意识。

（3）增强团队成员的归属感，增进团队活力。

2. 项目程序

（1）两个学员背靠背，坐在地上。

（2）两个人双手相互交叉，合力使双方一同起立。

（3）按此原理，可多人一起参加此项目，不断增加参与人数，最后全体队员一同完成，达到全体一起起立的效果。

3. 总结与总评

（1）你能仅靠一个人的力量来完成起立动作吗?

（2）如果队员双方能够保持动作的一致性，是不是完成起立动作要容易得多?为什么?

（二）齐心协力

人数：全体学员一起参加。

时间：20 分钟。

场地：校园空地或操场。

1. 项目目标

（1）体会团队的协作及个人在团队中的重要性。

（2）体会队员间的相互支撑，提升责任心。

2. 项目程序

（1）全体队员围成一圈，每位队员将双手放在前面一位队员的双肩上。

（2）教师介绍“兔子舞”口令：“左、右、前、后、前、前、前”，并要求队员根据指令做出相应的动作：伸左脚、伸右脚、两脚并拢向前跳一步、两脚并拢向后跳一步……

（3）教师喊“开始”后，由队员自己喊口令并边喊边跳“兔子舞”，跳半圈后教师喊“停”，恢复队形，进入下一环节。

（4）全体队员左手放在两腿之间伸向后面队员，后面队员伸出右手抓住前面队员的左手。

（5）教师鼓励大家在这种情形下按照刚才的口令继续跳“兔子舞”，跳半圈后，教师予以表扬肯定，并鼓励大家进入下一个环节。

（6）全体队员围成一圈，前后间隔为“零距离”，即每位队员要用自己的脚尖抵住前面队员的脚后跟。听教师的指令，缓缓地坐在身后队员的大腿上，调整几次坐下后，教师再给予指令，让队员保持当前的队形继续完成“兔子舞”，边跳边喊口令，要鼓励队员全力以赴，不要“掉链子”。完成半圈后，训练结束，教师引导总结。

3. 总结与评价

（1）在活动过程中，自己的精神状态是否发生变化？身体和声音是否继续出现变化？在发现自己出现以上变化时，是否及时加以调整？

（2）是否有依赖思想，认为自己的松懈对团队的影响不大？最后出现什么情况？

（3）此时此刻，我们对“水桶理论”是否有了更深的理解？对我们的学习、生活会有什么帮助吗？

（三）蜘蛛网

人数：将队员分成若干个由12—16人组成的小组。

时间：60分钟。

场地：选出有两棵结实大树（或杆状物）的空地。

器材：用绳子（或松紧带）编成的蜘蛛网一张，用来做报警器的小铃铛，用来制造气氛的大橡胶蜘蛛。

1. 项目目标

（1）把队员团结在一起，培养团队合作精神。

（2）增进沟通，体现队员协同工作在解决问题中的作用。

（3）让队员们体会计划的重要性，学会克服看似难以解决的问题。

2. 项目程序

（1）所有队员站在网的一边，教师致项目开场白。开场白如下：你们小组陷入在一片原始森林中。走出森林的唯一出路被一个巨大的蜘蛛网封锁了，你们必须从蜘蛛网中钻过去（不能绕过去，也不能从网的上面或下面过去）。值得庆幸的是，蜘蛛目前在睡觉。但非常不幸，蜘蛛非常容易惊醒，并立刻扑过来咬人，其结果是造成正在穿越的人和已经过去的人立刻双目失明。另外，每个洞只能用一次，即不同的人必须从不同洞穿越过去。

（2）过程中提醒已通过蜘蛛网的队员做好监督工作。

（3）可选出一名观察员记录小组执行任务的过程中都出现过什么问题，例如计划方面、沟通方面。

3．总结与评估

（1）你对计划的重要性有什么认识？你认为这次活动的计划做得怎么样？

（2）该项目最困难的地方在哪里？怎么改进？

（3）完成项目的过程中，你感觉团队的合作精神怎么样？队员们是否有责任感？

（四）有轨电车

人数：20 人左右（10 人左右一组）。

时间：30 分钟。

场地：户外平整空地一块。

器材："电车"一套（带多个鞋套的长木板 2 块或装有若干个 T 绳索的长木板 2 块）。

1．项目目标

（1）增强团队凝聚力。

（2）了解协作的一致性与指挥方式的作用。

（3）理解个人、小团队、大团队的关系。

2．项目程序

（1）人员平均分组，每组 10 人左右，各组人员手拉绳索，脚踩木板，步调一致地按规定轨道走一圈，最终回到起点。

（2）两组比赛，所用时间少者获胜。

（3）活动过程中要保持步调一致，否则要尽快调整，如果调整不及时出现摔倒的情况，手要扔掉绳子，同时大声喊停告知同伴。

（4）不要把绳子缠绕在手上，失衡后要向两侧踏，不要踏向中间。

3．总结与评价

（1）在这个项目中，你对团队协调有什么认识？对团队沟通又有什么认识？

（2）怎么做能够加快小组的行进速度？

（3）这个项目哪些方面与现实生活相通？

（五）排除核弹

人数：15 人左右。

时间：60 分钟。

场地：相对开阔的小场地一块。

器材：25 米长绳子一条（用于围成雷区），20 米长的保护绳 2 条，纸杯 1 个，砖头 1 块，作为稀释溶液的矿泉水一瓶，眼罩一只，手套 4 双备用。

1．项目目标

（1）加强团队的合作意识。

（2）强调团队之间的交流沟通，提高团队整体能力。

（3）培养全体队员各尽所能，共同努力完成任务的能力。

2. 项目程序

(1) 用长 25 米的绳子拉成一个圈，用砖头把纸杯垫起来并放在圆圈的中间。

(2) 教师开始给队员们讲下面一个故事：

在一个山村有一枚没有爆炸的核弹头，给该地区造成了威胁，你们作为特工人员将去该地区排除核弹头。圆圈内为辐射区域，所有人员不得进入圈中。2 条 20 米长的绳子作为防辐射物品，但不能碰到地上。排除核弹头的方法是：利用仅有的工具将一名拿有稀释溶液的队员悬空在辐射区上方（由于强辐射，该队员需要带上眼罩），在不碰到辐射区内任何物品的情况下向圆圈中间的纸杯中倒入三分之二稀释溶液，然后队员的手才可以碰触“核弹装置”（纸杯），把“核弹装置”移出圈外完成任务。在完成任务的过程中，瓶子里的水和杯子里的水都不能洒出来，否则将视为失败。如需重新开始，将每人要“奖励”俯卧撑 10 次。

(3) 活动过程中出现若干危险动作，应及时叫停。

3. 总结与评价

(1) 在全过程中你认为最佳的表现在哪里？团队的合作精神体现在哪里？

(2) 团队在解决问题时采取的是哪些步骤？这些步骤有什么地方可以改进？

四、基地拓展项目

(一) 空中抓杠

人数：10 人以上，最好不超过 35 人。

时间：90 分钟。

场地：基地综合训练架。

器材：相应的安全设备（动力绳、安全带、头盔、D 型锁、8 字环、手套等）。

1. 项目目标

(1) 克服恐惧，勇往直前，挑战自我，激发潜能。

(2) 以积极的心态去争取和获得机会，掌握目标管理与控制的成功经验。

(3) 培养队员面对困难时的互助精神。

2. 项目程序

(1) 全体队员于跳台下列队集合，教师讲解安全问题，包括安全带、主绳与锁具、头盔等的使用要求和方法（教师应经过专业、系统的培训）。

(2) 队员穿戴好保护装备，接受队友激励后，由地面通过立柱扶手爬到顶端，通过自己努力，站到力柱顶端的圆台上，站稳后两手侧平举并大声地问自己的队友和保护人员：“准备好了吗？”当听到“准备好了”的回答之后，自己大声喊“1、2、3”的同时奋力跃出，用手去抓前上方悬着的一个单杠（可以抓住、触摸或向单杠方向抓去而并非必须抓住），完成之后松开双手，在保护绳的保护下慢慢回到地面。

(3) 教师注意项目的安全监控，队员如有严重外伤病史或有严重心、脑血管及精神疾病、慢性病及并发症或医生建议不适合做此类挑战活动者，可以不做此类挑战项目。教师还要通观全局，当出现不合理动作时应及时提醒与叫停，此外要保证每位队员在上去之前和下降时都有人鼓励和迎接。

3. 总结与评价

(1) 在跳跃之前，你心里在想什么？有什么感觉？

(2) 抓到单杠以后，身体漂浮在半空中时，你的感触是什么？

(3) 为什么在地面上和在高空中跳同样的距离会有那么大的心理差别？

(4) 不敢做是能力问题还是心理问题？

(5) 在现实工作生活中，是不是也碰到过类似的情况呢？举例说明。

(二) 垂直天梯

人数：10 人以上，最好不要超过 35 人。

时间：90 分钟。

场地：基地综合训练架。

器材：相应的安全设备（动力绳、安全带、头盔、D 形锁、O 形锁、8 字环、手套等）。

1. 项目目标

(1) 全力以赴，合理分工，互相鼓励，充满信心，克服心理障碍是实现目标的保障。

(2) 培养队员的相互协作意识。

(3) 体会阶段性目标对于实现最终目标的重大意义。

(4) 珍惜别人的帮助，懂得感恩是能够继续前进的积极动力。

2. 项目程序

(1) 教师讲解安全问题，包括安全带的使用方法，介绍主绳和锁具、头盔等的使用要求与方法（教师应经过专业、系统的培训）。

(2) 穿好保护护具，经教师检查并连接主锁，接受队员激励。

(3) 两人一组向上攀登，两人共同站在第五根横木上手抱第六根横木即宣告任务完成。

(4) 在攀登过程中，可以利用的只能是横木和两人的身体（可以拖拽腰间和腿间的安全带主带，但不得拖拽衣裤），不允许拉拽胸前的保护绳及两边的钢缆；需要踩踏搭档时，除了大腿根部和肩部靠里的位置外，其他所有部位都是禁止踩踏的。教师全程监控，及时提醒并叫停不合理的动作。

(5) 保护者适当收紧保护绳，但不得提供拉力帮助队友完成任务。

3. 总结与评价

(1) 你们在共同向上的过程中，碰到了什么困难？是如何克服这些困难的？

(2) 对于你们的伙伴，印象最深刻的是什么？

(3) 说出挑战自我、体验成功的感受。

(三) 合力过桥

人数：35 人左右，不低于 10 人。

时间：90 分钟。

场地：基地综合训练架。

器材：相应的安全保护装备（动力绳、安全带、头盔、D 形锁、O 形锁、8 字环、手套等）。

1．项目目标

（1）增强队员克服恐惧、勇往直前、挑战自我的信心，激发潜能。

（2）培养团队的信任，增强团队意识和面对困难时互相帮助的意识。

（3）以积极的心态去争取和获得机会。

2．项目程序

（1）教师讲解安全问题，包括安全带、主绳和锁具、头盔等的使用要求与方法（教师应经过专业、系统的培训）。

（2）讲解拉拽吊板下方保护绳的方法，并且尝试以上方吊锁为支点寻求平衡的用力感受。

（3）学员穿好保护护具，经教师检查并连接主锁，接受队员激励后，由地面通过扶手爬到起点，做好准备，通过 2—3 块 30 厘米宽、长度不同、摇晃不平的吊板。其他学员分组抓住吊板垂下的绳子，掌握平衡，让高空队员顺利通过。

（4）通过之后从另一侧扶梯爬下，休息，直到下一位学员挑战完成后，参与保护。

（5）教师要通观全局，既要关注桥上学员，也要注意保护人员和拉绳人员的情况，当出现不合理动作时及时提醒或叫停。

3．总结与评估

（1）完成这个项目最需要的是什么？

（2）当你在下面做保护时和你自己在上面挑战时，有什么不同的感觉？

（3）当你伸手够不到前面的吊锁时，你是怎么克服的？

第三节　交际舞

交际舞是一种文明、健康的娱乐活动，又是进行社交活动的一种积极有效的形式。交际舞可以陶冶人们的心灵，使身心得到美的享受和愉快的休息。通过交际舞的练习，使学生能够善于展现优美形态和个性风格，提高与他人的合作能力和社交能力。

一、交际舞的概念

交际舞又名舞厅舞或舞会舞，也有人称之为社交舞。

交际舞是世界各国流行很广的一种社交、娱乐性质的舞蹈艺术。由于这种舞蹈不用经过专门的舞蹈训练就能很快学会，所以一直受到广大群众的喜爱，成为世界上最具有群众基础的文化娱乐活动之一。

交际舞有三个基本特征：

（1）绝大部分交际舞来源于朴实、健康的民间舞蹈艺术。

（2）交际舞的步法和花样都简单易学，便于掌握和普及。

（3）各种交际舞不受国界限制，所以称之为国际交际舞。

交际舞可分为国际标准交际舞、新型交际舞和流行交际舞三种。本节仅介绍交际舞中较为常见、易学、实用的布鲁斯（俗称慢四步）的基本舞步以及简单的花样组合。

二、交际舞的基本知识

（一）脚的基本位置

交际舞中脚的基本位置是正步（图 9. 3. 1）。这个脚位是 1924 年成立的英国皇家舞蹈教师协会舞厅舞分会委员会的统一规定。

正步位置要求是两只脚平行站在地平面上，脚尖向正前方，两腿站直，双膝自然放松，但不要弯曲。胯要上提，不能坐胯或歪到一边。切记不能向外撇脚。

（二）交际舞双人基本持握姿势

双人正确的身体姿势和准确而稳定的持握方式是跳好交际舞的两个很重要的因素，因为错误的姿势和持握方式不仅会使舞跳得不美，而且也会严重影响双人之间的协调性、稳定性和平衡感。

1. 闭位姿势

（1）腿和脚。

男女面对面站立，双方右脚尖对准对方双脚间中线，双方脚尖相对，以相距 100—150 毫米为宜（图 9. 3. 2）。

（2）身体。

男女身体站直，立腰，不要展腰或塌腰。双方胸部相距 300 毫米。双肩放松，应和对方双肩经常保持平行。双方上体略向后倾，女再向右倾。

（3）手和臂。

男、女的手势要讲究美观舒适。男的右手放在女的左肩胛骨下面，五指并拢，手背向外，右臂形成一个自然的弧度。男的左手握住女右手，握手要适当放松，不要太紧，握手的高度以齐女耳垂为宜。女左手虎口张开放在男右肩上，右手 4 个拇指并拢，放男大拇指和其他四指之间，大拇指紧贴男大拇指外。男右肘和女左肘要抬起来（图 9. 3. 3）。

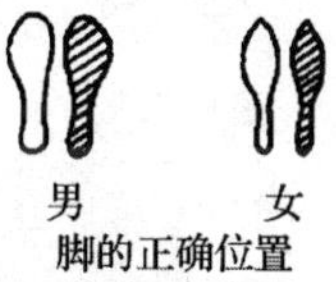

图 9. 3. 1

图 9. 3. 2

图 9. 3. 3

（4）头。

男、女头要端正，脸向左前斜，眼光从对方右肩上部平视。

2. 其他常用姿势

(1) 闭位单携手、闭位双携手。

闭位单男携手：女面对面站立，相隔一步左右。男右臂屈肘握女右手，手心向上，女右臂屈肘。男左臂和女左臂稍屈肘，抬到肩侧，手半握拳与肩齐（图9.3.4）。

闭位双携手：男双手携女双手（图9.3.5）。

(2) 开位单携手。

男、女面向同一方向站立，左右相隔一步。男右手握女左手，男右女左臂屈肘，另一手臂曲肘手与肩平，男、女对视（图9.3.6）。

图9.3.4

图9.3.5

图9.3.6

(3) 开位双携手。

开位双携手是从闭位姿势变化身体方向形成的。男转体45度，女右转45度，男右胯基本上贴女左胯，男头稍向右转，女头稍向左转。手臂位置同闭位姿势（图9.3.7）。

(4) 右外侧姿势。

女明显向左移动至男的右侧，女的右肩对男的右肩，男女双肩保持平行。男的左臂和女的右臂伸得长一些。男、女头稍向右转。（图9.3.8）。

(5) 左外侧姿势。

女站在男左侧，女左肩对男左肩，两人双肩保持平行。男右臂和女右臂伸长一些。男、女头稍向右转（图9.3.9）。

图9.3.7

图9.3.8

图9.3.9

(三) 舞步

所有交际舞及其花样都是由不同舞步组成的，一般来说每个舞步都意味着身体重心的移动。按照舞步的速度基本上分慢步和快步；按照舞步的方向可分为前进、后退、斜进、斜退、向旁迈、沿弧线前进或后退、转身（45度、90度、135度、180度、360度）等舞步；根据舞步性质可分为实步（全脚掌着地）、虚步（脚似乎着地，但没有真正地落在地面上）、踏步（用全脚踏一下地）、敲步（用半脚掌踏一下地）、点步（半脚掌轻轻落在地上）等。许多舞步都有固定的名称，如常步、并步、横步、追步、扫步、前划弧步、后划弧步、锁步等。正是这些千变万化的舞步用不同的方式和节奏结合在一起，才形成各种不同的交际舞。因此，初学者要非常重视每种交际舞的基本步型的学习。

（四）舞程线

舞程线或叫方向线，是想象中沿着舞池边缘逆时针方向的一条线。一般来说华尔兹、狐步舞、探戈、波尔卡等交际舞都要沿着舞程线来跳。这是一种礼貌和尊重别人的表现，还可避免相互干扰和冲撞现象。

（五）带舞和跟舞

1. 带舞

交际舞中，男起带舞的作用，也就是起决定性作用。男带舞时应注意：

（1）男只能用右手给女以清晰明确的信号，切忌用左手拉或提（除女离男太远外）。这样不会破坏跳舞的正确姿势和女的稳定性、平衡感，使男女动作协调一致。

（2）跳慢四步、狐步舞、探戈、华尔兹等舞蹈时不要扭动臀部。腰和胯也要保持稳定，不要左右摇摆。只有这样跳舞才会显得庄重、文雅、大方、流畅。

（3）男带舞，要在跳舞之前听到音乐就决定跳什么样的舞（如慢四步还是探戈），以及确定舞步的节拍。

（4）国际上一般都是男左脚起步（女右脚起步）。男在起舞前身体稍向后倾表示起步，或先把左脚向后撤一小步表示对女礼貌谦让。如音乐节奏较快，舞步就应小一些；如音乐节奏较慢，舞步相应长一些；如男、女高矮相差较大，男要随时调整自己舞步的大小，以免跟起来吃力。

2. 跳舞

女跟舞较容易，因女可不像男那样考虑迈步的方向和做什么花样。女只要掌握基本舞步和变换花样，就能自如地跟上男的舞步。女跟舞时应注意：

（1）不要紧张，否则全身肌肉用力不当会影响正确的跳舞姿势和平衡，产生与男对抗的感觉。

（2）不要代替男，把自己的舞步或花样以及迈步的方向强加于男身上。

（3）保持正确姿势，身体挺起来，双肩自然放松，上体稍向后倾，肌肉松弛。注意男的右手信号和音乐节奏。

（六）舞会的礼节

舞会是人们文化娱乐、社交活动的公共场所。因此，要时时处处讲文明礼貌。

舞者衣着必须整洁、漂亮、舒适，举止要落落大方，彬彬有礼，不能过于拘谨或做作，也不能过分开放，没有分寸，谈吐要文雅礼貌，诚恳朴实，不能大声喧哗，更不能口出粗言。

在跳的过程中无意碰到别人身上，应主动说“对不起”或“请原谅”。在跳完一个舞时，应主动向女道谢，并将其送到原来的座位上。

(七) 舞步符号

舞步符号中的脚印有具体的表示意义（图 9.3.10）。脚印旁边的数字号码（图 9.3.11）代表音乐拍子的顺序和节奏。如 1—2，代表舞步是在音乐的第 1—2 拍来跳，共占两拍，因此是一个慢步；5 代表舞步是在音乐第 5 拍来跳的，占一拍，因此是一个快步。

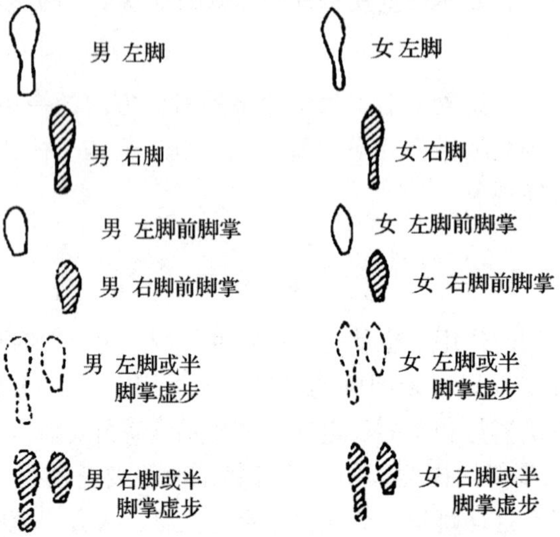

图 9.3.10

三、布鲁斯

布鲁斯也叫慢四步舞，是根据布鲁斯乐曲而得名。布鲁斯舞蹈的特点是速度缓慢、节奏鲜明、舞步简练、稳重（身体不能左右摇摆，也不要有多余的上下起伏）。

(一) 音乐

布鲁斯的音乐节奏一般为慢、慢、快、快。慢步为两拍音乐，快步为一拍音乐。所以一个完整的慢四步需要六拍音乐完成。慢四步的起步是固定不变的，应为男左女右，身体的方向总是与迈步脚脚尖方向一致的，比如，左脚向左斜前方 45 度迈步，意味着身体也向左转 45 度。

(二) 基本步法

布鲁斯最常见的基本步法是常步（又分前进常步和后退常步）、横步和并步。

1. 前进常步

常步就是平常走路的步法（所以叫常步）。其步法如下：

(1) 从正步开始左脚用脚跟沿地面（基本不离地）向前迈一步，全脚掌落地，身体重心移到左脚前脚掌，左膝伸直，但不要用力伸直，右腿留在后边，膝盖自然弯曲，用脚尖点地。

(2) 右脚尖沿地面（基本不离地）拖到左脚内侧旁，膝盖弯曲，前脚掌着地，然后换右脚做上述动作。

2. 后退常步

（1）从正步开始左脚前脚掌沿地面向后退一步，先前脚掌着地，然后全脚掌着地；左膝盖基本伸直，右腿在前面用脚后跟着地，右膝也基本伸直，但保持松弛。

（2）右脚后跟沿地面拖到左脚内侧旁，右膝弯曲，前脚掌着地。

3. 横步

从正步开始，左脚全脚向左侧迈一步（基本不离地面），大约与肩宽的距离，重心移到左脚上，左膝基本伸直，但不要僵直，右脚前脚掌在旁边着地。

4. 并步

（1）向前并步就是把后面的腿向前腿靠拢，成正步。

（2）向后并步就是把前面的腿向后腿靠拢，成正步。

（3）向侧并步就是旁腿向支撑身体重量的腿靠拢，成正步。

（三）布鲁斯的基本舞步

1. 横并步

音乐节拍及舞步示意图，男如图 9. 3. 11 所示，女如图 9. 3. 12 所示。

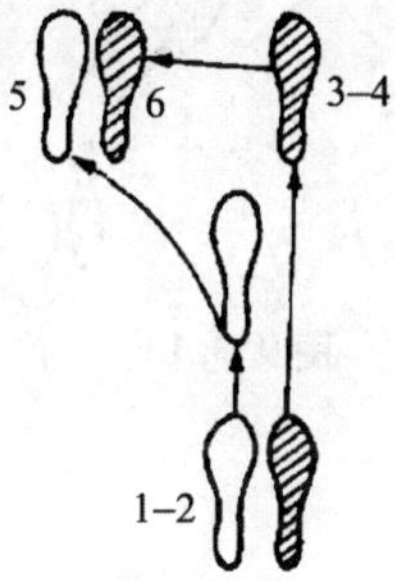

图 9. 3. 11

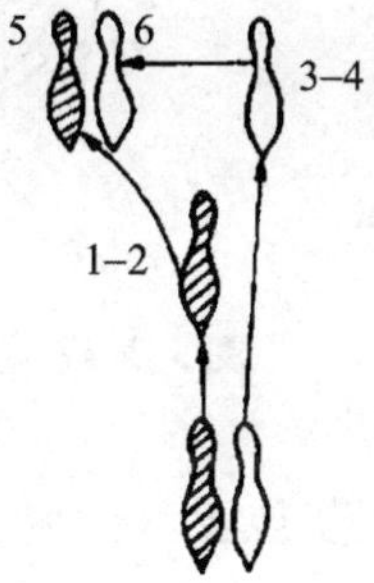

图 9. 3. 12

（1）预备姿势。

闭式姿势，脚正步位置。

（2）动作方法。

第 1—2 拍（慢）：男左脚向前迈一常步，重心移至左脚上；女右脚后退一常步，重心移至右脚上（图 9. 3. 13）。

第 3—4 拍（慢）：男右脚向前迈一常步，重心移至右脚上；女左脚后退一常步，重心移至左脚上（图 9. 3. 14）。

第 5—6 拍：第 5 拍（快），男左脚向左侧迈一横步，重心移至左脚上；女右脚向后迈一横步，重心移至右脚上（图 9. 3. 15）。第 6 拍（快），男右脚并左脚成正步重心移至右脚上；女左脚并右脚成正步，重心移至左脚上（图 9. 3. 16）。第 5—6 拍横并步也可男后退，女向前进。

图 9. 3. 13

图 9. 3. 14

图 9. 3. 15

图 9. 3. 16

2. 弧线向左转 90 度

音乐节拍及舞步示意图，男如图 9. 3. 17 所示，女如图 9. 3. 18 所示。

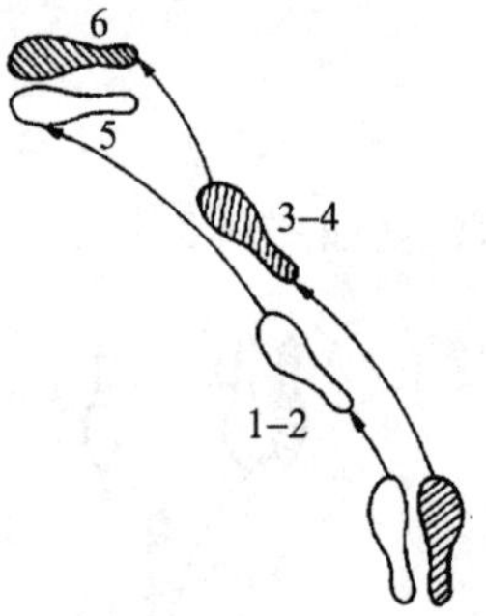

图 9. 3. 17

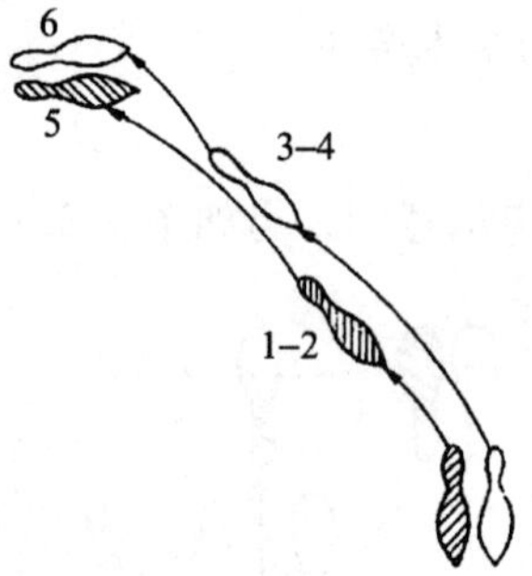

图 9. 3. 18

（1）预备姿势。

闭式姿势，脚正步位置。

（2）动作方法。

第 1—2 拍（慢）：男左脚向左斜前 45 度迈一常步，重心移至左脚上；女右脚向右斜后方 45 度退一常步，重心移至右脚上。

第 3—4 拍（慢）：男右脚向自己正前方迈一常步，重心移至右脚上；女左脚向自己正后退一常步，重心移至左脚上。

第 5—6 拍：第 5 拍（快），男左脚向左斜前 45 度迈一常步，重心移至左脚上；女右脚向右斜后方退一步，重心移至右脚上。第 6 拍（快），男右脚并左脚靠拢成正步，重心移至右脚上；女左脚并右脚靠拢成正步，重心移至左脚上。

注：上述舞步也可做成弧线向右转 90 度。

3. 向左转 90 度

音乐节拍及舞步示意图，男如图 9. 3. 19 所示，女如图 9. 3. 20 所示。

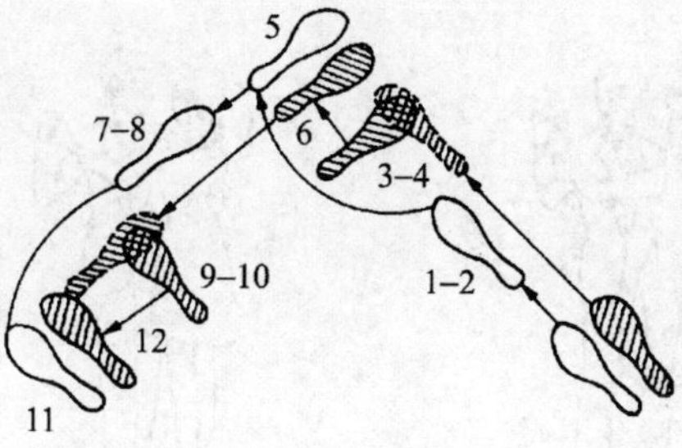

图 9. 3. 19

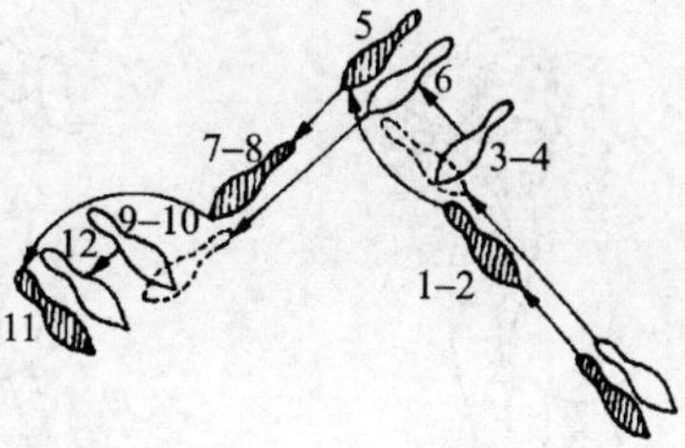

图 9. 3. 20

（1）预备姿势。

闭式姿势，脚正步位置。

（2）动作方法。

第 1—2 拍（慢）：男左脚向前迈一常步，重心移至左脚上；女右脚后退一常步，重心移至右脚上（图 9. 3. 21）。

图 9. 3. 21

图 9. 3. 22

第 3—4 拍（慢）：男右脚向前迈一常步，重心移至右脚上，并以右脚前脚掌向右转 90 度；女左脚后退一常步，重心移至左脚上，并以左脚前脚掌为轴向右转 90 度（图 9. 3. 22）。

第 5—6 拍：第 5 拍（快），男左脚向左侧迈一横步，重心移至左脚上；女右脚向右侧迈横步，重心移至右脚上（图 9. 3. 23）。第 6 拍（快），男右脚向左并拢成正步，重心移至右脚上；女左脚向右脚并拢，重心移至左脚上（图 9. 3. 24）。

第 7—8 拍（慢）：男左脚向后退一常步，重心移至左脚上；女右脚前迈一常步，重心移至右脚上（图 9. 3. 25）。

第 9—10 拍（慢）：男右脚向后退一常步，重心移至右脚上，并以右脚脚掌为轴向左转 90 度；女左脚前迈一常步，重心移至左脚上，并以左脚前脚掌为轴向左转 90 度（图 9. 3. 26）。

第 11—12 拍：第 11 拍（快），男左脚向左迈一横步，重心移至左脚上；女右脚向右迈一横步，重心移至右脚上（图 9. 3. 27）。第 12 拍（快），男右脚向左并拢成正步，重心移至右脚上；女左脚向右脚并拢成正步，重心移至左脚上（图 9. 3. 28）。

图 9. 3. 23

图 9. 3. 24

图 9. 3. 25

图 9.3.26

图 9.3.27

图 9.3.28

4．进退左转 90 度

音乐节拍及舞步示意图，男如图 9.3.29 所示，女如图 9.3.30 所示。

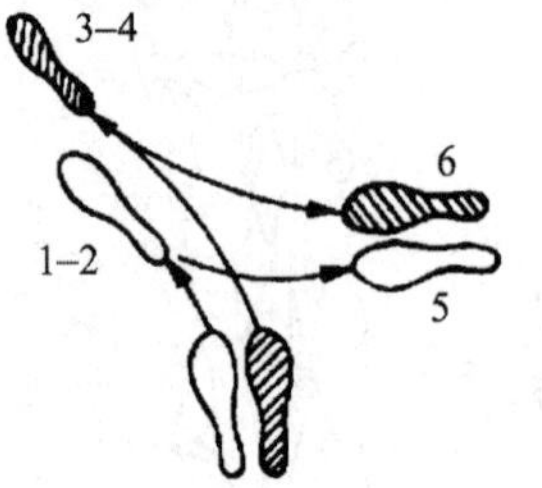

图 9.3.29

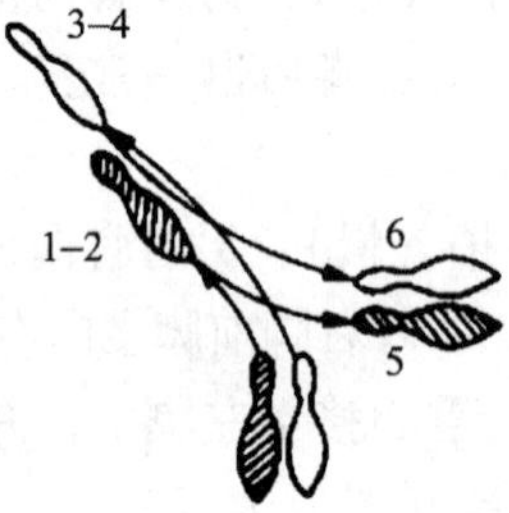

图 9.3.30

（1）预备姿势。

闭式姿势，脚正步位置。

（2）动作方法。

第 1—2 拍（慢）：男左脚画一个弧线，向左斜前方 45 度迈一常步，重心移至左脚上；女右脚画一个弧线向右斜后方 45 度退一常步，重心移至右脚上。

第 3—4 拍（慢）：男右脚画一个弧线，向左斜前方 45 度迈一常步，重心移至右脚上；女左脚画一个弧线向右斜后方 45 度退一常步，重心移至左脚上。

第 5—6 拍（慢）：第 5 拍（快），男左脚沿弧线向左斜后方退一常步，重心移至左脚上；女右脚沿弧线向右斜后方退一常步，重心移至右脚上。第 6 拍（快），男右脚做一并步向后，脚成正步，重心移至右脚上；女左脚做一并步向前，脚成正步，重心移至左脚上。

5．进退右转 90 度

音乐节拍及舞步示意图，男如图 9.3.31 所示，女如图 9.3.32 所示。

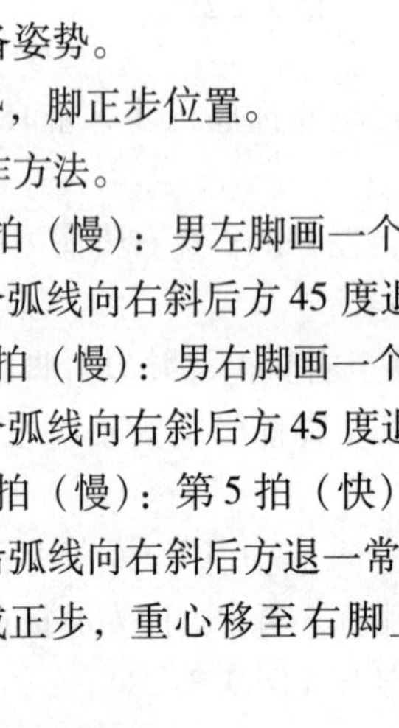

图 9.3.31

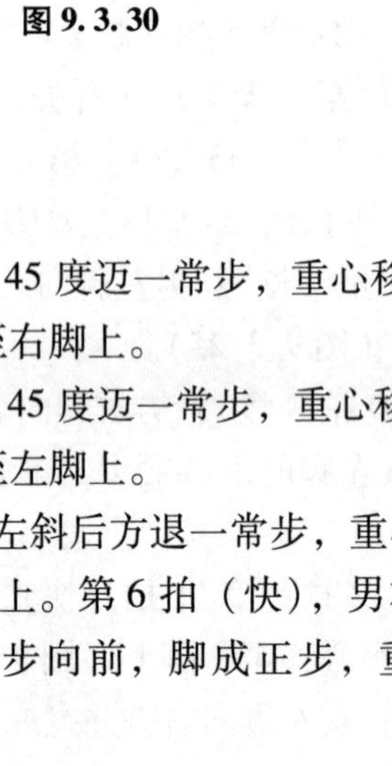

图 9.3.32

（1）预备姿势。

闭式姿势，脚正步位置。

（2）动作方法。

与进退左转 90 度舞步相同，只是男、女在第一常步和第三常步均向右转 45 度。

6. 退进右转 90 度

音乐节拍及舞步示意图，男如图 9. 3. 33 所示，女如图 9. 3. 34 所示。

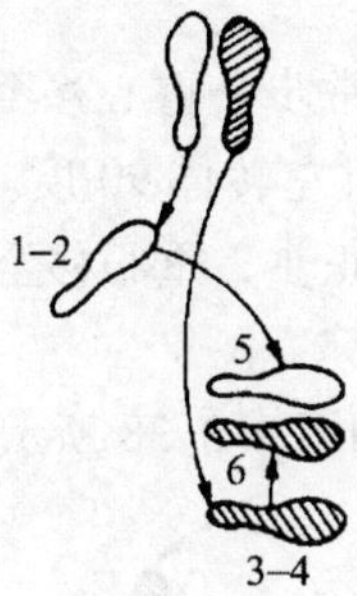

图 9. 3. 33

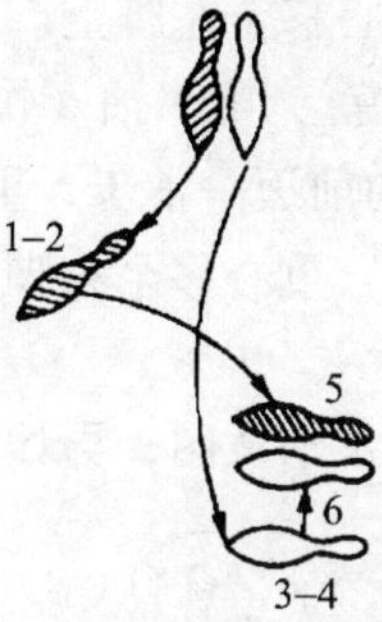

图 9. 3. 34

（1）预备姿势。

闭式姿势，脚正步位置。

（2）动作方法。

第 1—2 拍（慢）：男左脚画一个弧线向左斜后方 45°迈一常步，重心移至左脚上；女右脚画一个弧线向右斜前方 45°退一常步，重心移至右脚上。

第 3—4 拍（慢）：男右脚画一个弧线向右斜前方 45°迈一常步，重心移至右脚上；女左脚画一个弧线向左斜后方 45°退一常步，重心移至左脚上。

第 5—6 拍（慢）：第 5 拍（快），男左脚向前迈一小步，重心移至左脚上；女右脚向后退一小步，重心移至右脚上。第 6 拍（快），男右脚并左脚成正步，重心移至右脚上；女左脚并右脚成正步，重心移至左脚上。

7. 向左转 180 度

音乐节拍及舞步示意图，男如图 9. 3. 35 所示，女如图 9. 3. 36 所示。

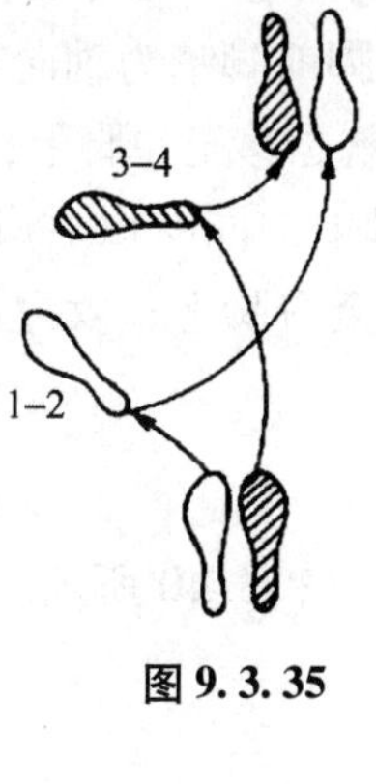

图 9. 3. 35

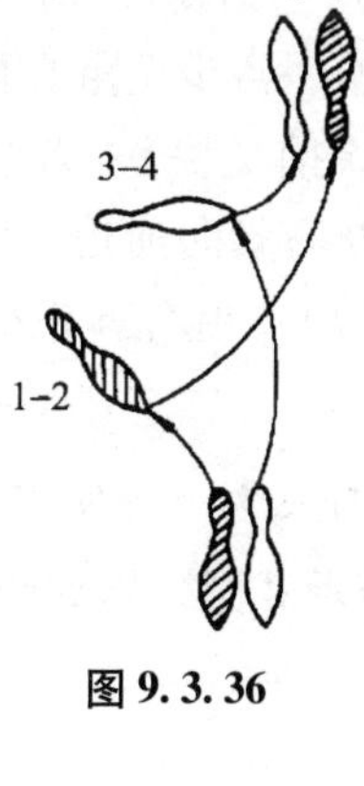

图 9. 3. 36

（1）预备姿势。

闭式姿势，脚正步位置。

（2）动作方法。

第1—2拍（慢）：男左脚向左斜前方45度迈一常步，重心移至左脚上；女右脚向右斜后方45度退一常步，重心移至右脚上。

第3—4拍（慢）：男右脚向左斜前方45度迈一常步，重心移至右脚上；女左脚向右斜后退一常步，重心移至左脚上。

第5—6拍（慢）：第5拍（快），男左脚向后退一常步，重心移至左脚上，同时左转体90度；女右脚向前迈一常步，重心移至右脚上，同时左转体90度。第6拍（快），男右脚并左脚成正步，重心移至右脚上；女左脚并右脚成正步，重心移至左脚上。

8. 直进直退右转90度

音乐节拍及舞步示意图，男如图9.3.37所示，女如图9.3.38所示。

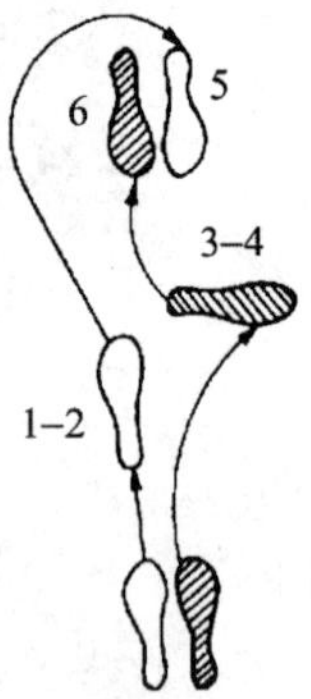

图9.3.37

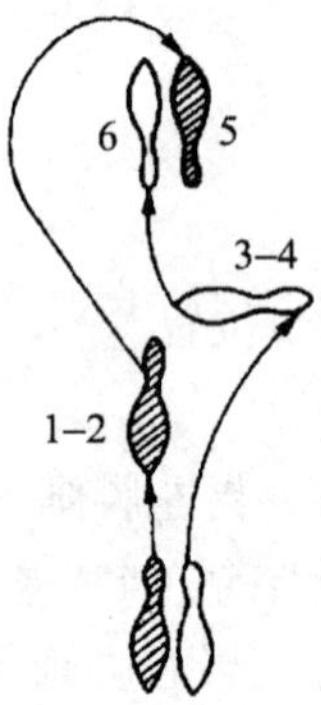

图9.3.38

（1）预备姿势。

闭式姿势，脚正步位置。

（2）动作方法。

第1—2拍（慢）：男左脚向前迈一常步，重心移至左脚上；女右脚后退一常步，重心移至右脚上。

第3—4拍（慢）：男右脚向前迈一常步，重心移至右脚上，同时以右前脚掌为轴向右转90度；女左脚后退一常步，重心移至左脚上，并以左脚前脚掌为轴向右转90度。

第5—6拍，第5拍（快），男左脚向后退一常步，重心移至左脚上，同时以左前脚掌为轴向右转90度；女右脚向前迈一常步，重心移至右脚上，同时以右脚前脚掌为轴向右转90度。第6拍（快）：男右脚并左脚成正步，重心移至右脚上；女左脚并右脚成正步，重心移至左脚上。

（四）布鲁斯花样范例——空中画弧转180度

音乐节拍及舞步示意图，男如图9.3.39所示，女如图9.3.40所示。

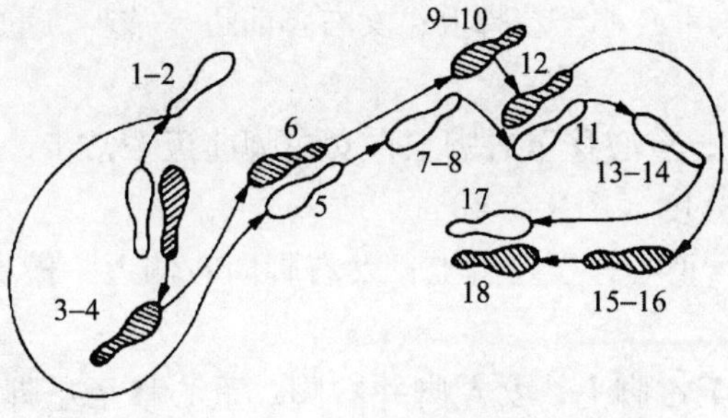

图 9. 3. 39

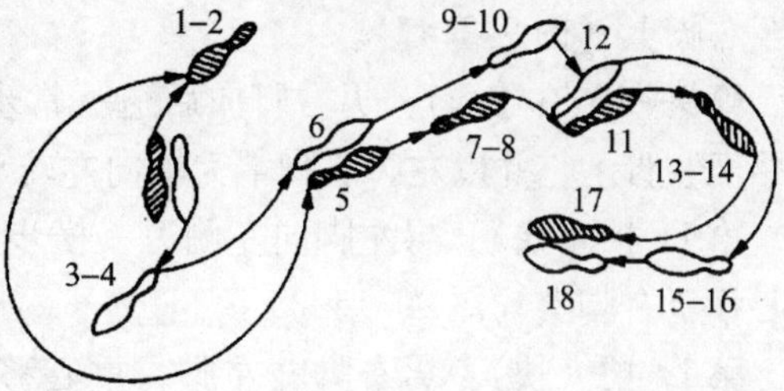

图 9. 3. 40

（1）预备姿势。

闭式姿势，脚正步位置。

（2）动作方法。

第1—2 拍（慢）：男左脚向右斜前方45 度迈一常步，重心移至左脚上；女右脚向左斜后方45 度退一常步，重心移至右脚上（图9. 3. 41）。

第3—4 拍（慢）：男右脚向左斜后方45 度退一步，重心移至右脚上；女左脚向右斜前迈一步，重心移至左脚上（图9. 3. 42）。

第5—6 拍（快）：第5 拍（快），男以右前脚掌为轴向左转135 度，同时抬左腿离地30 度，在空中向后画弧落在右脚后面，重心移至左脚上（左画弧），同时抬右腿离30 度在空中向前画弧，落在左脚前面，重心移至右脚上（右画弧如图9. 3. 43、图9. 3. 44 所示）。第6 拍（快），男右脚紧接着向后退一步向左脚并拢成正步，重心移至右脚上；女左脚向右脚并拢成正步，重心移至左脚上（图9. 3. 45、图9. 3. 46）。

图 9. 3. 41

图 9. 3. 42

图 9. 3. 43

图 9. 3. 44

图 9. 3. 45

图 9. 3. 46

第7—8拍（慢）：男左脚向后退一常步，重心移至左脚上；女右脚前迈一常步，重心移至右脚上（图9.3.47）。

第9—10拍（慢）：男右脚向后退一常步，重心移至右脚上；女左脚前迈一常步，重心移至左脚上，并以左脚前脚掌为轴向左转90度（图9.3.48）。

第11拍（快）：男左脚向左侧迈一横步，重心移至左脚上；女右脚向右侧迈一横步，重心移至右脚上（图9.3.49）。

第12拍（快）：男右脚并左脚，重心移至右脚上；女左脚并右脚，重心移至左脚上（图9.3.50）。

第13—14拍（慢）：男左脚向左斜后方45度退一常步，重心移至左脚上；女右脚向右斜前方45度迈一常步，重心移至右脚上（图9.3.51）。

第15—16拍（慢）：男以左前脚掌为轴向右转135度，同时抬右腿离地30度，在空中向后画弧，落在左脚后面，重心移至右脚上（右画弧），同时抬右腿离地30度，在空中向前画弧，落在右脚前面，重心移至左脚上（左画弧如图9.3.52、图9.3.53所示）。

第17拍（快）：男左脚向后退一常步，重心移至左脚上；女右脚前迈一常步，重心移至右脚上（图9.3.54）。

第18拍（快）：男右脚并左脚成正步，重心移至右脚上；女左脚并右脚成正步，重心移至左脚上。

图9.3.47

图9.3.48

图9.3.49

图9.3.50

图9.3.51

图9.3.52

图9.3.53

图9.3.54

第十章
时尚体育运动

以娱乐、健身、挑战极限等为目的的多种时尚体育活动已经成为当代人们追求自我的运动新时尚。它不仅能缓解人们的工作压力，放松身心，而且可以提高身体健康水平，陶冶人们的情操，提高人们的沟通协作能力。

第一节　轮滑运动

轮滑运动，也称“滑旱冰”，首先出现在18世纪初叶的欧洲。1936年在瑞士举行了首届世界轮滑锦标赛。1940年在罗马举行的第43届奥林匹克委员会会议正式承认了国际轮滑联合会。

20世纪30年代初期，轮滑运动从欧美传入我国。1980年9月中国轮滑协会成为国际轮滑联合会正式成员。1989年10月在我国杭州市举行了第3届亚洲轮滑锦标赛，我国选手获得了男女花样轮滑个人全能冠军、轮滑球比赛冠军和团体总分冠军。

一、比赛简介

轮滑运动分三种比赛项目，即速度轮滑、花样轮滑和轮滑球。

（一）速度轮滑

速度轮滑比赛项目分为公路赛和场地赛两种。公路赛又分“开放式”（起终点不在一起）和“封闭环行式”跑道两种。场地赛则有逆时针比赛、淘汰赛、规定路线比赛、定时比赛、计分比赛、接力赛、分段比赛和追逐赛等。

（二）花样轮滑

花样轮滑比赛项目分为男/女单人滑、男女双人滑和轮滑舞蹈（男女双人）三项。

（三）轮滑球

轮滑球比赛中各队上场队员5名，包括3个前锋、1个后卫和1个守门员。比赛分上、下半场，共45分钟。其中，上半场20分钟，中间休息5分钟，下半场20分钟。

二、学习与参与

（一）轮滑鞋的选择

目前，轮滑鞋可分为双排轮和单排轮两大类。其中，双排轮轮滑鞋又分为速度轮滑鞋、花样轮滑鞋和轮滑球鞋三种；单排轮轮滑鞋分为速滑鞋和轮滑球鞋两种。上述轮滑鞋样式如图 10. 1. 1 所示。

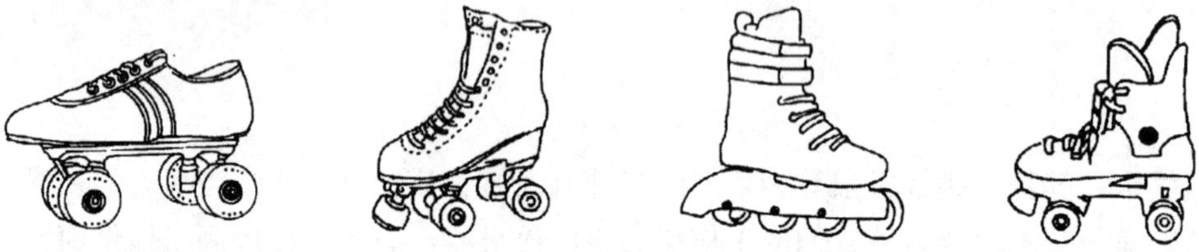

速滑鞋　　花样鞋　　轮滑鞋　　单排轮滑鞋

图 10. 1. 1

（二）基本站立

1. 八字站立（图 10.1.2）

穿好轮滑鞋后慢慢地伸直身体，使两脚跟靠近，两脚脚尖自然分开站立。上体应稍前倾，两膝自然弯曲，两臂自然下垂，身体重心落在两脚之间。

2. 丁字站立（图 10. 1. 3）

在八字脚站立的基础上，一脚向前移动，用脚跟贴在不动脚的脚弓处，身体重心稍偏在不动脚上。站立一会儿后换另一脚站立。

3. 平行站立（图 10. 1. 4）

在丁字脚站立的基础上，前脚向侧移，两脚平行站立与肩同宽，平行站立，身体重心落在两只脚之间。

图 10. 1. 2

图 10. 1. 3

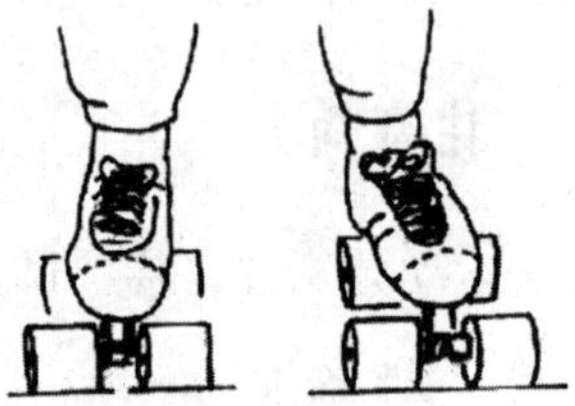

图 10. 1. 4

（三）移动重心

1. 原地踏步（图 10. 1. 5）

平行站立，身体重心移向右腿，左脚抬起、放下；身体重心再移向左腿，右脚稍抬起、放下。反复练习后，加快抬脚的速度和高度。

2. 蹲起练习（图 10. 1. 6）

两脚平行站立，稍窄于肩。先做半蹲练习，然后过渡到全蹲。动作节奏是慢蹲快起。

3．向前八字行走（图 10.1.7）

两脚八字站立，体重移到左脚上，右脚尖稍偏外向前迈一小步，同时体重迅速移至右脚上。然后左脚抬起脚尖稍偏外向前迈一小步，两脚交替向前迈步移动身体重心。

图 10.1.5

图 10.1.6

图 10.1.7

（四）直道滑行

1．单脚蹬地双脚滑行（图 10.1.8）

双脚平行站立，距离稍窄于肩。右脚内轮蹬地，将体重推送至向前滑行的左腿上，右腿蹬地后迅速收腿与左腿并拢成两脚滑行；接着用左腿蹬地做相反动作。

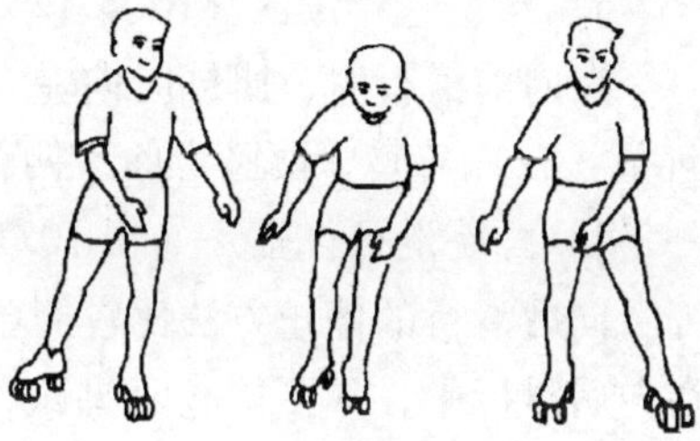

图 10.1.8

2．单腿蹬地单脚滑行

两脚八字站立，身体前倾，两臂自然下垂，两腿弯曲。用右脚内轮蹬地，左脚用平轮向前滑出，体重左腿上，左腿成半蹲支撑向前惯性滑行，接着向前收右腿，同时左脚用内轮蹬地，右脚滑出，反复进行。

（五）弯道滑行

以左转弯为例。如图 10.1.9 所示，向前直滑取得一定的速度后，左脚前伸略领先于右脚，上体稍抬起，臀部下坐并向左移，重心要移到左脚的左侧，头向左转，左膝、踝深屈，用力压外侧轮（外轮），右腿接近伸直，脚用力压内侧轮。借助惯性克服离心力而转弯。

图 10.1.9

（六）向后滑行

向后滑行有向后葫芦滑行和向后蛇形滑行两种方法。一般来讲，向后葫芦滑行容易学会，向后蛇形滑行难一些。

（七）停止

在掌握了一定的滑行方法和获得一定的滑行速度后，就必须要学习停止动作，以免发生冲撞出现伤害事故。停止方法多种多样，这里仅介绍四种简单易学而有实效的停止方法。

1．内八字停止法（图 10.1.10）

在获得一定的向前滑行速度后，两脚平行站立，随后脚尖内转，两脚以内轮柔和地压紧地面，同时两腿弯曲，上体稍前倾，臀部下蹲重心下降，两臂可前伸以维持身体平衡，逐渐减速至停止。

2. "T" 形停止法（图 10.1.11）

单脚支撑向前滑行时，另一脚（浮脚）在滑脚的后跟处成"T"形放置后，将浮脚慢慢地放到地面，用内轮柔和地压紧地面，减缓向前滑行速度，到停止。

图 10.1.10

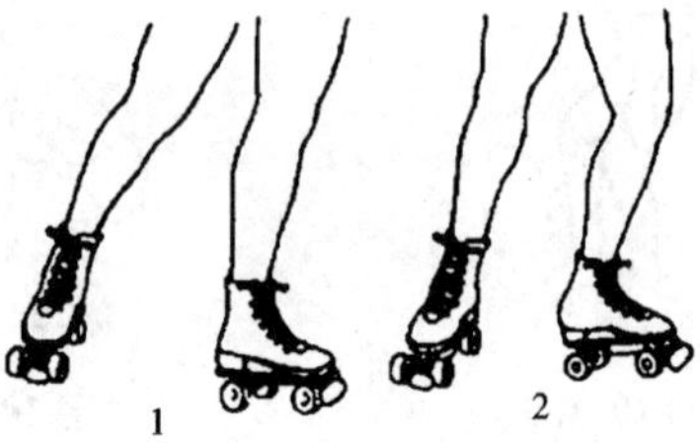

图 10.1.11

3. 双脚急停法图（10.1.12）

在向前滑行时，脚同时向左（右）脚以外轮与滑行方向成 90 度压紧地面，同时身体向左（右）急转，两膝弯曲，两臂前伸，重心移至左（右）脚上，使身体停止。

4. 向后滑行停止法（图 10.1.13）

向后滑行的停止方法比较简单，如果你穿的是花样轮滑鞋，前端都装有制动轮，所以在向后滑行中，只要抬起两脚跟，用两脚的制动轮摩擦地面，就可立即停止下来。停止时，身体稍前倾，两臂侧举以维持平衡。

图 10.1.12

图 10.1.13

第二节 保龄球

保龄球运动是一种在木板球道上用球滚击木瓶的室内体育运动项目。又称为"地滚球"，最初叫"九柱戏"。它在欧洲、美洲、大洋洲和亚洲一些国家和地区广为流行。

一、锻炼价值

保龄球运动集竞技、锻炼、娱乐、趣味于一身，是一项高雅而时髦的运动。它不受年龄、性别的限制，社会各层面的爱好者都可以参与，在一定程度上是消除生活压力的最佳运动方式。积极参与保龄球运动，还能够陶冶情操，提高人的心理素质，磨炼人的意志，培养勇敢顽强、遵守纪律、团结协作、勇于奋进等优良品质。此外，保龄球运动还能增进友谊，提高社交能力。

二、基本打法

（一）握球

握球是投球的开始，握球的好坏直接影响投球的效果。对初学者来说，扎实的基本功，将为熟练掌握保龄球技术打下坚实基础。正确的握球方法应为拇指完全伸入指孔，中指、无名指伸入指孔到第二指节（图 10.2.1）。

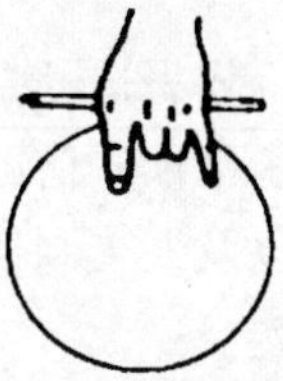

图 10.2.1

（二）四步助跑滑步

四步助跑滑步动作是由准备姿势、助跑摆臂、滑步投球三个环节组成的。

1. 准备姿势（图 10.2.2 中的 1、2）

面向瓶台，两脚前后开立，左脚在前右脚在后，两脚之间距离约半个脚掌，平稳地把身体重心移到左脚上。右手握球，左手助握，右手前臂弯曲成直角。球与臂轴在同一个平面内，目光注视前方。

2. 助跑摆臂（图 10.2.2 中的 3、4）

准备姿势做好后，持球站立，应使球体的中心点与球道上某一目标箭头成一直线。一般初学者最好选用 2 号目标箭头，在整个助跑投球动作过程中，眼睛要始终盯着 2 号目标箭头。握球的右手臂在发力和球的惯性作用下，由前摆过渡到后摆，同时迈出右脚，左手继续外展，身体重心移到右脚。

3. 滑步回摆投球（图 10.2.2 中的 5）

球以重力向下回摆，同时迈出左脚前脚掌贴着地面向正前方滑进。为使左脚在前冲力的作用下能够向前滑行，脚跟不要承受重量。身体微微前冲，重心移至左脚形成一个弓箭步。

图 10.2.2

（三）握球摆动与放球

右手握球、左手助握，左右手同时把球向前推出至手臂伸直约 45 度，右手在球的重力作用下以肩为轴向前下方下摆、后摆、前摆，回摆至体侧时放球。放球时拇指先行脱出指孔，中指、无名指向上钩提后脱出指孔（图 10. 2. 2 中的 6）。

第三节　攀岩运动

攀岩运动是从登山运动衍生出来的运动项目，是一项不用攀登工具，仅依靠手脚和身体的平衡，借助各种安全保护的装备，攀登一些岩石所构成的峭壁、裂缝、海蚀崖、大圆石以及人工制作的岩壁的运动。这是一项富有刺激性和挑战性的运动，深受广大青年人的喜爱。

1985 年法国人弗兰西斯・沙威格尼发明了可以自由装卸的仿自然人造岩壁，实现了把自然中的岩壁搬到城区的设想。

一、锻炼价值

攀岩运动能使参加者在喧嚣的都市以外的山间环境中爬山越岭，在欣赏和认识大自然中锻炼人们的耐力，提高呼吸器官、循环系统和神经系统的功能，并对身体各关节的灵活性，手指和手掌的抓、握、推、扒、拉等力量，臂部的支撑力，臂部、腿部的肌肉耐力，踝部、脚部、脚掌的蹬踏力和柔韧性等都有一定的要求。

攀岩运动能锻炼人们的意志，战胜自身的懦弱，从而得到心智和体能的再造和升华。同时，它还能够培养良好的团队精神，团队精神是攀登队伍的灵魂。

二、装备

由于攀岩运动本身所特有的危险性，从此项运动诞生之日起，人们就开始在不断地研制生产各种为攀登者提供安全保证和便于此项运动开展的装备和器械。攀岩基本装备包括安全带、主绳、铁索、防滑粉袋、绳套、安全头盔、攀岩鞋、下降器、上升器等。因所有这些装备涉及攀登者的生命安全，在购买和选用时必须注意其质量。一般来说，有国际攀登委员会（UIAA）认证标记和欧洲标准（CE）标记的都能保证安全。

三、保护技术

保护技术是该项运动必备的一项技术要领，攀登者是在保护人通过登山绳给予的保护下进行攀登的。人们根据不同的场合及范围使用不同的保护方法。通常将保护技术分为固定保护、行进保护和自我保护三种。

四、攀岩技术

（一）基本动作与方法

三点固定法是攀岩的基本方法，对身体各部位的姿势和动作有一定的要求。

1. 身体姿势

攀登岩石峭壁时身体要自然放松，以3个支点稳定身体重心，而重心要随攀登动作的转换移动，这是攀岩能否稳定、平衡、省力的关键。

2. 手与手臂的动作

手在攀登中是抓握支点，是维持身体平衡的关键。攀岩时，手的动作变化要根据支点的不同而采用各种不同的用力手法来完成，常见的手法如图10.3.1所示。要求第一指关节用力抠紧支点的同时，手腕要紧张，上时，手掌要贴在岩壁上，小臂也要随手掌紧贴岩壁而下垂，在引体时，手指（握点）有下压抬臂动作。要充分使用拇指的力量，尽量把拇指搭在支点上，对于常见的水平浅槽的支点，可把拇指扭过来，把指肚一侧扣进手槽，或横搭在食指和中指指背上，都可增加很大的力量。

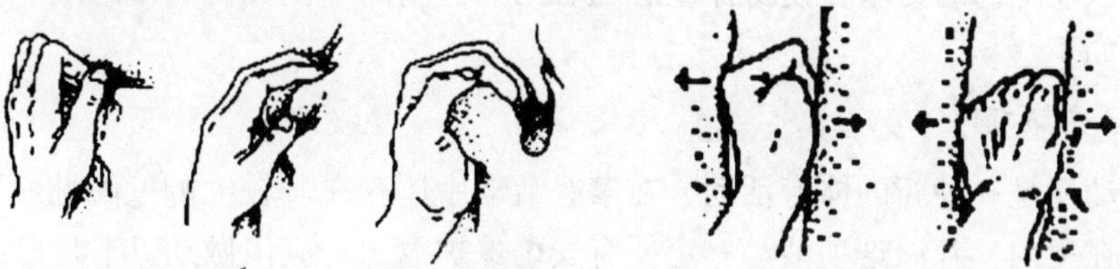

图 10.3.1

3. 脚的动作

（1）脚是身体重量的主要支撑点，因此双脚踏稳是顺利攀登的保证。在攀岩时，要尽可能地用全脚掌踏在凸出或凹入的岩石棱角或小台阶上，假若找不到适当的踏脚点也没有棱踏脚，就要根据它的形状来下脚（图10.3.2）。

（2）如果裂缝有直角，应将前部插入裂缝，脚跟比脚趾低，脚趾向下用力（图10.3.3）。

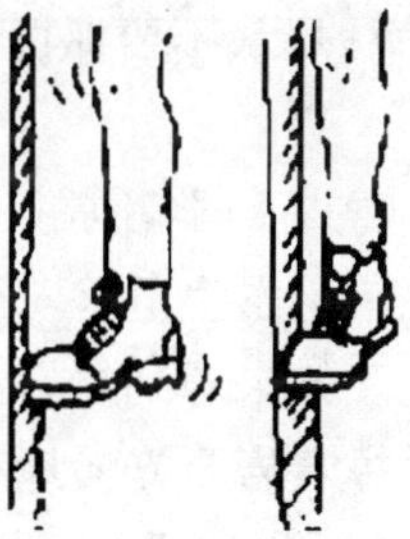

图 10.3.2

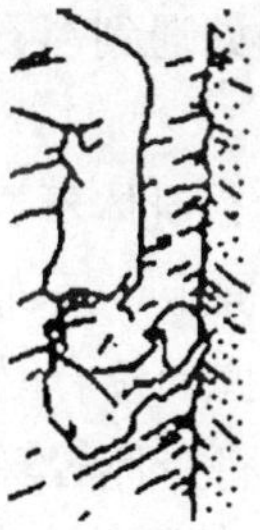

图 10.3.3

（3）如在遇到纵向裂缝时，由于裂缝的大小不同，脚的插入角度及用力方向不同，此时要把握一个原则，即调整好脚能紧紧地卡在岩石缝中，这样才便于用力（图10.3.4）。脚的动作要领是，两腿外旋，大脚趾内侧贴近岩面，两腿微屈，以脚踩支点维持身体重心，在自然岩壁支点大小不一和方向不同的情况下，要灵活运用。但要切记，膝部不要接触岩石面，另外，在用脚踩支点时，切忌用力过猛，并要掌握用力的方向。攀岩要想达到一定水平，必须学会腿脚的运用。

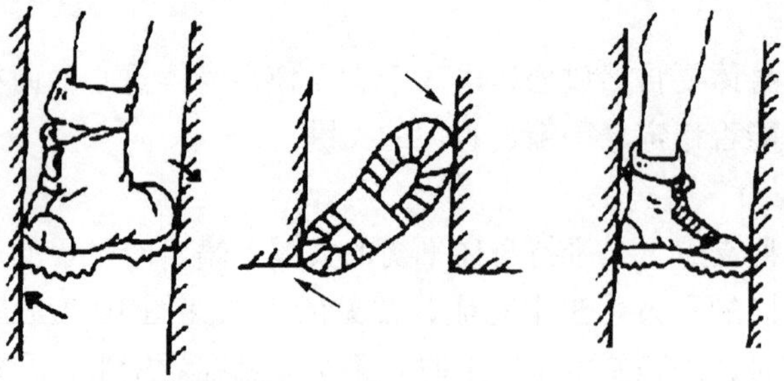

图 10.3.4

4. 手脚配合

学习攀岩，首先要练好上肢力量，上肢又要以手指和手腕、手臂力量为主，再配合以脚腕、脚趾以及腿部的力量，使身体重心随着用力方向的不同而协调地移动，手脚动作的配合也就自如了。

（二）注意事项

攀岩运动还是一种新的体育活动，在攀登活动中还存在着较大的危险性。因此不管是在野外还是在室内，开展这项活动一定要有安全保护意识，应该做到以下几点：

（1）首先要做好计划，特别是在野外攀登，对岩石要进行细致的观察，识别岩石的质量和风化的程度。然后确定攀登的方向和路线，还需要准备休息的地方。

（2）攀登前应对所使用的装备和器材进行认真的检查，凡是有磨损和切割的绳索等应不再使用。

（3）攀登者要熟练掌握基本的绳结、保护和攀登的技术及方法。攀登前观察岩点、选好路线，可提高攀岩速度。

（4）攀登时要严格遵守三点固定攀登法的要求，绝不允许蹿跳，以防止摔脱和绳索受损。

（5）攀登过程中如遇到浮石或松动的石块及杂草，尽量不要抓握利用，以防止脱落造成攀登者脱手等。

（6）攀登岩石时，身体不要紧紧地贴在岩石上。这是初学者常犯的错误，实际上把身体紧紧贴在岩石的斜面上，反而会减少身体的稳定性，易发生危险。当然如果遇到很狭窄的岩石或无法用手抓握的棱脊时就必须全身伏在上边。如果遇到岩石上面只有蹬脚点而没有好的抓点，也可以将身体轻轻地贴在岩石上，用手撑着岩石慢慢地移动。

（7）在攀登过程中，要注意珍惜自己的体力，还要注意手脚的配合及保护身体的平衡。另外，在选择立足点时一定要使脚有可靠而稳固的支点，脚横蹬岩点上的小窝，可有效防滑脱。下降时面向岩壁，四肢伸开就不会在岩壁上碰疼。

（8）攀登者头脑要始终保持清醒和冷静，遇到意外时一定要镇静，不能不知所措，以免造成不必要的伤害事故。

（9）攀登岩石时，攀登者要戴好安全帽，不准戴手套。但保护者一定要戴好手套。

第四节　野外生存

在现代高度物质文明的城市环境中，人类的各种原始机能都在退化，学生生活在高楼大厦的“丛林”中，舒适安逸，接触野外环境的机会很少，与大自然和谐相处、在艰苦环境中的生存生活能力较差。野外生存作为学校体育课程的拓展，把以前体育课上所进行锻炼的走、跑、跳、投、攀爬、游泳等基本内容扩展到大自然，符合现代课程改革的理念，丰富和完善了我国学校体育课程体系，满足了学校体育向“多向选择”方向改革的需要，对于促进学生的全面发展具有重要的意义。

一、锻炼价值

野外生存训练对大学生的成长与发展，具有积极的锻炼价值。

（一）开阔视野，增长才干

通过野外生存生活训练，同学们可以掌握埋锅烧饭、下河捕鱼、分辨可食植物、搭建帐篷宿营、获取食物和水、怎样看地图、如何使用GPS和罗盘等野外基本生存生活的知识和技能，学会如何处理蚊虫叮咬、受伤、迷路等紧急情况，还可以学习和体验许多关于动物、植物、地质、气候等方面的知识，拓展了知识面，增长了才干。

（二）陶冶情操

当同学们历尽艰辛登上高山之巅，站在蜿蜒雄伟的古长城上，你会感到人类历史的源远流长，惊叹我们祖先的辛劳和伟大。放眼远眺，祖国壮丽的河山使我们感动。远离大都市的喧嚣和嘈杂，面对美丽、沉静的大自然，使自己的心灵得到洗涤和净化，陶冶热爱祖国、热爱大自然的高尚情操。

（三）全面提升身体素质

野外生存活动和训练，是锻炼体质、提高身体机能的有效途径。在野外生存活动和训练中，要跋山涉水，在野外风餐露宿、忍饥挨饿，对身体的各个部分的机能是一次全方位的锻炼和考验。长时间的翻山越岭，可以提高下肢的力量、耐力和心肺功能；走在崎岖的山路上、丛林里，可以锻炼身体的灵活性、柔韧性、平衡性；在大自然里呼吸清新的空气，可以使我们心情愉悦。

（四）培养顽强的意志

“不经历风雨，怎能见彩虹。”良好的心理素质，是人们战胜困难，事业成功的重要保证。野外生存活动和训练，为同学们提供了锻炼的机会。在爬山越岭、负重行走、涉水过河、野营露营等过程中，有时遭遇暴风雨的袭击会感到焦虑和恐惧；有时在雾谷被困、密林迷路、沼泽搁浅时，会感到慌乱和无助；有时在空旷的原野上露营，会感到寂寞、烦躁；脚被扭伤、磨出水泡，手被刮破，衣服被汗水、雨水、露水一次次浸湿，正是这些在学校里永远体验不到的真实感受，使同学们在困境中得到了磨炼，从而培养了临危不惧、机智勇敢的顽强作风和冷静果断、坚忍不拔、勇于探索、克服困难的意志品质。

（五）增强社会适应能力

通过野外生存活动和训练，同学们由最初的相互不默契、不融洽发展到活动中的和谐相处、彼此信任，从活动开始时的“以我为中心”到后来处处为他人考虑，主动帮助他人。在摆脱险境、救援困境的队友等活动中，你会感到友情的珍贵和团队精神的重要性。

二、野外生存知识与技能

野外生存包含的知识非常广泛，概括起来就是行、吃、住、自救四个方面。例如，判定方位、迷途的处置；猎取动物和采集野生植物充饥；就地取材、构筑简易的露天帐篷；寻找水源和取火的方法；识别利用草药救治伤病；等等。

（一）出发前的准备

1. 制订周密的计划

（1）根据目的不同选择地点。我们到野外的目的，因人而异。有的想到深山呼吸新鲜空气；有的想领略山川的秀美；有的想体验露营的新鲜。无论目的是什么，出发前一定要做好充分的准备，查阅有关资料，向有经验的人请教。

（2）首先确定目标和任务，要有组织者和管理者负责工作的全过程，分工到人，合作同行；然后选择路线，制订计划，预算经费，购置物品。物品包括集体物品（食品地图、帐篷、小炉子、药箱、野炊用具、手电等）和个人物品（衣着、鞋、袜子、帽子、眼镜、雨具、背袋、寝具等）。可以将每个人的分工做一个计划表。

2. 野营背包的装法

背包是必不可少的野营装备，应按如下方法装入物品：

（1）轻的东西放在下面，重的东西放在上面。也许有人认为，往背包装东西，重的东西放在下面，轻的东西放在上面，事实上刚好相反。如果重的东西放在下面，身体就会容易往后倒，特别是在登山或爬坡时，会觉得脚步沉重，总有一股力量往后拉扯着你。而如果重的东西放在上面，脚步则容易站稳，走起路来也会轻捷而省力。

（2）肩带要牢固，紧贴身体。装好东西后，要试一试左右的重量是否平衡，肩带一定要紧连身体，使背包成为自己身体的一部分，才不会觉得负担很重。

（3）需经常取用东西的装法。需经常取用的物品，如地图、指南针、小刀等，应装在背包的口袋或腰包中，容易取用。衣服的口袋也可利用。

（4）空出双手，方便行动。手上拿东西，走路很不方便，而且很危险，容易跌倒，且遇到意外时不能及时用手处理。因此，应尽量将物品放入背包中。

3. 服装着法

在野外，一天内就可能出现四季的变化，尤其是高山上气温变化更大。因此，在服装携带和着装上应注意：

（1）多带衣服，应付天气变化。在野外，要根据温度的变化，适当增减衣服。登山时特别容易出汗，穿短袖的运动衫即可。但在阴湿、阳光照不到的森林里，就要穿长袖的运动衫。衣服汗湿，应立即换掉，内衣要保持清爽、暖和。

（2）按照气候，更换不同的衣服。高山上直射的阳光十分强烈，很容易晒伤，如果穿无袖的衣服行走，晚上皮肤会发红发痛。在丛林中行走，容易被树枝划伤或割伤，应穿长袖的运动衫，热的时候可以将袖子卷起来。裤子以长裤为宜，可保护膝盖、双腿不被岩石和树枝碰伤。短裤可在营地休息时穿。牛仔裤虽然结实，但活动起来不方便，所以应穿有弹性、宽大的裤子。

（3）寒冷时，应多穿衣服保暖。多穿衣服，就会有热空气包裹着身体，但热空气会不断上升，颈部周围如果有空隙，热空气很容易散失，可用围巾和毛巾紧围颈部，并注意手脚的保暖，就可以抵御寒冷了。

（二）学会使用地图

地图是行动的指南。预防迷路，地图是不可缺少的东西。确定自己的位置，到目的地还有多少行程，半途有否危险等，都可由地图得到帮助。根据自己野外活动的范围和方式，选择比例合适、标示清楚的地图是极其有用的。

1. 地图比例尺

比例尺即图上某线段的长与相应的实地水平距离之比。如 1∶50 000 的地图，意味着图上的 1 厘米等于实际中的 500 米。地图比例尺的分子通常用 1 表示，以便了解地图缩小的倍数。比例尺的大小，是按比值的大小衡量的，比值的大小可按比例尺分母确定。分母小则比值大，比例尺就大；分母大则比值小，比例尺就小。一幅地图，当图幅面积一定时，比例尺越大，图上包括的实地范围就越小，但图上显示的内容就越详细；反之，图上显示的内容就越简略。

2. 地物符号

地面上的地物，在地图上是用统一的规定的符号结合注记表示的，这些规定的图形符号叫地物符号。它是构成地图的重要因素，是地图的语言，所有的符号全球通用。地物符号的图形，通常与地物的平面形状相似或侧面形状相近，有的还与地物的有关意义相应。有些图示相当明显，例如彩色地图，河流通常是用蓝色表示，沼泽通常用典型的一簇芦苇表示。

3. 制作地图

在特殊情况下，需要自己制作地图。自制的地图可能在距离方位上不十分精确，但对辅助自己记忆周围的环境，避免走弯路是有用的。

4. 地图上的方向

一般地图的方向是上北下南，左西右东（正看地图时），除非地图上有特别的方向标示。

5. 表示山的高度

等高线是由地面上高程相等的各点连接而成的曲线。等高线表示地形高度，呈波纹状，旁边数字，表示高度。在同一幅地图上，等高线越多，山就越高；等高线越少，山就越低。凹地则与此相反。等高线越密集，地形越陡；等高线稀时，则山坡较为平缓。

6. 测量距离

图上直线距离可以直接用直边的测量工具量出，按照地图的比例尺大小换算出相应的长度。量取图上弯曲的路段或曲线距离时，使用指北针的里程表比较方便；也可用细绳沿着图上所示必要的路线摆放，然后将绳拉直后测量实际长度。

7. 运用想象

需培养通过看地图就能想象出实际详细情形的能力，而且对地图的任何部分均能想象出它在地表上的实际情况。只有做到以上两点才算是学会了看地图的技术。

（三）野外判定方向

在野外生存，判定方向、方位非常重要。

判定方向，比较方便准确的是用指北针。方法是：将指北针平放，待磁针静止后，磁针涂有夜光剂的一端（或黑色尖端）所指的方向，就是现地的磁北方向。但指北针在磁矿区和发生雷电、暴风雨、地震、极光现象时不能用它定向。

在没有地形图和指北针的情况下，可以利用自然界的一些特征来判定方向，如太阳、星座、植物等。

1. 利用太阳阴影判定

太阳是由东向西移，而影子则是由西向东移。在我国，一般当地时间 6 时左右太阳在东方，一切物体的阴影都倒向西方；12 时太阳在南方，影子便指向北方；18 时左右太阳在西方，影子则指向东方。根据这一规律，便可概略地判定方位。

俗话说：立竿见影。用一根直竿，使其与地面垂直，把一块石子放在标杆影子的顶点 A 处。约 10 分钟后，当标杆影子的顶点移动到 B 处时再放一块石子，将 A、B 两点连成一线，这条直线的指向就是东西方向，与 AB 垂直的方向则是南北方向，向太阳的是南方，相反方向是北方。

利用太阳和手表：白天可以利用手表和太阳来定向。将手表平放，使时针对着太阳（光射来的方向），然后把时针和表上的 12 时之间的夹角平分，这条平分线所指的方向即为南方。

2. 利用北极星判定

北极星是正北方天空一颗较亮的恒星，夜间找到北极星，就能找到正北方向。寻找北极星，首先要找到大熊星座（即我们俗称的北斗星），因为他与北极星总是保持一定的位置关系不停旋转。当找到北斗星后，沿着勺边 A、B 两星的连线，向勺口的方向延伸，约为 A、B 两星的间隔的 5 倍处，有一颗较亮的星，就是北极星。

在北纬 40 度以南的地区，北斗星常会转到地平线以下，特别是冬季的黄昏，常常看不到它。此时，应根据北斗星相对的仙后星座寻找北极星。仙后星座由 5 颗与北斗星亮度差不多的星组成，形成“W”形，在“W”形的缺口宽度的两倍处，即可找到北极星。

在北纬 23 度以南的地区，上半年可利用南十字星座判定方向。南十字星座主要由四颗明亮的星组成，四颗星对角相连成为十字。沿 A、B 两星的连线向下延伸，约在两星距离的四倍半处即为正南方。

3. 利用月亮判定

夜间还可以用月亮判定方向。月亮的起落是有规律的。月亮升起的时间，每天多比前一天晚 48—50 分钟。例如，农历十五的 18 时，月亮从东方升起。到了农历二十，相距 5

天，就迟升4小时左右，约为22时于东方天空出现。月亮“圆缺”的月相变化，是有规律的。农历十五以前，月亮的亮部都在右边，十五以后，月亮的亮部落在左边。上半个月称为“上弦月”，月中称为“圆月”，下半月称为“下弦月”。每个月，月亮都是按上述两个规律升落的。还可以根据从东转到西，约需12小时，平均每小时约转15度这一规律，结合当时的月相、位置和观测时间，大致判定方向。例如，晚上10点时，看见夜空的月盘是右半边亮，便可判明是上弦月，太阳落山时是6时，月亮位于正南；此时，10时－6时＝4时，即在已经过去的4小时中，月亮转动了15度×4＝60度。因此，将此时月亮的位置向左（东）偏转60度即为正南方。

4. 利用植物判定

常言道：万物生长靠太阳。太阳的热能在自然界形成了许多间接判定方向的特征。掌握这些特征之后，即使在没有太阳的阴天仍可以依次判定方向。例如，靠近树墩、树干及大石头南面的草长得高而茂盛，秋天南面的草也枯萎干黄得较快。树皮一般南面比较光洁，北面则较为粗糙（树皮上有许多裂纹和高低不平的疙瘩）。这种现象以白桦树最为明显。白桦树南面的树皮较之北面的颜色淡，而且富有弹性。

夏天的松柏及杉树的树干上流出的胶脂，南面的比北面的多，而且结块大。松树干上覆盖着次生树皮，北面的较南面形成得早，向上发展得高，雨后树皮膨胀发黑时，这种现象较为突出。秋季果树朝南的一面枝叶茂密结果多，以苹果、红枣、柿子、山楂、柑橘等最为明显。果实在成熟时，朝南的一面先染色。长在石头上的青苔性喜潮湿，不耐阳光，因而青苔通常生长在石头的北面。

5. 利用建筑物判定

庙宇、宝塔以及一般住房大多坐北朝南。伊斯兰教的清真寺的门则朝向东方（礼拜者面向西方）。

利用自然界特征评定方位时，要特别注意对具体情况做具体分析，千万不要生搬硬套。在辨别方向时，务必要注意多种方法综合运用，互相补充，互相验证。

（四）野外露营

露营的意义，是在自然之中，以及在周到的准备下，与伙伴一起野营，体验与自然共存的生活，深刻地对自然加以理解甚至是自我的再发现，也建立充实的人生观。野外露营可听到早晨鸟儿鸣叫和体验被太阳晒醒的感觉。身体为朝露浸湿，又渐渐被升起的太阳晒干，悦耳的鸟鸣在耳边婉转，只有野外露营才能享受这种体验。到野外露营，必须要有庇身的场所。庇身的场所不仅可以遮挡阳光、防风避雨，还要能保持一定的气温，提供睡眠和休息的地方，保证人的最基本的生理需要。

1. 露营地的选择

（1）地点的确定。在考虑风向及地形后，再选择平坦的地方。在搭建帐篷营地时，必须考虑到舒服和安全。地面平坦，才能睡得安稳。可先光脚走走看，有小石头，可以搬移开，如果是树根或岩石无法搬走，则必须另选他地。

（2）露营地的选择，要考虑靠近水源和燃料。但不要选择离水远源过分靠近的地方。最好距离水源40米至50米。太靠近水源，晚上河水涨高，有被冲走的危险，而且极易受到蚊虫的骚扰，流水声也会干扰人的判断，即使发生危险也不易觉察。但距水源太远，搬运水又费力。

（3）露营地应选在河岸洪水最大流量所能达到的高度以上。山区的小溪在暴雨后几分钟就可能变成湍湍急流，一小时内就可以涨高几米。在平阔的地方洪水蔓延，易造成危险。

（4）远离雪崩、滚石、雷电等危险地方。选择露营地，要避开风口、枯木、雪崩、滚石、雷电、野兽等危险。

（5）夏季，露营地点应选择在干燥、地势较高、通风良好、蚊虫较少的地方。通常，湖泊附近和通风的山脊、山顶是夏天较为理想的设营地点。

（6）冬季，设营地点应视避风以及距燃料、设营材料、水源的远近等情况而定。一般来说，森林和灌木丛是理想的设营地。应避开易被积雪掩埋的地点，如避开崖壁的背风处，因为在这种地形上，风会很快吹起大量的雪将帐篷或遮棚埋没。

（7）不适宜搭建帐篷的地方：有风的山顶；谷底和深不可测的山洞，那里容易集聚潮气；通向水源的山嘴，那里常为野兽饮水必经之路。

2. 帐篷的搭建

架设简易帐篷，可用方块雨衣、塑料布、帆布、树枝、树皮等物品。帐篷的类型有屋顶形帐篷、一面坡形帐篷、圆锥形帐篷、伞形帐篷等。

三、注意事项

一切准备就绪，就可以踏上旅途了。远足和野外活动可以利用公共交通工具如公共汽车、火车、轮船等，也可以利用自行车，亦可徒步旅行。在崇尚回归自然和注重环境保护的今天，应自觉地热爱自然、保护自然，时刻注意自己的文明举止。

（1）行走方法。行走要尽量使整个脚掌平着地，身体不要起伏大，姿势要自然，膝关节要富有弹性。

（2）行走速度。速度节奏要均匀，一般一天步行不要超过 40 千米。集体步行时，要按照体弱者的速度行进。

（3）休息。出发后约 20 分钟时，要进行短时间的休息，目的是检查衣服、装备、鞋并进行必要的调整。之后大约每走一小时左右休息一次。负重行走时要适当缩短休息的间隔。

（4）行进中的游戏。为了使旅途更富有情趣，在行走途中可以搞一些有意义的游戏，可以在同伴之间互相提问树木、花草的名称，也可以组织唱歌比赛、做游戏等。但要注意不能过分影响行进速度，也不能搞得太疲劳。

（5）乘火车、汽车时，切勿大声喧哗。不做聚众喝酒、吆喝打牌等影响他人的事情。

（6）要注意防火。不要在“严禁烟火区”处吸烟、野炊等。

（7）要爱护野外的一切公共设施。特别要爱护各种标志物。

（8）不要折花毁木。要保护稀有植物和野生动物。

（9）所到之处要保持清洁，不要乱扔垃圾。

第十一章

《国家学生体质健康标准》(2014 年修订版) 解读

第一节 《国家学生体质健康标准》测试及锻炼方法

一、身高

1. 测试目的

测试学生身高，与体重测试相配合，评定学生的身体匀称度，评价学生生长发育的水平及营养状况。

2. 场地器材

使用身高测量计测量身高。使用前应校对零点，以钢尺测量基准板平面至立柱前面红色刻线的高度是否为 10.0 厘米，误差不得大于 0.1 厘米。同时应检查立柱是否垂直，连接处是否紧密，有无晃动，零件有无松脱等情况；若有，要及时加以纠正。

3. 测试方法

受试者赤足，以立正姿势站在身高测量计的底板上（上肢自然下垂，足跟并拢，足尖分开成60°角）。足跟、骶骨部及两肩胛区与立柱相接触，躯干自然挺直，头部正直，耳屏上缘与眼眶下缘呈水平位。测试人员站在受试者右侧，将水平压板轻轻沿立柱下滑，轻压于受试者头顶。测试人员读数时双眼应与压板水平面等高进行读数，记录员复述后进行记录。测试结果以厘米为单位，精确到小数点后一位。测试误差不得超过 0.5 厘米。

4. 注意事项

（1）身高测量计应选择平坦靠墙的地方放置，立柱的刻度尺应面向光源。

（2）严格掌握“三点靠立柱”“两点呈水平”的测量姿势要求，测试人员读数时两眼一定要与压板等高，两眼高于压板时要下蹲，低于压板时应垫高。

（3）水平压板与头部接触时，松紧要适度，头发蓬松者要压实，头顶的发辫、发结要放开，饰物要取下。

（4）读数完毕，立即将水平压板轻轻推向安全高度，以防碰坏。

（5）测量身高前，受试者应避免进行剧烈的体育活动和体力劳动。

二、体重

1. 测试目的

测试学生的体重，与身高测试相配合，评定学生的身体匀称度，评价学生生长发育的水平及营养状况。

2. 场地器材

使用杠杆秤或电子体重计测试体重。使用前需检验其准确度和灵敏度。准确度要求误差不超过0.1%，即每百千克误差小于0.1千克。检验方法是：以备用的10千克、20千克、30千克标准砝码（或用等重标定重物代替）分别进行称量，检查指标读数与标准砝码误差是否在允许范围内。灵敏度的检验方法是：放置一100克的砝码，观察刻度尺的变化，如果刻度尺抬高了3毫米或游标向远处移动0.1千克而刻度尺维持水平位时，则达到要求。

3. 测试方法

测试时，杠杆秤应放在平坦地面上，调整零点至刻度尺水平位。受试者赤足，男性受试者身着短裤，女性受试者身着短裤、短袖衫，站在秤台中央。测试人员放置适当砝码并移动游标至刻度尺平衡。读数以千克为单位，精确到小数点后一位。记录员复诵后记录读数。测试误差不超过0.1千克。

4. 注意事项

（1）测量体重前受试者不得进行剧烈体育活动或体力劳动。

（2）受试者站在秤台中央，上下杠杆秤或电子体重计时动作要轻。

（3）每次使用杠杆秤时均需校正。测试人员每次读数前都应校对砝码标重。

三、肺活量

1. 测试目的

测试学生的肺通气功能。

2. 场地器材

电子肺活量计。

3. 测试方法

房间应通风良好。使用干燥的一次性口嘴（非一次性口嘴，则每换测试对象，使口嘴向下，倒出唾液，并注意消毒，待其干燥）。将电子肺活量计主机放置在平稳桌面上，检查电源线及接口是否牢固，按工作键，液晶屏显示“0”，即表示机器进入工作状态，预热5分钟后测试为佳。

让受试者不必紧张，要尽全力，以中等速度和力度吹气效果最好。令受试者面对仪器站立，手持吹气口嘴，先试吹1—2次。首先看仪表有无反应，还要试口嘴或鼻处是否漏气，若漏气，调整口嘴和用鼻夹（或自己捏鼻孔）。学会深吸气（避免耸肩提气，应该像闻花似的慢吸气）。受试者进行一两次较平日深一些的呼吸动作后，更深地吸一口气，屏住气向口嘴处慢慢呼气至不能再呼为止。为防止此时从口嘴处吸气，测试中不得中途二次吸气。吹气完毕后，液晶屏上最终显示的数字即为肺活量毫升值。每位受试者测三次，每次间隔15秒，记录三次数值，选取最大值作为测试结果。测量结果以毫升为单位，不保留小数。

4. 注意事项

(1) 电子肺活量计的计量部位的通畅和干燥是仪器测量结果准确的关键，吹气筒的导管必须在上方，以免口水或杂物堵住气道。

(2) 每测试10人及测试完毕后，用干棉球及时清理和擦干气筒内部。严禁用水、酒精等任何液体冲洗气筒内部。

(3) 存放导气管时不能弯折。

(4) 定期校对仪器。

四、50米跑

1. 测试目的

测试学生速度、灵敏度及神经系统灵活性的发展水平。

2. 场地器材

50米直线跑道若干条，地面平坦，地质不限，跑道线要清楚。再准备发令旗一面、口哨一个、秒表若干块（一道一表）。秒表在使用前，应用标准秒表校正，每分钟误差不得超过0.2秒。选定标准秒表的，以北京时间为准，每小时误差不得超过0.3秒。

3. 测试方法

受试者至少两人一组测试。站立起跑，受试者听到“跑”的口令后开始起跑。发令员在发出口令的同时要摆动发令旗。计时员视旗动开始计时，受试者躯干部到达终点线的垂直面停表。以秒为单位记录测试成绩，结果精确到小数点后一位，小数点后第二位数按非零进1原则进位，如10.11秒读成10.2秒记录之。

4. 注意事项

(1) 受试者测试时最好穿运动鞋或平底布鞋，赤足亦可，但不得穿钉鞋、皮鞋、塑料凉鞋。

(2) 发现有抢跑者，要当即召回重跑。

(3) 如遇风时一律顺风跑。

五、800米、1 000米跑

1. 测试目的

800米和1 000米跑可测试学生耐力素质、心血管、呼吸系统的机能及肌肉耐力。

2. 场地器材

准备发令旗一面、口哨一个、秒表若干块。测试应安排在400米田径跑道上进行，地面要平坦，跑道线要清楚，地质不限。秒表在使用前，应用标准秒表校正。

3. 测试方法

（1）受试者采用站立式起跑，当听到起跑信号后，立即全力跑向终点线。

（2）计时员位于终点线的侧面，发令旗挥动的同时开始计时。当受试者跑完全程，胸部到达终点线的垂直面时停表。

4. 注意事项

（1）测试前受试者需做充分的准备活动。

（2）受试者应穿运动鞋或胶鞋，不能穿钉鞋、皮鞋、凉鞋参加测试。

（3）对分秒进行换算时要细心，防止出现差错。

（4）受试者通过终点线后方可减速。

六、单杠引体向上

1. 测试目的

引体向上是反映学生上肢肌肉力量和耐力的常用指标，其成绩与体育锻炼程度有关，该指标的测试适用于初中至大学各个年级的男生。

2. 场地器材

引体向上采用高单杠或高横杠进行测试，杠的粗细以受试者手能握住为准。

3. 测试方法

受试者面向单杠，自然站立，然后跃起正手握杠，双手分开，与肩同宽，身体呈直臂悬垂姿势，待身体停止晃动后，两臂同时用力，向上引体。引体时，身体不得有任何附加动作。当下颌超过横杠上缘时还原，呈直臂悬垂姿势为完成一次。

测试人员记录受试者完成次数，以次为单位。

4. 注意事项

（1）测试前，受试者需做充分的准备活动。

（2）受试者向上引体时，两次引体向上的间隔时间超过 10 秒即终止测试。

（3）若受试者身材较矮，不能自己跳起握杠时，测试人员可以提供帮助。

（4）测试时，应有相应的保护措施，防止伤害事故发生。

七、仰卧起坐

1. 测试目的

测试学生的腹肌耐力。

2. 场地器材

垫子若干块（或代用品），铺放平坦。

3. 测试方法

受试者仰卧于垫上，两腿稍分开，屈膝呈 90°角左右，两手指交叉贴于脑后。另一同伴压住其踝关节，以固定下肢。受试者坐起时两肘触及或超过双膝为完成一次。仰卧时两肩胛必须触垫。测试人员发出“开始”口令的同时开始计时，记录 1 分钟内完成次数。1

分钟到时，受试者虽已坐起，但肘关节未达到双膝者，不计该次数，结果精确到个位。

4．注意事项

（1）如发现受试者借助肘部撑垫或臀部起落的力量起坐时，不计该次数。

（2）测试过程中，观测人员应向受试者报数。

（3）受试者双脚必须放于垫上。

八、坐位体前屈

1．测试目的

测量学生在静止状态下的躯干、腰、髋等关节可能达到的活动幅度，主要反映这些部位的关节、韧带和肌肉的伸展性和弹性及学生身体柔韧素质的发展水平。

2．场地器材

坐位体前屈测试计。

3．测试方法

受试者两腿伸直，两脚平蹬测试板，纵坐在平地上，两脚分开 10—15 厘米，上体前屈，两臂伸直向前，用两手中指尖逐渐向前推动游标，直到不能前推为止。测试计的脚蹬板内沿平面为 0 点，向内为负值，向前为正值。记录结果以厘米为单位，保留一位小数。测试两次，取最好成绩。

4．注意事项

（1）身体前屈，两臂向前推游标时两腿不能弯曲。

（2）受试者应匀速向前推动游标，不得突然发力。

九、立定跳远

1．测试目的

测试学生下肢肌肉力量及身体协调能力的发展水平。

2．场地器材

在沙坑（沙面与地面平齐）或土质松软的平地上进行。起跳线至沙坑近端不得少于 30 厘米。起跳地面要平坦，不得有坑凹。

3．测试方法

受试者两脚自然分开站立，站在起跳线后，脚尖不得踩线（最好用线绳做起跳线）。两脚原地同时起跳，不得有垫步或连跳动作。丈量起跳线后缘至最近着地点后缘的垂直距离。每人试跳三次，记录其中成绩最好的一次。测量结果以厘米为单位，不计小数。

4．注意事项

（1）发现犯规时，此次成绩无效。三次试跳均无成绩者，再跳至取得成绩为止。

（2）可以赤足，但不得穿钉鞋、皮鞋、塑料凉鞋测试。

第二节 《国家学生体质健康标准》说明及评价

一、说明

（1）《国家学生体质健康标准》（以下简称《标准》）是国家学校教育工作的基础性指导文件和教育质量基本标准，是评价学生综合素质、评估学校工作和衡量各地教育发展的重要依据，是《国家体育锻炼标准》在学校的具体实施，适用于全日制普通小学、初中、普通高中、中等职业学校、普通高等学校的学生。

（2）本标准的修订坚持健康第一，落实《国家中长期教育改革和发展规划纲要（2010—2020年）》《国务院办公厅转发教育部等部门关于进一步加强学校体育工作若干意见的通知》（国办发〔2012〕53号）和《教育部关于印发〈学生体质健康监测评价办法〉等三个文件的通知》（教体艺〔2014〕3号）有关要求，着重提高《标准》应用的信度、效度和区分度，着重强化其教育激励、反馈调整和引导锻炼的功能，着重提高其教育监测和绩效评价的支撑能力。

（3）本标准从身体形态、身体机能和身体素质等方面综合评定学生的体质健康水平，是促进学生体质健康发展、激励学生积极进行身体锻炼的教育手段，是国家发展核心素养体系和学业质量标准的重要组成部分，是学生体质健康的个体评价标准。

（4）本标准将适用对象划分为以下组别：小学、初中、高中按每个年级为一组，其中小学为6组、初中为3组、高中为3组。大学一、二年级为一组，三、四年级为一组。

（5）小学、初中、高中、大学各组别的测试指标均为必测指标。其中，身体形态类中的身高、体重，身体机能类中的肺活量以及身体素质类中的50米跑、坐位体前屈为各年级学生共性指标。

（6）本标准的学年总分由标准分与附加分之和构成，满分为120分。标准分由各单项指标得分与权重乘积之和组成，满分为100分。附加分根据实测成绩确定，即对成绩超过100分的加分指标进行加分，满分为20分；小学的加分指标为1分钟跳绳，加分幅度为20分；初中、高中和大学的加分指标为男生引体向上和1 000米跑，女生1分钟仰卧起坐和800米跑，各指标加分幅度均为10分。

（7）根据学生学年总分评定等级，90.0分及以上为优秀，80.0～89.9分为良好，60.0～79.9分为及格，59.9分及以下为不及格。

（8）每个学生每学年评定一次，记入《〈国家学生体质健康标准〉登记卡》。特殊学制的学校，在填写登记卡时可以按规定和需求相应地增减栏目。学生毕业时的成绩和等级，按毕业当年学年总分的50%与其他学年总分平均得分的50%之和进行评定。

（9）学生测试成绩评定达到良好及以上者，方可参加评优与评奖；测试成绩评定达到优秀者，方可获体育奖学分；测试成绩评定不及格者，在本学年度准予补测一次，补测仍不及格者，则学年成绩评定为不及格。普通高中、中等职业学校和普通高等学校学生毕业时，《标准》测试的成绩达不到 50 分者按结业或肄业处理。

（10）学生因病或残疾可向学校提交暂缓或免予执行《标准》的申请，经医疗单位证明，体育教学部门核准，可暂缓或免予执行《标准》，并填写《免予执行〈国家学生体质健康标准〉申请表》，存入学生档案。确实丧失运动能力、被免予执行《标准》的残疾学生，仍可参加评优与评奖，毕业时《标准》成绩需注明免测。

（11）各学校每学年开展覆盖本校各年级学生的《标准》测试工作，《标准》测试数据经当地教育行政部门按要求审核后，通过“中国学生体质健康网”上传至“国家学生体质健康标准数据管理系统”。测试和数据上传时间由教育行政部门确定。

（12）本标准由教育部负责解释。

二、大学生体质健康标准评价指标与权重

《标准》中对大学生体质健康的评价指标与权重见表 11. 2. 1。

表 11. 2. 1　大学生体质健康标准评价指标与权重

评价指标（测试项目）	权重/%
体重指数（BMI）	15
肺活量	15
50 米跑	20
坐位体前屈	10
立定跳远	10
引体向上（男）/1 分钟仰卧起坐（女）	10
1 000 米跑（男）/800 米跑（女）	20

注：体重指数（BMI）=体重/身高的平方（体重的单位为千克，身高的单位为米）。

三、评分表

（一）单项指标评分表

大学一年级至四年级男生和女生体重指数（BMI）单项评分见表 11. 2. 2，肺活量单项评分见表 11. 2. 3，50 米跑单项评分见表 11. 2. 4，坐位体前屈单项评分见表 11. 2. 5，立定跳远单项评分见表 11. 2. 6；大学男生引体向上和 1 000 米跑评分见表 11. 2. 7，大学女生仰卧起坐和 800 米跑评分见表 11. 2. 8。

表 11.2.2 大学生体重指数（BMI）单项评分表 （单位：千克/平方米）

等级	单项得分	男生	女生
正常	100	17.9 ~ 23.9	17.2 ~ 23.9
低体重	80	≤17.8	≤17.1
超重		24.0 ~ 27.9	24.0 ~ 27.9
肥胖	60	≥28.0	≥28.0

表 11.2.3 大学生肺活量单项评分表 （单位：毫升）

等级	单项得分	男生		女生	
		大一、大二	大三、大四	大一、大二	大三、大四
优秀	100	5 040	5 140	3 400	3 450
	95	4 920	5 020	3 350	3 400
	90	4 800	4 900	3 300	3 350
良好	85	4 550	4 650	3 150	3 200
	80	4 300	4 400	3 000	3 050
及格	78	4 180	4 280	2 900	2 950
	76	4 060	4 160	2 800	2 850
	74	3 940	4 040	2 700	2 750
	72	3 820	3 920	2 600	2 650
	70	3 700	3 800	2 500	2 550
	68	3 580	3 680	2 400	2 450
	66	3 460	3 560	2 300	2 350
	64	3 340	3 440	2 200	2 250
	62	3 220	3 320	2 100	2 150
	60	3 100	3 200	2 000	2 050
不及格	50	2 940	3 030	1 960	2 010
	40	2 780	2 860	1 920	1 970
	30	2 620	2 690	1 880	1 930
	20	2 460	2 520	1 840	1 890
	10	2 300	2 350	1 800	1 850

表 11.2.4 大学生 50 米跑单项评分表 (单位：秒)

等级	单项得分	男生		女生	
		大一、大二	大三、大四	大一、大二	大三、大四
优秀	100	6.7	6.6	7.5	7.4
	95	6.8	6.7	7.6	7.5
	90	6.9	6.8	7.7	7.6
良好	85	7.0	6.9	8.0	7.9
	80	7.1	7.0	8.3	8.2
及格	78	7.3	7.2	8.5	8.4
	76	7.5	7.4	8.7	8.6
	74	7.7	7.6	8.9	8.8
	72	7.9	7.8	9.1	9.0
	70	8.1	8.0	9.3	9.2
	68	8.3	8.2	9.5	9.4
	66	8.5	8.4	9.7	9.6
	64	8.7	8.6	9.9	9.8
	62	8.9	8.8	10.1	10.0
	60	9.1	9.0	10.3	10.2
不及格	50	9.3	9.2	10.5	10.4
	40	9.5	9.4	10.7	10.6
	30	9.7	9.6	10.9	10.8
	20	9.9	9.8	11.1	11.0
	10	10.1	10.0	11.3	11.2

表 11.2.5 大学生坐位体前屈单项评分表 (单位：厘米)

等级	单项得分	男生		女生	
		大一、大二	大三、大四	大一、大二	大三、大四
优秀	100	24.9	25.1	25.8	26.3
	95	23.1	23.3	24.0	24.4
	90	21.3	21.5	22.2	22.4
良好	85	19.5	19.9	20.6	21.0
	80	17.7	18.2	19.0	19.5

续表

等级	单项得分	男生		女生	
		大一、大二	大三、大四	大一、大二	大三、大四
及格	78	16.3	16.8	17.7	18.2
	76	14.9	15.4	16.4	16.9
	74	13.5	14.0	15.1	15.6
	72	12.1	12.6	13.8	14.3
	70	10.7	11.2	12.5	13.0
	68	9.3	9.8	11.2	11.7
	66	7.9	8.4	9.9	10.4
	64	6.5	7.0	8.6	9.1
	62	5.1	5.6	7.3	7.8
	60	3.7	4.2	6.0	6.5
不及格	50	2.7	3.2	5.2	5.7
	40	1.7	2.2	4.4	4.9
	30	0.7	1.2	3.6	4.1
	20	-0.3	0.2	2.8	3.3
	10	-1.3	-0.8	2.0	2.5

表 11.2.6 大学生立定跳远单项评分表 （单位：厘米）

等级	单项得分	男生		女生	
		大一、大二	大三、大四	大一、大二	大三、大四
优秀	100	273	275	207	208
	95	268	270	201	202
	90	263	265	195	196
良好	85	256	258	188	189
	80	248	250	181	182
及格	78	244	246	178	179
	76	240	242	175	176
	74	236	238	172	173
	72	232	234	169	170
	70	228	230	166	167
	68	224	226	163	164

续表

等级	单项得分	男生		女生	
		大一、大二	大三、大四	大一、大二	大三、大四
及格	66	220	222	160	161
	64	216	218	157	158
	62	212	214	154	155
	60	208	210	151	152
不及格	50	203	205	146	147
	40	198	200	141	142
	30	193	195	136	137
	20	188	190	131	132
	10	183	185	126	127

表 11. 2. 7　大学男生引体向上和 1 000 米跑评分表

等级	单项得分	1 分钟引体向上/次		1 000 米跑（时间）	
		大一、大二	大三、大四	大一、大二	大三、大四
优秀	100	19	20	3′17″	3′15″
	95	18	19	3′22″	3′20″
	90	17	18	3′27″	3′25″
良好	85	16	17	3′34″	3′32″
	80	15	16	3′42″	3′40″
及格	78			3′47″	3′45″
	76	14	15	3′52″	3′50″
	74			3′57″	3′55″
	72	13	14	4′02″	4′00″
	70			4′07″	4′05″
	68	12	13	4′12″	4′10″
	66			4′17″	4′15″
	64	11	12	4′22″	4′20″
	62			4′27″	4′25″
	60	10	11	4′32″	4′30″

续表

等级	单项得分	1 分钟引体向上/次		1 000 米跑（时间）	
		大一、大二	大三、大四	大一、大二	大三、大四
不及格	50	9	10	4′52″	4′50″
	40	8	9	5′12″	5′10″
	30	7	8	5′32″	5′30″
	20	6	7	5′52″	5′50″
	10	5	6	6′12″	6′10″

表 11.2.8　大学女生仰卧起坐和 800 米跑评分表

等级	单项得分	1 分钟仰卧起坐/次		800 米跑（时间）	
		大一、大二	大三、大四	大一、大二	大三、大四
优秀	100	56	57	3′18″	3′16″
	95	54	55	3′24″	3′22″
	90	52	53	3′30″	3′28″
良好	85	49	50	3′37″	3′35″
	80	46	47	3′44″	3′42″
及格	78	44	45	3′49″	3′47″
	76	42	43	3′54″	3′52″
	74	40	41	3′59″	3′57″
	72	38	39	4′04″	4′02″
	70	36	37	4′09″	4′07″
	68	34	35	4′14″	4′12″
	66	32	33	4′19″	4′17″
	64	30	31	4′24″	4′22″
	62	28	29	4′29″	4′27″
	60	26	27	4′34″	4′32″
不及格	50	24	25	4′44″	4′42″
	40	22	23	4′54″	4′52″
	30	20	21	5′04″	5′02″
	20	18	19	5′14″	5′12″
	10	16	17	5′24″	5′22″

（二）加分指标评分表

大学生加分指标评分表见表 11.2.9。

表 11. 2. 9　大学生加分指标评分表

加分	男生 1 分钟引体向上（次）	女生 1 分钟仰卧起坐（次）	男生 1 000 米跑（秒）	女生 800 米跑（秒）
10	10	13	-35	-50
9	9	12	-32	-45
8	8	11	-29	-40
7	7	10	-26	-35
6	6	9	-23	-30
5	5	8	-20	-25
4	4	7	-16	-20
3	3	6	-12	-15
2	2	4	-8	-10
1	1	2	-4	-5

注：① 引体向上、一分钟仰卧起坐均为高优指标，学生成绩超过单项评分 100 分后，以超过的次数所对应的分数进行加分。② 1 000 米、800 米跑均为低优指标，学生成绩低于单项评分 100 分后，以减少的秒数所对应的分数进行加分。

参 考 文 献

1. 江宇．大学体育与健康［M］．苏州：苏州大学出版社，2017.

2. 袁逊，李蕾．高职体育与健康［M］．天津：天津大学出版社，2019.

3. 英玉生．体育与健康［M］．北京：科学出版社，2019.

4. 林卫．体育与健康［M］．西安：西安电子科技大学出版社，2019.